Elodie López

Ungeborene Hoffnung

Wie Unfruchtbarkeit das Leben verändert

Aus dem Spanischen übersetzt von Karoline Toso

Bookspot
LADIES LOUNGE

Originaltitel: Hope © 2018 Elodie López
© 2018 Ediciones Especializadas Europeas SL. CIF: B-61.731.360
EEliteraria (www.eeliteraria.com)

ein Imprint von Bookspot Verlag GmbH, Behringstr. 10, D-82152 Planegg
1. Auflage

Übersetzung aus dem Spanischen: Karoline Toso
Lektorat/Korrektorat: Jara Dressler
Satz/Layout: Martina Stolzmann
Cover: Martina Stolzmann unter Verwendung eines Fotos von Elodie López

Druck: CPI – Clausen & Bosse, Leck
Made in Germany

ISBN 978-3-95669-152-2
www.bookspot.de

FSC www.fsc.org MIX Papier aus verantwortungsvollen Quellen FSC® C083411

Für dich, Egar, weil auch du unbezwingbar bist.

Ich schulde dir Augen, denn du hast deine mir gewidmet,
um meine Welt zu betrachten.
Ich schulde dir Hände, denn obwohl ich zwei hatte,
unterstützten mich deine.
Ich schulde dir Tränen, denn du hast deine für mich
vergossen, damit ich meine bewahre.
Ich schulde dir Worte, denn du hast mir deine geborgt,
um die Welt zu verstehen.
Ich schulde dir Schultern, denn du trugst für mich
Rucksäcke, damit ich leichter wanderte.
Ich schulde dir ein Herz, denn du hast deines
herausgerissen und mir überlassen, damit ich lernen
konnte, aufs Neue zu lieben.
Ich schulde dir ein Leben, denn du hast mir deines
geschenkt, als meines vom Schmerz aufgebraucht war.

Danksagung

Als man mir die Möglichkeit bot, unsere Erfahrungen in diesem Buch zu veröffentlichen, drehte sich zunächst alles in mir. Es war mir alles zu viel, denn genau am selben Tag erhielten wir den negativen Bescheid unserer letzten künstlichen Befruchtung. Ich war am Boden zerstört.

Beim Öffnen der Post, um ein Uhr nachts, fand ich eine Nachricht von Lorena, die mir vorschlug, der Welt unseren langen Weg bis hierher zu beschreiben. Das war wie ein Richtungswechsel, als wäre alles, was mir im Kopf herumgeschwirrt war, nicht mehr Teil meines Lebens. Es bedeutete für mich frischen Wind, den ich brauchte, ein kleiner Anflug von Freude. Einfach war es dennoch nicht, mich dafür zu entscheiden, all unsere Erinnerungen nochmal zu durchleben, um sie hier aufzuschreiben, um sie mit dir zu teilen, mit dir, der Person, die jetzt dieses Buch in den Händen hält. Ich begann damit, Kapitel zusammenzustellen, und bemerkte dabei, dass sich nichts so entwickelt hatte wie geplant. Unfruchtbar zu sein, hatte ich mir nicht ausgesucht. Nichts von dem, was ich dadurch erlebte, hätte ich je für mich gewählt. So wurde mir klar, wie stark wir in all den Jahren gewesen waren und als ich den letzten Satz dieses Buches schrieb, erfüllte mich unendlicher Stolz darüber, zu welcher Frau ich geworden war. Alles passiert aus einem bestimmten Grund ... Ich wusste nun, dass meine Erfahrung viele Herzen erreichen konnte, um diese mit *Hoffnung* zu füllen.

So widme ich dieses Buch dir, der Person, die es liest. Es ist auch für euch, die ihr uns seit fünf Jahren täglich Umarmungen auf unserem Instagram-Account @indomablejulieta – »Unbezwingbare Julieta« – schickt, für alle, die wir in diesem Forum eine große Gemeinschaft der *Liebe* und des Guten bilden, denn nie konnte ich euch einfach nur ›Follower‹ nennen. Das Buch ist auch für meine Eltern, die mir dieses wunderbare Leben geschenkt und mir gezeigt haben, dass sich alles zum Guten entwickelt, wenn man für seine Ziele kämpft. Manchmal kann es hart sein, manchmal einsam, aber es zahlt sich aus, denn wenn das Ziel unerreichbar scheint, erkennt man, dass der Weg ein falscher war und das Erhoffte nicht unbedingt so aussehen muss wie erwartet. Ich widme dieses Buch auch meiner Schwester, die mir bewiesen hat, dass zwei Herzen im Gleichklang schlagen können, auch wenn man voneinander getrennt lebt. Es ist auch für meine Oma, denn nie habe ich eine Liebe empfunden, wie jene, die uns beide verbindet. Für ›meinen Engel‹, die Tante, welche uns auf diesem schweren Weg so sehr geholfen hat. Für meine ganze Familie mit ihrer bedingungslosen Unterstützung. Für meine Freundinnen, die auch ohne Worte, allein mit Blicken, alles sagen können, was ich brauche. Für Lorena, ohne die ich nicht mehr sein kann, seit sie in meinem Leben aufgetaucht ist. Für Juan, meinen Verleger, für seine professionelle Begleitung und Geduld, er war meine rechte und linke Hand. Ich bin keine Autorin, er aber holte diesbezüglich liebevoll das Beste aus mir heraus. Für alle, die im Hintergrund daran arbeiteten, dieses Buch entstehen zu lassen.

PS: Für meine Hunde. Und ja, ich widme es, wem ich will, denn mit ihnen haben wir es schließlich geschafft, eine hübsche Familie zu werden, Egar, ich und sie.

Bedenkt: Das Leben ist zu kurz, zu schön und viel zu beschissen, um es nicht intensiv zu genießen. Lebt!

1. Nie hätte ich diese Worte sagen sollen

Ich dachte immer, dass alles in meinem Leben damit zusammenhängt, welche Möglichkeiten sich mir auftun, welche Türen ich dabei öffne und welche ich verschlossen lasse. Im entscheidendsten Moment meines Lebens beschloss ich etwas, das sich für mich gut anfühlte. Es war vielleicht nicht der einfachste Weg, den ich damit beschritt, wohl aber der realistischste.

Viele kennen mich als Julieta, aber bevor ich mehr von mir erzähle, möchte ich preisgeben, dass dies nicht mein wahrer Name ist.

Beim Frühstück las ich einmal in einer Illustrierten ohne Angabe des Autors, dass es einen sogenannten unsichtbaren roten Faden zwischen zwei bestimmten Menschen geben soll, der sie verbindet, bis sie einander begegnen. Diese Idee fand ich töricht und überlegte: Man sagt ja, dass jeder Mensch eine verwandte Seele habe, eine sogenannte Zwillingsseele, als wäre man die Hälfte einer Orange oder einer Zitrone, je nach Geschmack. Eine Hälfte könnte in Los Angeles leben, die andere in Chipiona, Südspanien. Wie könnten sie einander begegnen? Also eine unglaubwürdige Theorie, wie mir schien. Aber stellt euch vor, ich hatte mich geirrt. Manchmal sind die Dinge einfacher als gedacht und Kausalitäten existieren wirklich.

Ich dachte immer, dass Leute, die solche Bücher anonym veröffentlichen, es nur machen, um sich dabei gut zu fühlen und um von Tausenden gelesen zu werden. Für mich waren es Feiglinge. Damals glaubte ich, die Liebe sei nur eine Form, sich gehen zu lassen. Über viele Jahre mit demselben Partner zu schlafen war üblich, also konnte es wohl nicht so schwer sein, schließlich lebten meine Eltern nach diesem

Prinzip. Zu beobachten, wie mein Vater noch immer zärtlich den Hintern meiner Mutter berührte, so oft sich ihm die Gelegenheit dazu bot, bedeutete damals für mich, dass dies die Norm sei. Liebevoller Umgang, über Jahrzehnte hinweg, musste wohl so leicht zu leben sein, wie gehen und essen. Alles in allem bestand meine Reaktion auf das Thema Liebe darin, meinen Impulsen zu folgen und täglich die Bettwäsche zu wechseln.

Heute staune ich, wenn ich an das Kind denke, welches ich damals mit zweiundzwanzig Jahren noch war. Nicht nur mein Denken war das eines Kindes, auch mein Körper. Bei einer Körpergröße von 1,57 Meter wog ich vierzig Kilogramm und meine Brüste waren winzig, kaum größer als die Nippel selbst. Manchmal überlegte ich mir, eine Brustvergrößerung machen zu lassen, doch als ich auf YouTube mit eigenen Augen sah, was dabei geschieht, verging mir diese Dummheit schnell wieder. Aber das sind Geschichten, die ich hier nicht weiter ausführen werde. Ich dachte nur, dass euch vielleicht interessiert, welche Art von Mädchen ich war, bevor ich beginne, über meinen Weg zu erzählen, um den es in diesem Buch geht. Damals trug ich lange Haare mit vielen knallroten Strähnchen. Zwar zählte ich nicht zu jenen, die ständig mit ihrer Frisur herumexperimentierten, aber wie es oft vorkommt, kompensierte auch ich so manchen Frust mit dem Gang zum Friseur, um mir Dinge machen zu lassen, die ich bei guter Stimmung so bestimmt niemals gewollt oder gewagt hätte. Jedenfalls ruinierte ich meine schönen, glatten brünetten Haare mit diesen Strähnchen.

Ich hatte immer das Gefühl, mein Erscheinungsbild ließe mich noch dünner wirken, als ich ohnehin war: lange Haare, große braune Augen mit langen Wimpern und buschigen Brauen. Mein Freund betonte immer, dass er mich wunderschön fände, egal wie ich mein Äußeres präsentierte. Über ihn muss ich euch noch viel erzählen, aber später. Zunächst zu mir: Ich arbeitete damals in einem Schuhgeschäft meines Dorfes Blanes an der Küste von Girona. Die Arbeit bereitete mir viel Freude, sie war genau das, was ich gern machte. Ich begann dort mit siebzehn Jahren zu arbeiten. Ihr könnt euch vorstellen, wer mich praktisch großgezogen hat: meine Chefs. Okay, das stimmt nicht ganz, meine Eltern haben mich großgezogen, aber auch meine Vorgesetzten hatten einen enormen Einfluss auf mich. Ich habe mehr Stunden bei der Arbeit verbracht als zu Hause. Ach ja, natürlich hatte ich eine Wohnung, lebte aber nicht allein, sondern mit meinem Freund. Diesen besonderen Menschen möchte ich euch, wie gesagt, später vorstellen. ›Das Beste zum Schluss‹, seid also nicht ungeduldig.

Mein Leben verlief vollkommen normal, ganz gewöhnlich, wie bei allen Menschen. Ich arbeitete von Montag bis Samstag, Vollzeit, und genoss die Wochenenden, um mit Freunden tanzen zu gehen oder mich ganz einfach mit ihnen zu treffen. Da ich nicht mehr bei meinen Eltern wohnte, lebte ich in mancher Hinsicht verantwortungsbewusster als meine Freundinnen, zahlte pünktlich meine Rechnungen, lernte kochen, machte den Führerschein, sparte, so gut ich konnte, damit das Geld bis zum Ende des Monats reichte. Und wenn, dann gönnte ich mir mitunter eine Kleinigkeit, ein neues Kleid etwa oder ein hübsches Top. Was für eine Leistung! Ich dachte, eine Wohnung zu haben, mit dem Freund zusammenzuleben, regelmäßig in die Arbeit zu gehen und gleichzeitig freundschaftliche Kontakte zu pflegen, wäre alles, was ich wissen musste, um das Leben zu verstehen und zu meistern.

Meine Einstellung half mir dabei sehr. Ich war immer ein verträumtes Mädchen gewesen und glaubte fest daran, den

Weg zu gehen, der mich direkt zur Erfüllung meiner Träume führte. Vom Leben hatte ich eine unwirkliche Vorstellung, betrachtete die Dinge verklärt. Oft musste ich mir Vorträge meines Vaters anhören, der mir versuchte zu erklären, wie schwer es mitunter sein konnte, alles zu meistern und dass ich endlich aus den Wolken auf den Boden der Tatsachen kommen solle. Die Welt bestehe nicht nur aus Glitzer und Konfetti.

– »Elodie, in deinem Leben wirst du noch viel durchzustehen haben, glaube es mir.«

Jetzt kennt ihr meinen richtigen Namen und wisst auch, dass mein Vater mich immer zurückholte, wenn ich aus der Reihe tanzte. Wenn ich ehrlich bin, gibt es Tage, an denen ich mich nach diesem Mädchen sehne, das ich damals war; rebellisch, eigenwillig. Doch ich sehne mich nicht wegen des Mädchens zurück. An damals zu denken verdeutlicht mir einmal mehr, wie verliebt ich in *ihn* war.

Ich lernte ihn mit fünfzehn Jahren kennen, und zwar auf eine absolut absurde Weise. Wenn es wirklich ein rotes Band zwischen zwei Seelen gibt, das sie verbindet, bis sie einander treffen, dann verband uns beide ein recht stümperhaftes, nämlich ein Stück Plastikschnur, mit dem ich am rechten Handgelenk so stark gefesselt war, dass mir die Finger taub wurden. Ich beschreibe euch keine Szene aus »Saw«, sondern die Geschichte meiner Liebe.

Es war so: Ein Freund nahm mich zur Garage seines Cousins mit ... Wartet, wenn ich es so erzähle, klingt es wie eine Krimiszene, doch es ist der schönste Krimi der Welt. Alles verlief normal, der Kumpel brauchte ein Ersatzteil für sein Motorrad. Wir lachten und scherzten dann so lange herum, bis ich schließlich an eine Stange gefesselt war. Wie peinlich! Mir schwitzen heute noch die Hände, wenn ich mich daran erinnere. Es gelang uns nicht, mich von dieser verfluchten Plastikschnur zu befreien. Je mehr ich daran zog, um sie zu zerreißen oder zu lockern, desto fester zog sie sich zusammen und schnitt mir ins Fleisch. In dieser ausweglosen Situation erschien der Held, attraktiv, mit grünen Augen und einem Lächeln, das mir den Atem raubte. Ohne den Kumpel und mich wie Trottel dastehen zu lassen, bemühte er sich zu helfen und vor allem, mir nicht wehzutun. Er wirkte wie so ein blöder Erwachsener, gleichzeitig aber wie einer, der mit magischen Kräften alle Not lindert. Als er mich befreit hatte, schien sein Blick zu schreien:

– *Erschrick mich nie wieder so sehr!*

In diesem Augenblick wusste ich, dass mir meine Zwillingsseele begegnet war. Ich spürte, wie er sich ab dieser Minute für mich verantwortlich fühlte, als sei es sein Recht und seine Pflicht, mein Leben zu begleiten, mich zu beschützen. So lernte ich Egar kennen.

Unsere Beziehung war immer und in jeder Hinsicht sehr leidenschaftlich. Also seit wir ein Paar waren, oder genauer gesagt, seit er mich an einem Weihnachtsabend bat, mit ihm zu gehen. Wir waren beide gerade sehr betrunken, muss ich sagen. Für mich war es, als wäre ich in einem jener Romane, die immer ein Happy End haben und die Wahrheit ist, dass wir glücklich waren. Mitten in der Nacht, nach langen Gesprächen und sinnlosem Gekichere wegen Übermüdung – ich nannte diese Stimmung »das Müdigkeitslachen« – wollte ich oft nur schlafen, konnte aber nicht, weil die Momente mit ihm nie enden sollten. Oft fuhren wir hunderte Kilometer, um miteinander ein bestimmtes Eis zu essen, das es nur in einem verlorenen Dorf in den Bergen gab. Aufgrund solcher Verrücktheiten entdeckten wir manchmal schöne Plätze, die anderen verborgen blieben. Nur verrückt Verliebte konnten sie erkunden ...

Er war diese Art Mensch, die dir den Atem raubt, um ihn dir durch Küsse wiederzugeben. Wenn sich meine Lippen mit seinen verbanden, verschwand mein Sein, ich wurde in eine irrationale Welt entrückt, in der wahnsinnige Liebe meinen kompletten Verstand auslöschte.

Häufig sprachen wir darüber, wie viele Paare mit der Liebe allein nicht auskämen und sich wieder trennten. Doch wir wussten, dass unsere Geschichte nicht nur eine fürs Bett war. Unsere Liebe wurde täglich neu erschaffen, sei es durch ein Lächeln, durch liebevolle Worte und nicht zuletzt durch unerschütterliches Vertrauen. Von ihm kamen keine Schwüre, mir den Mond vom Himmel zu holen. Vielmehr begleitete er mich, damit ich ihn mir selbst schnappen konnte, wenn mir danach war, während er mir flüsternd Mut zusprach, neue Wege zu beschreiten. Er war grundsätzlich bereit, mir Türen zu öffnen, auch wenn er auf der Schwelle warten musste, um zu sehen, ob ich meine Ziele erreichte. Ich wusste, er würde sein Leben für mich geben, wenn es darauf ankäme, denn ohne mich wäre es ihm nichts mehr wert gewesen. So manchen Abend beendeten wir tanzend im Wohnzimmer zu Liedern von *Extremoduro*, die wir lauthals mitsangen. »Golfa« war mein Lieblingslied.

»Wenn die Sonne scheint, hält einen nichts mehr im Bett. Wie auf Knopfdruck heben sich die Wolken. Die Spinnennetze vor deinem Herzen zerreiße ich, du wirst sehen, wie sie sich erschrecken.«

Hättest du uns damals doch sehen können, es hätte dich beeindruckt. Durch ihn verwandelte sich das verträumte Kind, das ich war, zu einer erwachsenen, selbstbewussten Frau. Wir hatten alles: gute Arbeit, zwei Autos, einen Kleinbus, eine ordentliche Wohnung und viel, also wirklich viel Liebe. So war Egar. Kurz nach seinem vierundzwanzigsten

Geburtstag unterhielten wir uns darüber, wie es wohl wäre, Kinder zu haben, wem sie wohl ähnlich sähen, wie sich dadurch unser Leben verändern würde. Ich war damals neunzehn Jahre alt. In einem Anflug von totaler Euphorie schwärmte mir Egar vor, Vater werden zu wollen, und zwar real, nicht als verträumte Theorie. Und obwohl es mir damals noch unrealistisch schien, stimmte ich zu, eine junge Mutter werden zu wollen. Sowohl seine als auch meine Eltern waren sehr jung gewesen, als ihre Kinder geboren wurden. Wir liebten uns wie verrückt, waren finanziell abgesichert, doch trotz dieses kleinen Anfalls von Reife in unserem Gespräch sagte ich ihm etwas, das ich nie wieder vergessen kann. Gleich werdet ihr wissen warum:

– »Von dir will ich doch keine Kinder, du bist mir viel zu hässlich.«

Natürlich war das nur ein dummer Scherz, doch ich wusste damals nicht, dass diese Worte für den Rest meines Lebens in meiner Erinnerung nachhallen würden.

2. Was passiert da bloß?

In den ersten Monaten, in denen wir eine Schwangerschaft anstrebten, blieben wir ganz entspannt. Wir verhüteten einfach nicht mehr und ließen uns gehen. Aber die Zeit verging ohne Ergebnisse. Wir merkten auch nicht, dass uns dieser Umstand verunsicherte.

Wir hatten wir mehrere Cliquen. Manchmal trafen wir uns mit Egars Kindheitsfreunden, zu denen auch meine Cousinen gehörten, dann wieder mit den Freundinnen aus der Innenstadt, die so wie ich dort arbeiteten. Da wir ähnliche Arbeitszeiten hatten, trafen wir einander fast täglich zur Mittagszeit in einem Café, welches schon fast unser Zuhause geworden war. Wir verabredeten uns nicht einmal mehr, denn es war klar, dass man immer Freunde traf, denen man Probleme oder Frust anvertrauen oder mit denen man einfach nur Tratsch austauschen konnte. Als wir an einem Nachmittag gerade wieder mit einer unserer Clique Kaffee tranken, kam mir eine Erkenntnis. Eine von uns fühlte sich gerade recht unzufrieden, denn seit voriger Woche war sie täglich mit einem Typen zusammen gewesen, der es ihr mächtig angetan hatte. Nun aber fand sie plötzlich, es sei genug, diese Beziehung überzeuge sie nicht. Wir lachten darüber und versuchten, ihr zu erklären, dass es im Leben eben nicht nur strahlend blauen Himmel gebe, doch wenn sie selbst ihren Teil beitrage, könne auch ein nicht perfekter Freund der perfekte für sie sein. Sie solle den Dingen zunächst ihren Lauf lassen und beobachten, wohin es führe.

Während des Zuhörens wurde mir bewusst, dass etwas in dieser Runde nicht passte und dass ich das war. Meine Sorgen hatten nichts mit denen der anderen zu tun. Wenn sie mir von ihren »großen Problemen« erzählten, wie »Mein

Chef hat mir für diesen Samstag nicht freigegeben ...«, »Meine Mutter setzt mich wegen meines Studiums unter Druck ...«, »Seit drei Tagen ruft mich mein Freund nicht an ...« und so weiter, unterhielt ich mich köstlich, aber ich fühlte mich von solchen Geschichten weit entfernt.

Ich war zu schnell erwachsen geworden. Die vier Jahre Altersunterschied zwischen Egar und mir ließen mich mit Riesenschritten reifen. Ich lebte mit meinem Partner zusammen, wir hatten unsere eigene Wohnung und die Probleme der Erwachsenen, nicht mehr die von Jugendlichen:

»Mein Tag braucht mehr Stunden, wenn ich die Arbeit und den Haushalt unter einen Hut bekommen soll. Urlaub mit euch ist leider nicht drin, das Geld reicht einfach nicht. Ich schaffe es nicht, schwanger zu werden.«

Mal ehrlich, konnte ich solche Probleme mit meinen Freundinnen besprechen? Ich hatte mich nie schlecht gefühlt, genau diesen Lebensstil gewählt zu haben, auch wenn ich damit auf manches verzichtete, oder einfach gesagt, ich konnte nicht so viel reisen wie sie, so manche Modeneuheit konnte ich nicht mitmachen, doch meine Entscheidung war aus ganzem Herzen getroffen worden, seit der ersten Minute war sie auf Egar ausgerichtet gewesen.

Also wartete ich den passenden Moment ab. Ich erzählte, wie sehr ich mich bemüht hatte, schwanger zu werden. Die Gesichter meiner Freundinnen hätten Teil einer Show sein können, wie zu Masken erstarrt waren sie auf mich gerichtet. Sobald ich mich ihnen mitgeteilt hatte, die Karten sozusagen offen auf dem Tisch lagen, wurde mir bewusst, dass mir meine Freundinnen niemals bei meinem Problem helfen konnten. Natürlich verurteilte ich sie deswegen nicht. Sie waren mit ihren höchstens achtzehn Jahren noch weit davon entfernt, mit solchen Überlegungen etwas anfangen zu können. Auch ich war noch jung, lebte aber bereits mit dem Geheimnis meiner Unfruchtbarkeit. Das machte mich niedergeschlagen, ich verstand nicht, was bloß mit mir geschah.

In meiner Erinnerung ist alles von jenem Unglück überschattet, das mich so früh schon heimsuchte. Jetzt kennt ihr also meinen wirklichen Namen: Elodie. Warum nannte ich mich nicht länger Julieta? An einem Abend, als ich gerade das Schuhgeschäft verließ, um nach Hause zu gehen, fasste ich den Plan, mein Leben radikal zu ändern. Ich wurde der Routine müde, nur zu arbeiten, um Geld zu verdienen, abends in die unaufgeräumte Wohnung zu kommen und nicht einmal ein wenig Zeit für Egar übrig zu haben. Er hatte Frühschicht in einer Textilfabrik, dadurch kam er viel früher nach Hause als ich. Wenn ich abends müde heimkam, wartete das Abendessen bereits auf mich. Ja, so war Egar.

Nachts fanden wir immer etwas Zeit, um eine Art Blase zu bilden, einen Ort, an dem wir Zuflucht suchten und vielleicht auch uns selbst finden konnten. Ich wusste nicht wirklich, was ich aus meinen Gedanken machen sollte, die mich schon lange betrübten, aber da ich mir immer die ganze Scheiße auf einmal vom Herzen redete, tat ich es auch diesmal. Ich gab zu, dass ich mich in meinem Leben nicht wohlfühlte, dass es mich überhaupt nicht glücklich machte und bevor ich explodierte, wollte ich eine Lösung finden.

Er wusste von Anfang an, was ich meinte. Bereits zwei Jahre versuchten wir erfolglos, Eltern zu werden. Ihr fragt euch jetzt vielleicht: Und in dieser ganzen Zeit habt ihr nichts deswegen unternommen? Doch, das haben wir. Ich bat meinen Gynäkologen, uns in die Liste der Sozialversicherung einzutragen, um eine künstliche Befruchtung durchführen lassen zu können. Davor hatte ich bereits längere Zeit Medikamente eingenommen, die meine Fruchtbarkeit steigern sollten. Der Arzt erklärte uns, dass wir dafür zu jung seien und bestimmt keiner Hilfe bedürften. Es genüge, den Stress bezüglich des Kinderwunsches zu vermindern, möglicherweise unseren Lebensstil zu ändern, und schon wäre das Problem gelöst. Tief in mir spürte ich aber, dass er sich irrte.

Wir ließen weitere Monate ins Land ziehen, gönnten uns schöne Momente und bemühten uns, nicht an unser Problem zu denken, es ja nicht zur Obsession werden zu lassen. Aber irgendwann konnten wir der Wahrheit nicht mehr entfliehen. Ich konnte den ganzen inneren Frust, der mir jeglichen Elan nahm, nicht mehr für mich behalten, musste ihn hinausschleudern. Als Ergebnis beschloss ich, mein Leben zu ändern. Zunächst wollte ich den Job im Schuhgeschäft aufgeben. Obwohl er mir gefiel, bedeutete er auch viel Einsatz, ich führte den Laden vorwiegend allein. Mir schwebte etwas Neues vor, möglichst abgestimmt mit Egars Arbeitszeiten, mit seinem Arbeitsbereich. Vier Monate lang bemühte ich mich, in seiner Firma eine Anstellung zu bekommen. Wir wussten, dass sie dort nicht gern Paare beschäftigten, da diese vielleicht Beziehungsprobleme mit auf den Arbeitsplatz schleppen könnten. Dennoch bewarb ich mich alle zwei Wochen, bis ich den Job endlich bekam. Ich gab zwar an, verheiratet zu sein, aber nicht, dass mein Mann auch in der Fabrik arbeitete.

Es war schwer, einander im Gang oder wo auch immer zu begegnen und nicht miteinander sprechen zu können, das könnt ihr mir glauben. Nur unsere Blicke sagten alles. So ergab sich für uns die beste Möglichkeit, von vorne zu beginnen, denn durch die gleichen Arbeitszeiten konnten wir viel mehr miteinander unternehmen, einander noch näherkommen. Niemand, wirklich niemand hätte erkennen können, dass dieser junge zurückhaltende und sehr tüchtige Mann sein Herz an jenes Mädchen verloren hatte, das da temperamentvoll und immer lächelnd morgens mit allen anderen zum Tor hereinkam.

Wir versteckten uns manchmal für kurze Momente in Ecken am Gang, um einander zu grüßen. Egar fragte mich in den ersten zwei Monaten immer nach meinem Befinden und ob ich gut akzeptiert würde. Er, mein kleiner Adrenalinkick, den ich brauchte, denn nach meiner Schicht war ich völlig fertig, zum Umfallen müde. Oft half er mir, schwere Schachteln zu tragen, um meinen Rücken zu schonen. So war er, arbeitsam, hilfsbereit und vor allem ein wahrer Freund.

Das Gelände getrennt zu verlassen, um uns außer Reichweite leidenschaftlich in die Arme zu fallen, war ein pikantes süßes Abenteuer. Doch die Geheimniskrämerei währte nicht lang. Nach einem Jahr wusste jeder in der Fabrik, dass wir verheiratet waren. Da wir aber bewiesen hatten, wie verantwortungsvoll und gewissenhaft wir arbeiteten, akzeptierte man uns. Egar blieb nach wie vor der Stille, der Zurückhaltende, ich aber freundete mich rasch mit allen in meiner Abteilung an.

Jetzt habt ihr uns beide ein wenig kennengelernt, unterschiedlich wie Tag und Nacht und doch verbunden wie diese.

Obwohl wir beide sichere Anstellungen hatten und genug Zeit füreinander, fehlte mir noch etwas, um mich ganz verwirklicht zu fühlen. Die Fotografie zog mich immer schon an, so überlegte ich nicht lange und richtete mir eine anonyme Facebook-Seite im Internet ein, wo ich Beiträge posten konnte, ohne bei Arbeitskollegen Aufmerksamkeit zu erregen. Ich hatte große Angst, in diese Welt einzutauchen, und fühlte mich ehrlich gesagt noch nicht bereit, da ich immer noch lernte und nicht die Königin der Fotografie war. Ich musste einen Namen finden, einen, mit dem ich mich identifizierte, der leicht zu merken war und eine Geschichte hatte.

Ich war mir sicher, dass mich diese kreative Herausforderung endlich von meinem nagenden Frust ablenken würde, nicht Mutter sein zu können. Meine Psychologin, ja, ich suchte eine auf, riet mir eindringlich zu einer Freizeitbeschäftigung, zu Kontakten mit Familien und Kindern, um mich besser zu fühlen und damit gegen die Ablenkung zu kämpfen, die ungewollt in mir gewachsen war. Nicht mehr so wie alle anderen zu sein, ließ einen Druck in mir wachsen, der sich mehr und mehr verstärkte, obwohl mir klar war, dass niemand etwas davon merkte. Nach außen war ich die Fröhliche, wie immer, vielleicht sogar eine Spur mehr als sonst, um meinen inneren Frust besser zu verbergen.

Sah ich eine Schwangere auf der Straße, schmerzte es. Manchmal verbrachte ich die Nachmittage damit, auf einer Bank des Kinderspielplatzes die spielenden Kinder mit ihren Müttern zu beobachten. Es schmerzte, es schmerzte so sehr, dass ich es nicht schaffte, zu verstehen, warum sie Familien- und Mutterglück erfahren durften, ich aber nicht. Dann wieder fühlte ich mich miserabel bei dem Gedanken, man könne mich bemerken, mich als Verrückte betrachten, die aus sicherer Entfernung auf ihre Kinder starrte. Heute muss ich sagen, dass sie damit auch nicht ganz Unrecht gehabt hätten, aber die Kleinen spielen zu sehen, war für mich der einzige Trost. Nur so fühlte ich mich lebendig. Es gab meiner Hoffnung einen kleinen Auftrieb, einmal selbst als Mutter dasitzen zu können. So kam es, dass ich in meiner Freizeit Fotos von Familien machte. Wenn ich also auf ein Wunder wartete und der Name meiner Facebook-Seite etwas mit mir persönlich zu tun haben sollte, passte doch am besten »Julietas Lächeln«. Zwar war mir damals noch nicht klar, wie ich das Ganze angehen sollte, doch dieser Blog rettete mein Leben. Täglich brachte mir die Arbeit daran neues Glück. So wurde ich zu Julieta.

Ich fotografierte Familien, bat sie natürlich zuvor um Erlaubnis, und versicherte ihnen, dass niemand wusste, wer diese ›Julieta‹ sei, die Bilder demnach keiner bestimmten Stadt zugeordnet werden konnten. Diese Leidenschaft, der ich an meinen freien Wochenenden nachging, erfüllte mich. Bei all dem blieb Egar meine Stütze in der Fabrik, er inspirierte meine Fotografien und zu Hause blieb er weiterhin mein besonderer Schatz. Es fiel ihm auf, dass ich mich veränderte, selbstbewusster wurde. Ich lächelte wieder.

In der Firma mussten wir schließlich unsere Versuche, Eltern zu werden, zugeben, weil es dafür mehrere medizinisch notwendige Termine gab, für die wir einzelne Urlaubstage benötigten. Unser Gynäkologe der Sozialversicherung wollte weitere Untersuchungen vornehmen, um nur ja nichts zu übersehen, was eine Schwangerschaft verhindern könnte. Wir begannen mit Blutanalysen. Bei einer dieser Konsultationen begleitete mich Egar nicht, damit wir nicht ständig beide von der Arbeit fernbleiben mussten. Ich fröstelte, als ich dem Arzt allein gegenübersaß und er mir das Resultat der letzten Analyse mitteilte. Das Problem waren nämlich zu hohe Prolaktinwerte.

Ihr könnt euch vorstellen, dass ich keine Ahnung hatte, was Prolaktin war. Der Gynäkologe erklärte es mir mit recht wenig Taktgefühl. Ich verstand nicht, warum wir so sehr kämpfen mussten. Wir waren doch nur Kinder. Das Hormon Prolaktin regt die Milchbildung nach der Geburt an. Bei mir hatte sich jedoch ein Tumor gebildet, der erhöhte Prolaktinwerte verursachte. Der Arzt meinte, man könne diesen Tumor durch Medikamente eindämmen oder, falls er sich vergrößere, operativ entfernen. Dies sei ein kleiner Eingriff, der über die Nase erfolge.

Könnt ihr euch vorstellen, in welchem psychischen Zustand ich mich nach dieser Beratung befand? Ein Tumor? Ein Hormon? Eine Operation? Als ich nach Hause kam und Egar alles erzählte, brach ich zusammen. Warum passierte all das Schlechte nur mir? Er erzählte mir im Grunde, dass der Prolaktinspiegel auf eine Art Tumor zwischen den Augen und der Nasenwurzel zurückzuführen sei. Ihn überforderte all das auch sehr. Er zählte nicht zu den Jungs, die ihre Gefühle artikulierten, im Gegenteil. Ich musste ihm seine Meinung dazu regelrecht aus der Nase ziehen. Nie sprach er mit jemandem über unser Problem, weil er meinte, es sei zu persönlich, außerdem schien er sich zu schämen. ›Ich kann nicht Vater werden! Liegt es an mir?!‹ Diese Gedanken überschwemmten sein Bewusstsein und nur mit mir sprach er darüber. Doch für mich war er in all unseren Gesprächen der Fels in der Brandung, mein rettender Anker. Als er mich so gebrochen sah, am Boden zerstört, brach er in Tränen aus, es schüttelte ihn vor Weinen, wie ich es noch nie zuvor gesehen hatte. Von einem Moment auf den anderen war er zu einem kleinen Kind geworden, das ich umarmte. Ich wiegte ihn tröstend wie einen Jungen, der hart gebüffelt hatte und die Prüfung dann doch nicht bestand. »Ich werde die nötigen Medikamente nehmen, wir geben nicht auf und versuchen alles, um es zu schaffen. Solange wir nur zusammenhalten, wird uns nichts und niemand kleinkriegen können«, versprach ich ihm und auch mir.

Als ich eines Tages aus der Fabrik kam, gab es mehrere versäumte Anrufe auf meinem Handy, alle von einer meiner besten Schulfreundinnen. Ich habe eine Idee: Um die Privatsphäre der hier genannten Personen zu wahren, werde ich jede gemäß ihrer Persönlichkeit nach einem Land oder einer Stadt benennen. In diesem Fall ist es Sevilla, lebendig, immer fröhlich, mit ganz besonderer Ausstrahlung. Den ganzen Vormittag hatte sie versucht, mich zu erreichen, was ich nicht verstand, weil sie ja meine Arbeitszeiten kannte. Irgendetwas Wichtiges musste vorgefallen sein.

Ich saß neben Egar im Auto und rief Sevilla zurück. Sie war so aufgekratzt, dass ich sie kaum verstehen konnte. Ich bat sie, sich zu beruhigen, da wurde sie still. Sie wusste nicht, wie sie beginnen sollte. »Es tut mir leid, ich muss dir etwas erzählen«, platzte sie endlich heraus. In diesem Augenblick wusste ich, was es war. Die Farbe wich aus meinem Gesicht, ich blickte Egar an und musste mich bemühen, das Handy nicht fallen zu lassen. Sie erzählte mir überglücklich, schwanger zu sein, und dass ich es als Erste erfahren sollte, schließlich war sie mit meinem Cousin Jamaika zusammen. Sie liebte ihn seit ihrem sechsten Lebensjahr. Unter Aufbietung all meiner Kraft musste ich sie anlügen, musste mich unglaublich beherrschen, um sie nicht durchs Handy spüren zu lassen, dass ich am liebsten laut losgeheult hätte. »Ich freue mich so sehr für dich, für euch! Sei lieb umarmt!« Als ich auflegte, brannten meine Augen, sie waren rot wie Blut, aber keine einzige Träne floss. Egar sollte mich so nicht sehen, sollte meinen immensen Schmerz nicht fühlen müssen. Immer betonte ich ihm gegenüber, dass ich eine starke Frau sei und er sich um mich keine Sorgen machen müsse. Doch ich konnte mich nicht länger kontrollieren. Nach wenigen Augenblicken angespannter Stille weinte, schrie und schluchzte ich los. Seine Hand lag auf meinem Oberschenkel, sein Blick war starr auf die Fahrbahn gerichtet. Ich wusste, dass diese versteinerte Haltung seine Art zu leiden war.

3. Nur Vögelchen im Kopf!

Zu Hause vermieden wir Blickkontakt. Fürs gemeinsame Essen pflegten wir ein Ritual: Ich wärmte das Vorbereitete auf, während er den Tisch deckte. An diesem Tag kam er wiederholt in die Küche und stellte irgendwelche unnötigen Fragen. Das tat er nur, um im Gespräch zu bleiben, denn niemand wollte ansprechen, was uns lähmte und zermürbte. Wir hofften, die Schwere unserer Herzen zu verscheuchen, wenn sie nur lange genug unausgesprochen bliebe. Es gab Zeiten, da hätte es uns überfordert, bestimmte Themen in ihrer Tiefe zu behandeln, das wussten wir. Dieser Tag jedenfalls verlangte uns schon alles ab, um wenigstens halbwegs normal funktionieren zu können. Mehr hätten wir nicht geschafft.

Nach dem Essen legten wir uns wortlos für die Siesta hin. Als ich erwachte, spürte ich Scheiße in mir, aber keine, die nach der Toilette verlangte; loslassen und fertig. Es war Scheiße, die meine Seele erdrückte. Ich bekam kaum Luft, es war, als steckten fünfzig Messer in mir. In meinem Hals schien eine große Walnuss quer zu liegen und jemand presste meine Lunge immer fester zusammen, so fühlte es sich an. Eindeutig, Leute, ich hatte eine verdammte Panikattacke. Nie hätte ich für möglich gehalten, dass Liebe so zerstörerisch sein kann, unerfüllte Liebe zum nicht empfangenen Kind. Einen Abgrund wie diesen hatte ich zuvor noch nie erlebt.

Es war ein Gefühl des Erstickens, ein innerliches Verbrennen, das dich in die Knie zwingt, die Hände auf die Brust gedrückt, schreiend. Es nimmt dir jegliche Kraft, saugt dein Blut aus, vernichtet deinen Geist in Sekundenschnelle und dann deinen Körper. Mit der Redewendung

›aus Liebe sterben‹ (span. *morir de amor*) konnte ich nie etwas anfangen, bis ich am eigenen Leib erfuhr, was das bedeutete. Und ich versichere euch, seit dieser verdammten Sache wusste ich, dass ich Egars Hand nie loslassen würde. Mir war klar, niemand gibt sein Leben für nichts hin. Doch die Liebe ist launisch, täglich spielt sie mit dir eine Partie Karten und sobald du verlierst, bist du verdammt. Und ich war definitiv verdammt.

Ich hatte diese gebrochene Liebe lange Zeit gespürt. Es war wie eine Liebe, die ziellos in der Luft flog, etwas, das ich in mir hatte. Eine Energie, die ich verschenken musste und von der ich nicht wirklich wusste, was ich damit machen sollte. Ich fühlte die Mutterliebe in mir, diese bedingungslose Liebe, doch sie fand kein Ziel.

Bestimmt fragt ihr euch, warum wir beide dieses Thema so sehr mieden. Um ehrlich zu sein, wir waren schlichtweg zu jung, um uns mit dem Problem der Unfruchtbarkeit auseinanderzusetzen. Zunächst dachte ich, etwas Entspannung, weniger Stress genüge, und der Rest erledige sich von selbst. Ich hatte von Paaren gehört, die stillschweigend an ihrer Kinderlosigkeit litten. Dass wir beide aber einmal dazugehören würden, hatte ich nie geglaubt. Plötzlich stand eine Tür zwischen unserer Liebe. Und sie blieb verschlossen.

Wann wir das erste Mal ernsthaft darüber gesprochen haben, weiß ich gar nicht mehr, doch ganz deutlich kann ich mich daran erinnern, wie ich mich diesbezüglich fühlte: schuldig, *sehr* schuldig. Ich war mir bewusst, dass ich Egar nicht geben konnte, was er sich am meisten ersehnte. Die Ergebnisse der ersten Tests waren für Egar immer korrekt und lagen innerhalb der für sein Alter normalen Werte; bei mir dagegen ... Nach jedem Test zeigten die Ergebnisse, dass mein Körper aus dem Gleichgewicht geraten war. Ich sage es nicht gern, aber unser Gynäkologe schien nicht die richtige Diagnose zu stellen. Er glaubte, dass wir in unserem Alter keine Behandlung benötigten und maß dem Prolaktinspiegel keine große Bedeutung bei. Als ich im Internet recherchierte, was das Einzige war, was ich zur Hand hatte, fand ich niemanden in der gleichen Situation wie ich und verbrachte Abende in den unterschiedlichsten Foren. Damals wusste ich, dass es eine Behandlung gab, um meinen Prolaktinwert zu kontrollieren. Ich habe einmal mit meinem Gynäkologen darüber gesprochen, aber er bestand darauf, dass meine Werte niedrig waren und ich keine Behandlung brauchte.

Ich war schon so frustriert und ratlos, dass ich einmal unter falschem Namen in den Chats mit den anderen Frauen diskutierte. Was ich dabei erfuhr, erstickte mich fast, so viel Unverständnis von Seiten der Medizin, aber auch der Angehörigen. Ich konnte nicht länger allein damit umgehen, musste mit Egar darüber sprechen. Ihn frustrierte die Situation ebenso, einige seiner Freunde hatten bereits Babys. Und wir? Doch wir sagten uns, alles läuft in Etappen ab: Diskotheken, Bekanntschaften, gemeinsame Abendessen in der neuen Wohnung, Hochzeit, dann die Kinder – der Kreislauf des Lebens, aber entspannt, ruhig, alles zu seiner Zeit.

Natürlich hatten wir auch Freunde, die ein ganz anderes Leben führten, ohne Kinder und vollauf glücklich. Es gibt kein Gleichmaß für den allgemeinen Lebensstil, auch keine Struktur, der man buchstabengetreu folgen müsste. Es gibt Milliarden verschiedene Lebensstile, aber wir beide hatten uns für einen bestimmten entschieden. Wir wollten Eltern werden, dieser Wunsch entsprang unseren Seelen.

Egar befand sich durch unser Problem in einer unbekannten Welt, sehr intim und schwierig. Er erlebte etwas, das in keiner Weise erklärt werden konnte, etwas, das auf uns speziell und niemand anderen zutraf. In einer unserer nächtlichen langen Unterhaltungen überlegten wir uns mögliche Perspektiven als Eltern. Da schlug ich ihm vor, doch mal an künstliche Befruchtung zu denken. »Natürlich nicht!« Er konnte sich das nicht vorstellen, noch weniger, ein Kind zu haben, das nicht seines sei. »Was heißt, nicht deines?!«

Es fällt mir sehr schwer, diese Phase unseres Lebens zu erklären, weil sie unsere Unreife, unsere Unkenntnisse hinsichtlich dieses Themas, unseren Egoismus, unsere Dummheit und den Mangel an Informationen aufzeigt. Die Welt war so groß und wir mussten sie erst noch entdecken.

Ihr werdet jetzt lesen, was bei einer künstlichen Befruchtung passiert, alles, worüber wir uns Gedanken gemacht haben und was wir dazulernen mussten. Während ich das jetzt beschreibe, empfinde ich Bedauern darüber, dass wir mit den Menschen, die dabei erwähnt werden, keinerlei Kontakte mehr pflegen, aber ich muss bei der Wahrheit bleiben und betonen, dass auch darin, wie in allem, letztendlich ein tieferer Sinn liegt.

Es gefiel mir nicht, dass Egar keinesfalls einer künstlichen Befruchtung zustimmen wollte. Ich fühlte mich von ihm unverstanden. Warum wollte er sich nicht einmal darüber informieren? Ich wusste, wie schlimm es für ihn war, womöglich keine Kinder bekommen zu können. Zu Beginn unserer Beziehung gefiel uns die Vorstellung, wie unsere Kinder wohl mal aussähen. Fasziniert überlegten wir, ob sie seine grünen Augen, meinen Mund, seinen athletischen Körper und meine Augenbrauen hätten. Bestimmt malen sich die meisten Verliebten so etwas aus. Es war wunderbar! Nun konnte ich seine Angst spüren, konnte ihn verstehen, denn uns lähmte die gleiche Sorge. Früher wussten wir nichts vom Leben, wussten nicht, dass durch künstliche Befruchtung das Baby von uns beiden stammte. Es wäre uns nie in den Sinn gekommen, über eine Entnahme meiner Eizellen, über Samenspende des Partners und die Einpflanzung der Embryos nachzudenken. Von all dem hatten wir keine Ahnung und dachten doch, wir wüssten alles: wie naiv!

Oft wollte ich mich aussprechen, mein bedrücktes Herz erleichtern, er aber reagierte nicht darauf, war wie eine unüberwindbare Wand, wenn es um unser Problem ging. Er wusste, dass es ihm wirklich schlecht ging und er konnte nicht verstehen, was er fühlte, konnte sich nicht ausdrücken. Dass er nicht darüber sprechen konnte, belastete ihn mindestens ebenso wie mich. Dann wieder ärgerte ich mich über sein Verhalten, fand, dass wir längst nicht mehr auf einer Wellenlänge waren. Nachts setzte ich mich an den Computer und flüchtete in meine Collagewelt der Fotos über glückliche Familien. Stunde um Stunde besänftigte ich damit meine Leere. Tränen liefen mir dabei still über die Wangen. Ich konnte einfach nicht verstehen, warum gerade wir beide so weit von solch einem Familienglück entfernt sein mussten. Ich nutzte meine Seite *Julietas Lächeln* (span. *La sonrisa de Julieta*), doch falls ihr sie sucht, sie existiert nicht mehr. Als ich mehr als fünfzigtausend Follower hatte, schloss ich sie. Diese Tätigkeit erfüllte mich nicht mehr, aber das ist ein Thema für ein anderes Kapitel.

Die gesammelten Fotos auf meiner Seite halfen mir zu beschreiben, wie es mir ging. Ich schrieb kleine Texte dazu, immer anonym natürlich, konnte so meine Emotionen zum Ausdruck bringen und damit den Leserinnen und Lesern vielleicht auch Zugang zu ihren eigenen Tiefen erleichtern.

Niemand in meinem Umfeld, wirklich niemand, wusste, was in meinem Leben vor sich ging. Ich verspürte einen verrückten Wunsch, der mich ausfüllte, wollte mein Erlebnis in alle vier Winde schreien, erzählen, dass ich wirklich durcheinander war, aber das tat ich nicht. Für Egar. Schön langsam begannen meine Posts ein breiteres Publikum anzusprechen. Tag für Tag erzählte ich von mir, ohne mir damit etwas Bestimmtes vorzunehmen. Die Menschen konnten sich mit mir identifizieren, fühlten sich verstanden und mir dienten diese Botschaften als Therapie. Ich schrieb so lange über meine bitteren Erfahrungen, bis der Schmerz etwas nachließ.

Nach mehrmaligem Drängen meinerseits akzeptierte Egar, eine Klinik in Barcelona aufzusuchen, die führend auf dem Gebiet der künstlichen Befruchtung war. Im Wartesaal gab es ein Buffet mit Kaffee, Säften, Süßgebäck und kleinen belegten Brötchen. Eine sehr nette junge Frau, weiß gekleidet, lud uns ein, vom Buffet zu nehmen, aber wir waren so nervös, dass wir wie aus einem Mund ›nein‹ sagten. Egar flüsterte mir zu: »Hier wird man uns bis auf die Unterhosen ausziehen. Gehen wir!« Ich nahm seine Hand und bat ihn, sich zu beruhigen. Etwas später betraten wir einen großen Raum, in dem uns zwei Krankenschwestern und ein Arzt erwarteten. Als sie uns mit einer Mappe voller Diagnosen eintreten sahen, wirkten sie sehr erstaunt. Ständig fragte man uns nach unserem Alter und der Arzt meinte, dass für gewöhnlich ältere Ehepaare diese Klinik aufsuchten.

Nachdem der Arzt durch einige Scherze das Eis gebrochen hatte, erklärte er uns anhand einer von ihm gezeichneten Grafik, worin der Prozess bestünde, um eigene Kinder durch künstliche Befruchtung bekommen zu können. Wir verstanden überhaupt nichts von seinen Erklärungen, nur so viel: Es gab Wege, trotz Unfruchtbarkeit eigene Kinder zu bekommen, und das war alles, was wir wissen wollten. Es beruhigte Egar ein wenig, dass seine Spermien und meine Eizellen die Basis der zu erwartenden Kinder sein würden. Ich weiß nicht, wie ich es sagen soll, aber für mich bedeutet Elternschaft mehr als die biologische Basis eigener Spermien und Eizellen. Doch das wissen wir jetzt, da wir über dreißig Jahre alt sind, damals wussten wir nichts.

Ich frage mich heute, warum man uns in jener Beratung nichts davon erzählt hat, dass es vielleicht Probleme mit meiner Eizellenspende geben könnte und wir eventuell die Spende einer anderen Frau benötigen würden. Warum hat man uns nicht verraten, dass die Embryos nicht immer fähig sind, sich in der Gebärmutter einzunisten? Warum hat man uns nicht erzählt, dass es vor der Implantation eine genetische Diagnose geben kann? Warum? Warum? Warum? Ich könnte mir die ganze Nacht solche Fragen stellen, aber vorwegnehmen möchte ich hier noch nichts.

Erinnert ihr euch an Sevilla, jene Freundin, die mir glücklich zurief: »Ich bin schwanger!«?

4. Das Geständnis

In unserer kleinen, frisch renovierten Wohnung trank ich zunächst einen Kaffee an der Theke, die als Trennung zwischen der winzigen Küche und dem Wohnzimmer diente, in das gerade mal ein Sofa und der Fernsehtisch passten. Später setzte ich mich an den kleinen weißen Tisch zu Boden, wo ganze Nachmittage lang geplaudert wurde, bis sich mein Hintern flach anfühlte. Ich weiß nicht, warum ich mich nie aufs Sofa setzte, wie es üblich gewesen wäre. Auch in Sevillas Wohnung hockte ich lieber auf dem Boden und fühlte mich überhaupt bei ihr stets wie zu Hause. Sie war längst Teil meiner Familie geworden. Sobald wir uns wiedersahen, sagte sie mir, mein Schmerz solle mir nicht die Lebensfreude und Zuversicht rauben. Sie bat mich inständig, mich nicht von ihr fernzuhalten, denn niemand kannte mich so gut wie sie. Darum wusste sie auch, dass ich vor nichts so sehr weglief, wie vor angstbesetzten Situationen. Und es machte mir große Angst, meine beste Freundin in dem Glück zu erleben, welches mir fernblieb.

Wir kannten uns seit unserem siebten Lebensjahr, waren lebendige, manchmal unartige Kinder, die sich auf dem Schulweg gern Klingelstreiche bei den Häusern erlaubten, um dann laut lachend wegzulaufen. Was für Erinnerungen! Sie war in jeder Hinsicht die perfekte Freundin; fröhlich, temperamentvoll, verlässlich, waghalsig. Jetzt, da ich mich daran erinnere, fällt mir der Unterschied zu damals besonders auf. Sie hat sich zu einer reifen jungen Frau entwickelt, die das Leben im Griff hat. Sevilla ist mit meinem Cousin Jamaika verheiratet. Zu Beginn gaben sie ein seltsames Paar ab: er extrem schüchtern, sensibel und behutsam mit allem und sie voller Feuer, ständig auf Abenteuer aus. Nach und nach aber erkannten sie, dass keiner ohne den anderen leben konnte, sie wurden von Jahr zu Jahr harmonischer, waren schließlich zum perfekten Paar zusammengewachsen.

Warum mich gerade Sevillas Schwangerschaft so erschütterte, weiß ich gar nicht, schließlich waren sie seit fast einem Jahr verheiratet und eine andere Cousine, Norwegen, hatte kurz zuvor ein Kind bekommen. Ich erinnere mich daran, als sie uns von ihrer Schwangerschaft erzählte. Wir hatten gerade eines unserer Treffen, und zwar in unserer Wohnung. Egar war dabei, einen Teller mit Oliven auf den Tisch zu stellen, als Norwegen rief: »Wir sind schwanger!« Der Teller kippte Egar aus der Hand und die Oliven verteilten sich auf dem Boden. Es war eine schräge Situation, aber ich schaffte es, scherzend die Stimmung wieder aufzuheitern. So hatten wir die Nachricht über eine erste Schwangerschaft in unserem Freundeskreis überstanden. Warum also sollten wir nicht auch andere hinnehmen können?

Bei Sevilla war von Anfang an alles anders, weil ich den Prozess so leben konnte, als wäre es meine eigene Schwangerschaft. Ich begleitete sie zu den Ultraschalluntersuchungen. Wann immer sie die typischen Ängste einer Erstgebärenden hatte, war ich es, die sie anrief. Dadurch rückte mein Schmerz in den Hintergrund und ich umgab mich mit Liebe und Illusion, während ich auf ihr Kind, ›mein Küken‹, wartete. Zunächst merkte ich gar nicht, wie sehr ihr Kind zur Liebe meines Lebens wurde. Damit aber belog ich nicht nur meine Mitmenschen, ich belog vor allem mich selbst.

Unbewusst spielte ich unserem ganzen Bekanntenkreis vor, Egar und ich seien das glücklichste Paar, alles in unserem Leben verliefe genauso, wie wir es wollten. Immer wenn man uns augenzwinkernd sagte: »Leute, ihr seid dran«, meinten wir mit gespielter Lockerheit: »Das hat

Zeit, wir haben noch so viel vor.« Was für eine Lüge! Und sie breitete sich immer mehr aus. Bei den Eltern und Schwiegereltern, Verwandten und Freunden, überall betonten wir, dass Kinder für uns noch nicht zur Lebensplanung passten. Für Egar wurde das immer schwerer. Wir wollten immer die Wahrheit erzählen, aber Herzensangelegenheiten können ziemlich schwierig sein. Ich glaubte, dass ich nie mit jemandem aus unserem Familien- oder Freundeskreis über Unfruchtbarkeit reden musste, denn es war für jeden sichtbar. Niemand sprach das Thema an, aber eines Abends kam alles ungewollt ans Licht.

Wir pflegten den Ort unserer Treffen im Turnus abzuwechseln. An jenem Abend saßen wir in der Wohnung von Deutschland und ihrem Partner Norden beisammen. (Ich nenne ihn so, weil er sehr hellhäutig ist, blond mit blauen Augen.) Erinnert ihr euch an meinen Jugendfreund, der mich scherzend in einer Garage an eine Säule gefesselt hatte? Das war Norden. Nach dem Abendessen blieben bei solchen Treffen die Jungs meist im Wohnzimmer, während wir Mädels uns in die Küche zurückzogen, vor allem weil dort der Ofen war. Barfuß, oft in Decken gehüllt, hockten wir unter dem Kleiderständer beisammen, um tiefgründige Themen zu besprechen. Für gewöhnlich waren wir zu fünft, manchmal zu sechst. Deutschland hatte diese Wohnung erst kürzlich gemietet und war ganz aufgeregt. Unser Hauptthema bestand darin, wie sie ihre Räume möglichst günstig dekorieren könnte, wir dachten vor allem an Schnäppchen im Internet. Sevilla war im siebten Monat und erzählte zwischendurch, dass sie nachts nicht mehr besonders gut schlief, vor allem, weil sie sehr häufig aufs Klo musste. In dieser Gruppe war ihres das erste Baby, unser Püppchen sozusagen. Dann sprach man über unsere Probleme in der Arbeit, unerwiderte Liebe und Ähnliches. Ich blieb die ganze Zeit über ungewöhnlich still. Sevilla kannte mich zu gut, um nicht zu merken, dass etwas nicht stimmte. Wohl wegen unserer besonderen Freundschaft und weil ich ihre Schwangerschaft immer so intensiv begleitet hatte, versuchte sie mehrmals, mich ins Gespräch miteinzubeziehen. Unter den Mänteln sitzend nahm sie meine Hand und legte sie auf ihren Bauch. Da konnte ich mich nicht länger beherrschen. Ich explodierte.

Seit so vielen Monaten hatte ich verschwiegen, was an mir nagte, mich innerlich regelrecht auffraß. Ich wollte diesen Bauch meiner Freundin nicht mehr berühren, wollte nichts mehr von Babys hören und wollte vor allem kein Mitleid. All die Zeit meinen Vertrauten eine Lüge vorzuspielen, befreite mich nicht vom Schmerz, es vermehrte ihn, es zerstörte mich innerlich. Ich suchte damals seit einiger Zeit eine Psychologin auf, um meine Wut, meinen Hass und meinen Schmerz zu bändigen oder zumindest ein wenig zu kontrollieren. Einmal machten wir eine Schocktherapie (ich jedenfalls nannte die Übung so). Was sie bewirkte, war gruselig: Ich spürte nichts mehr, kein Glück, keine Trauer, keine Umarmungen und auch keine Küsse. Um meinen Schmerz nicht ständig zu fühlen, ließ ich jegliche Empfindung verstummen.

Wie soll ich es euch erklären? Ich legte alle destruktiven Empfindungen in eine undurchdringliche Blase, die ich im hintersten Winkel meines Bewusstseins versteckte, um nie wieder zu leiden. So verwandelte ich mich in eine Steinwand. Doch in dieser Runde, nahe beim Ofen, umgeben von Freundinnen, explodierte diese Blase ganz unerwartet. Ich erspare mir alles wiederzugeben, was ich hinauskeifte, stattdessen beschreibe ich die Gesichter der anderen. Sie waren entsetzt, am Boden zerstört, fast so sehr wie ich selbst. Dass irgendein Problem in der Luft lag, ahnten sie, aber nie hätten sie geahnt, was mich wirklich verletzte. Nach meinem Ausbruch fühlte ich mich vollkommen entblößt, aber auch erleichtert und vor allem verstanden.

Ich schreibe euch hier auf, was ich in jener Nacht auf meiner Facebook-Seite postete.

»Meine Wünsche: Ich wünsche, nicht eine Sekunde Zeit zu haben, um mir auch nur die Haare zu kämmen, es reicht, mir die Mähne hinter die Ohren zu klemmen. Ich wünsche mir Stunden des Schlafentzugs, die auf meinen Schultern lasten, ein Heim voll Geschrei, eine Familie von mindestens fünf Personen, Mäntel und Spielzeug überall am Boden verteilt, Sonntagnachmittage voller Aktivitäten, alles, nur nicht das, was gerade ansteht. Ich möchte um Frieden bitten. Frieden in kleinen Portionen, um ihn dann häppchenweise zu verschenken. Nichts weiter wünsche ich mir, als eine kleine Wohnung im Zentrum, so wie ich sie bereits habe, nichts weiter. Ich brauche kein großes Haus am Waldrand mit prächtigem Garten. Auch eine Putzfrau, die alles aufräumt, brauche ich nicht. Möge es doch unaufgeräumt bleiben, das bedeutet für mich Leben. Ich bitte um kein teures Auto, um keinen Luxus, das alles brauche ich nicht. Meine Eltern lehrten mich, zufrieden zu sein mit dem, was ich habe. Ich danke euch, Mama, Papa! Sie lehrten mich alles, was ich brauche, durch eigene Arbeit zu erlangen, und so mache ich es schon mein Leben lang.

Auf meiner Wunschliste scheint nichts unrealistisch, keine Lottogewinne, mich interessiert kein kurzer Weg zum großen Ziel. Ich glaube an das Leben. Doch es ist launisch, spielt mit mir jeden Tag aufs Neue und mir scheint, ich bin dabei, zu verlieren. Aber sollte es doch einen Gewinn für mich geben, wünsche ich mir eine Familie, die mir so großes Glück beschert, dass es nicht in dieses Herz passt, das unermüdlich in mir pocht, jenes Herz, das ich Stärke nenne.

Wunschliste: Ich bitte dich um nichts, das du nicht erfüllen könntest.«

Ich habe euch noch gar nicht erzählt, dass meine Cousine Ibiza schwanger wurde, während ich mit so viel Liebe, aber auch Schmerz, Sevillas Schwangerschaft miterlebte. Ibiza aber begleitete ich nicht so intensiv, es wäre mir zu viel geworden. Manchmal dachte ich, das Universum stellte mich auf die Probe. Egar und ich sprachen auch darüber, vielleicht unseren ganzen Lebensstil zu ändern, nach unseren eigenen Vorstellungen zu leben, ohne die regelmäßigen Treffen mit Freunden, ohne Gespräche über Windeln, medizinische Analysen und Ultraschallergebnisse. Aber etwas tief in uns sagte, das sei nicht die Lösung. Unserem Leid thematisch möglichst aus dem Weg zu gehen, brächte keine Heilung, eher Isolation.

Es würde kein Wunder für unser Problem geschehen, nur weil wir einen anderen Lebensweg einschlügen. Unser Frust nahm zu, egal wie wir es drehten und wendeten. Ich war fünfundzwanzig, wir sollten uns zu einer Entscheidung durchringen. Und da kam meine Schwester Thailand ins Spiel.

Sollte die Lösung künstliche Befruchtung heißen? Wohl eher nicht.

5. Der Jahrestag

Jetzt erzähle ich euch, wie mich Egar bat, seine Frau zu werden.

Er wollte mich zu meinem Geburtstag in ein feines Restaurant ausführen und dort um meine Hand anhalten. Doch er konnte nirgends reservieren. Wir feierten einen Tag davor, am 30. April 2011. Seit langem schon lag ich ihm in den Ohren, doch endlich zu heiraten, er aber antwortete immer mit einem überzeugten ›Nein‹ und begründete das so: »Wenn du aufhörst, mich deswegen zu drängen, werde ich dich überraschen.« Doch ich konnte es nicht sein lassen, mir waren das Ritual und die offizielle Bestätigung unserer Liebe wichtig. Dann kamen die Sorgen um meine Unfruchtbarkeit und endlose Untersuchungen, darüber vergaß ich das Thema Hochzeit.

Es war an einem Donnerstag beim Abendessen. Wir plauderten wie gewöhnlich über dies und das. Egar erzählte mir, dass einer seiner Freunde gerade eine emotional schwere Zeit durchmachte und er nicht wusste, wie er helfen könnte. Immer erlebte ich ihn hilfsbereit und achtsam allen Menschen gegenüber. Manchmal fragte ich mich, wie er es schaffte, so viel zu geben und dennoch Energie für sich selbst zu bewahren. Ich gab meine Meinung aus weiblicher Sicht zum Problem seines Freundes ab. Dann stand ich auf, um den Früchteteller als Nachtisch aus der Küche zu holen. Als ich zurückkam, blieb ich wie angewurzelt stehen.

Auf dem Tisch stand noch das Geschirr vom Abendessen, zusätzlich aber eine Flasche Champagner, zwei zarte passende Gläser und ein funkelnder Brillantring. Wie eine Million Kerzen strahlte mir unser kleiner Tisch mit diesen Gaben entgegen. Mit dem Früchteteller in den Händen hörte ich Egar sagen: »Willst du meine Frau werden?« Ich habe nie verstanden, wie er in der kurzen Zeit, die ich in der Küche war, so viele Kerzen anzünden und mir die perfekte Nacht bereiten konnte.

Egar kannte mich durch und durch. Von Anfang an wusste er, dass mir große Überraschungen nicht besonders lagen, auch keine Besuche in ausgesuchten teuren Restaurants. Mit Luxus und Diamanten konnte er mich nicht beeindrucken. Ich trug keinen Schmuck, nicht mal Ohrstecker. Er wusste, schenkte er mir einen Diamantring, so würde ich ihn am darauffolgenden Tag zurückbringen. Auch seine Mutter wusste, wie ich tickte, wir waren längst eine große Familie geworden. Vielleicht hatte sie ihn beraten.

So also bat er mich, seine Frau zu werden. Ich gebe hier wieder, was ich am folgenden Tag auf meine Facebook-Seite postete. Nach und nach erfahrt ihr meine Geschichte, die ich gern im Dunklen schrieb, während ich Musik hörte.

»Ich mag keine Dinner in teuren Restaurants, sondern bei schlichtem Essen lieber dich an meiner Seite und manchmal deine Hand auf meinem Bein. Du musst nicht mit mir shoppen gehen, denn gemeinsam haben wir gezeigt, dass wir keine ausgefallenen Klamotten brauchen. Ich benötige keine teuren Halsketten, sie würden ja doch nur stören, wenn du mich sanft küsst. Und ein tolles Auto ist erst recht nicht vonnöten, weil wir beide wissen, dass wir an einem kleinen Ort unsere Wünsche erfüllen können. Ich möchte kein großes Haus mit Garten, sondern einfach nur eine Matratze auf dem Boden und eine Tüte Popcorn, während wir unseren Lieblingsfilm schauen. Ich möchte keine Blumen zu unserem Jubiläum. Es wäre schön, wenn du mich mit ein paar angezündeten Kerzen überrascht. Ich brauche keine Handtasche, keine Schuhe, nicht einmal ein neues Handy. Ich möchte, dass du mich küsst, als gebe es kein Morgen mehr und wir im Bett landen, wenn du nach Hause kommst. Ich möchte nicht, dass du mich nach New York bringst, um mich zu fragen, ob ich dich heiraten will. Ich brauche nicht die Welt, um zu wissen, dass ich heirate. Ich möchte, dass du mit mir in einen Gummibärchenladen gehst und dann einen davon als Ring tragen. Flüstere mir ins Ohr: ›Ich möchte unendlich viele Abenteuer und ich möchte sie mit dir erleben.‹«

An unserem ersten Jahrestag unternahmen wir nichts Großes, vielmehr blieben wir zu Hause, erinnerten uns am Abend mit Champagner an den kleinen Tisch im Wohnzimmer und an Egars Worte, die mir so viel bedeuteten. Der zweite Jahrestag war überschattet von unserer Frustration, nicht Eltern werden zu können, darum wollte ich mir etwas Besonderes ausdenken. Inspiration bekam ich dafür von meiner Schwester. Thailand ist eine hoffnungslose Romantikerin, die in einer Welt der Liebe und des Glitzers lebt. Sie ist zudem auch der Mensch auf der Welt, welcher mit einem einzigen Blick tief in meine Seele schauen kann. Zwar beträgt unser Altersunterschied sechs Jahre, aber das hinderte uns nie daran, uns wie Zwillinge zu fühlen. Sie war meine Rettung in dieser Not. Von meinem Schmerz über unsere Kinderlosigkeit wusste sie von Beginn an. Ganze Nächte lang hatte ich mich bei ihr ausgeweint, als ich Egar noch nicht mit meinem Frust belasten wollte, um ihn zu schonen, vor allem, weil er es nicht ertragen konnte, wenn ich litt. Obwohl erst zwanzig Jahre alt, verstand sie mich total, manchmal fühlte ich mich, als wäre ich die ›kleine Schwester‹ und nicht umgekehrt. Mit ihrem besonderen Einfühlungsvermögen half sie mir, das perfekte Geschenk für Egar zu finden. Ich fing damals an, Freude an der Fotografie zu entwickeln und auch kleine Filmsequenzen zusammenzustellen; Bilderfolgen mit Hintergrundmusik. Eines Abends bat ich Egar, für mich zu posen, weil ich die Kamera ausprobieren wollte. Eigentlich mochte er es gar nicht, fotografiert zu werden, diesmal aber sagte er zu. Über zwei Stunden fotografierte ich, machte auch Selfies und erstellte daraus dann einen kleinen Film, zu dem ich etwas einsprach. Dann saßen wir vor dem Fernseher und genossen das Werk.

In unserer Beziehung zählen vor allem die Kleinigkeiten des Alltags. Diese sind es, welche das Herz des anderen öffnen, ihn berühren, weil er spürt, dass er selbst gemeint ist, ganz persönlich. Zum Beispiel schenkte ich ihm mal ganz am Anfang unserer Beziehung eine Zeichnung zu seinem Geburtstag. Diese hängte er sich zu Hause an die Wand. Später, als wir bereits zusammenwohnten, versteckten wir immer wieder kleine Botschaften füreinander in Winkeln der ganzen Wohnung. An einem freien Nachmittag saßen wir stundenlang mit dem Fotokarton auf dem Boden. Wir beschlossen, auf jedes Foto kurz unser momentanes Empfinden zu schreiben. Man könnte doch irgendwann vergessen, wie glücklich wir waren. Diese Fotos und ihre Botschaft auf der Rückseite würden uns wieder daran erinnern. Ich muss gestehen, dass ich diese Erinnerungsstütze tatsächlich einmal brauchte, doch darüber sollt ihr später mehr lesen. Jetzt nur so viel: Trotz unserer unerschütterlichen Liebe war die Beziehung nicht immer leicht.

Thailand liebte Egar auf ganz besondere Weise. Sie kannte ihn seit ihrem achten Lebensjahr. Wenn er mich damals abholte, um mit mir auszugehen und sie gerade die Haustür öffnete, schlug sie diese vor seiner Nase zu, sobald sie ihn erblickte. Sie konnte es nicht leiden, dass dieser fremde, wenn auch gutaussehende Junge täglich daherkam, um ihre große Schwester abzuholen. Bis dahin verbrachte sie die Nachmittage mit mir, um gemeinsam Zeichentrickfilme anzusehen. Sie spürte, dass dieser Egar dabei war, mich ihr wegzunehmen, das gefiel ihr ganz und gar nicht. Daher nahm ich sie oft mit, wenn wir in der Nähe unseres Hauses spazieren gingen, ich wollte, dass sie sich nach und nach an ihn gewöhnte und war mir sicher, sie würde ihn bald so lieben wie ich.

Er mochte sie sofort, dieses Kind ›ohne Worte‹ mit langen, glatten, kastanienbraunen Haaren. Tatsächlich sprach sie lange Zeit kein Wort mit ihm, doch er lächelte sie an, fühlte sich mit ihr verbunden, als habe er sie selbst erzogen. Ich hatte viel von ihr erzählt, von ihren Ängsten, Vorlieben und Marotten, darum war er bereits neugierig auf sie, die tomatenrot anlief, als sie ihm zum ersten Mal die Tür öffnete.

Nachdem wir vier Jahre miteinander gegangen waren, zogen Egar und ich zusammen. Thailand versteckte eine Karte in meinem Fotokarton, als ich ihn beim Umzug mitnahm. Ich fand sie erst, als wir bereits einige Wochen zusammenlebten. Sie schrieb: »Warum verlässt du mich? Ich werde ohne dich frühstücken und du wirst nicht da sein, wenn ich aus der Schule komme. Das Haus ist leer ohne dich, und wenn ich auch weiß, wie glücklich du mit Egar bist, vermisse ich dich ganz fürchterlich!« Die Trennung von mir fiel ihr wirklich schwer. Wir luden sie so oft wie möglich zu uns ein, so kam es, wie ich erwartet und erhofft hatte; Thailand liebte Egar bald fast so sehr wie mich.

6. Als ich mich fand

Die weißen Leitlinien auf dem Asphalt glitten vor meinen Augen noch schneller dahin als die Gedanken in meinem Kopf. Ein Mix aus Gefühlen bedrängte uns im Auto, bedrängte mein Innerstes, als wir in Richtung Krankenhaus rasten. Auf diesen Fahrten nutzte ich meine Kontakte in den sozialen Netzwerken, surfte fieberhaft im Internet, nur um mich von meiner Nervosität und Angst abzulenken. Schon seit meiner Kindheit hasste ich es, wenn mich vertraute Personen ansahen und sofort wussten, was mir alles durch den Kopf ging. Ich war für die Welt ein offenes Buch, extrovertiert und viel zu vertrauensselig.

Als Kind versteckte ich mich zu meinen Geburtstagen immer, wenn es Zeit wurde, die Geschenke zu öffnen, denn ich wusste genau, dass man es mir ansehen würde, wenn mir ein Geschenk nicht gefiel. Ab und zu versuchte ich das mit höflichen Worten zu verbergen, doch die Schamröte meiner Wangen konnte ich nicht verhüllen. Als Beifahrerin neben Egar zu sitzen war so eine Art Versteck, er konnte mich nicht aufmerksam genug ansehen, um meine Empfindungen zu erkennen. Doch er wusste, besser spürte, dass ich es brauchte, das allein verriet mich. Er wusste, was ich dachte, bemerkte auch, dass ich krampfhaft versuchte, die Fahrt zum Krankenhaus hinauszuzögern. Ich fühlte mich fürchterlich, weil ich meine innere Wut nicht kontrollieren konnte, die sich Monat für Monat immer mehr in mir aufgestaut hatte. Das Allerschlimmste aber war, dass sich diese Wut in meinem verwirrten Herzen mal als rasend und zerstörerisch wahrnehmen ließ, mal als bedingungslose Liebe. Die Liebe zu einem Kind, das noch nicht einmal bei mir angekommen war, erzeugte Wut und die Wut, dass ich dieses Kind nicht empfangen konnte, erzeugte Liebe. Ich liebte unser Kind, das den Weg zu uns noch nicht gefunden hatte.

Vielleicht wisst ihr gar nicht, wovon ich gerade spreche. Lasst mich es euch erklären. Sevilla hatte ihr Baby geboren und wir waren gerade unterwegs, sie und das Kleine im Krankenhaus zu besuchen. In den neun Monaten ihrer Schwangerschaft musste ich gegen eine fremde Kraft in mir ankämpfen. Die Freude, dieses Kind zu sehen, es kennenzulernen, war überwältigend für mich. Gleichzeitig zwang mich die Frustration, nicht selbst die glückliche Mutter zu sein, in die Knie. Und auch etwas in diesem Bauch zog mich an, wie eine Art Magie, etwas Reines und Aufrichtiges, etwas Wunderbares, unmöglich zu beschreiben, eine Hoffnung zu leben.

Das Zimmer war hell, goldenes Licht der Abendsonne erfüllte jeden Winkel und auch jede Person in diesem Raum. Vor den Fenstern hingen Gardinen, die dem Ganzen etwas Sanftes verliehen. Sevilla lag erschöpft und fahl im Bett, doch ihr Lächeln stellte alles andere in den Schatten. Jamaika stand vor dem Kinderbettchen, sein Blick verriet, dass er dieses Wunder noch gar nicht fassen konnte, welches selig schlief, als wolle es um Entschuldigung bitten. Er merkte kaum, dass wir gerade diesen weißen, hellen Raum betreten hatten. Meine Hände zitterten. Ich war mir nicht sicher, ob ich meine Gefühle kontrollieren konnte, ich war mir nicht sicher, wie ich reagieren würde, wenn ich ihn sah, ich würde nicht in der Lage sein, zu verbergen, was ich fühlte. Es war, als würde ich meine Seele vor den Augen all derer bloßstellen, die im Raum waren, und es würde kein Zurück mehr geben. Mit einem Kloß im Hals und Tränen in den Augen näherte ich mich Sevilla und ohne viel nachzudenken, setzte ich mich auf die Seite des Bettes, sah sie an und das Einzige, was sie mir sagen konnte, war: »Nimm ihn.« Ich sah Jamaika an, der uns mit Emotionen in den Augen sagte: »Er ist so schön, ich weiß nicht, wie er da rausgekommen ist«, und ich näherte mich der Krippe. Von dem Moment an, als ich das Baby sah, war alles in mir verändert. Das Kind machte mich zu einem ruhenden Pol. Ich hob es mit bewusster Behutsamkeit und Sicherheit aus dem Bettchen, als hätte ich dergleichen mein Leben lang gemacht. Er lag in meinen Armen wie mein Kind. Es war Sevilla, die diesen glücklichen Moment zwischen mir und ihrem Sohn ermöglichte, denn sie hatte meine Not gespürt, meinen Verlust der sehnsuchtsvollen Liebe einer Mutterschaft. Sie hatte mich bewusst teilhaben lassen an der Erwartung dieses Kindes. Meinen Hass und meine Angst hatte sie damit ins Gute gewendet, in Liebe. Ich sah seine weiße Haut, die perfekten Ohren, das kleine makellose Gesicht. Seine Hand umklammerte meinen Finger, er öffnete ein wenig die Lider und sah mich mit tiefblauen Augen an, als sei der Himmel einen Spalt breit geöffnet. Mit winzigen Fingernägeln bohrte er sich in meine Haut. Da wusste ich, dass ich viele Monate lang kein Leben gelebt hatte, ich hatte es verloren. Dieser kleine Mensch ermahnte mich, erneut zu leben.

Man sagt, dass sich die Augenfarbe eines Babys erst einige Monate nach der Geburt definiere. Doch ich versichere euch, dieses Neugeborene hatte die schönsten blauen Augen, die ich je erblicken durfte. Ich fühlte Frieden, ich fühlte eine starke Verbindung, als ob von diesem Baby eine übermenschliche Kraft ausging, eine Magie, eine Aura, die mich vom ersten Moment an ergriff, ganz gleich, wie man sie auch nennen will. Dieses Kind war eine Quelle neuer Lebensenergie für mich, eine Rettung aus meiner Dunkelheit. Er war ›mein Küken‹. Ich hatte so etwas noch nie gefühlt und auch seither nie wieder gespürt.

Die Realität hatte mir eine Ohrfeige verpasst, eine aufrüttelnde, die mir klar machte, dass ich in den vergangenen Jahren alles und jeden für meinen Schmerz verantwortlich gemacht hatte. Keine einzige Schwangere war schuld daran und kein einziges Baby. Ich fragte mich immer, wie ich es schaffen kann, dass mich die Schwangerschaft anderer und ihre Babys nicht so sehr berührten, doch das war die vollkommen falsche Frage. Sie sollten mich weiterhin berühren, aber nicht als Schmerz, vielmehr als freudige Anteilnahme.

Ich hatte mir vorgenommen, alles zu meiden, was meinen Schmerz auslöste, also auch Freundinnen, die glücklich ihr Kind erwarteten. Das war ein Fehler. Seit ich mich aber von Schwangeren krampfhaft fernhielt, wurde ich mir unmerklich immer fremder. Ich mutierte zu einer Person, die ich selbst nicht leiden konnte.

Seit ›mein Küken‹ aber in mein Leben getreten war, gewann das Wort *Liebe* eine ganz neue Bedeutung. Ich verstand die Wichtigkeit einer Umarmung, die eines Lächelns, das Leben mit den Augen eines Kindes zu sehen und zu versuchen, sich mit der eigenen Kindheit zu verbinden. Das war das Einzige, was mich gerettet hatte. Hass aus meinem Herzen zu verdrängen war das Schwierigste, was ich jemals getan hatte, aber als ich es schaffte, wusste ich, was Hoffnung bedeutet. Lass niemals deinen Hass gewinnen und dir das Leben stehlen, denn später wird es sehr schwierig sein, es zurückzubekommen. Wenn andere etwas haben, dass du willst, bedeutet dies nicht, dass du es nicht haben wirst. Was unmöglich erscheint, kostet nur ein wenig mehr Anstrengung und es ist besser, einen Weg voller Träume als einen voller Hass zu gehen. Und dann begann mein Herz wieder zu schlagen. Etwas, das aus Liebe entsteht, kann niemals zu Hass werden.

Meine Gedanken jenes Tages:

»Erklären kann man es nicht, aber Liebe heilt marode Seelen, Liebe klebt die Teile eines zerbrochenen Herzens wieder zusammen, sie findet sogar verloren geglaubte Teile auf deinem Weg und fügt sie aufs Neue ein. Selbst wenn deine Seele enorm verletzt wurde, aber dein Verstand dich bittet, noch einmal ›Küss mich‹ zu rufen. Du beginnst mit einem lieblosen Kuss, der aber zu der schönsten Liebkosung auf diesem Planeten wird.

Das ist die schweißtreibende Mühe, die dich alle Energie kostet, und doch ersehnst du sie, weil sie dir die Sterne vom Himmel holt. Wie kann sie dir die größte Ekstase schenken? Die Energie, die du gibst, wird in der explosiven Freude wieder vielfach zurückgeschenkt. Erotische Liebe ist die vertrauensvolle körperliche Hingabe, die dir alle bösen Erinnerungen wegradiert, und sei es nur für Minuten. Nur so können wir seine ›Gefühle‹ in uns spüren. So fühlten wir uns lebendig.

Aus etwas so Einfachem wie Lieben werden Geschichten geboren. Wenn sich zwei Körper vereinen, entsteht neues Leben. Wir sind mehr als nur Magie. Es ist brutal, weil ein Gefühl des Verlangens und der Liebe uns zur schönsten Maschine der Welt macht. Leben zu gestalten, eine Familie zu gründen, ist unbeschreiblich und die eigene Geschichte zu leben, sie in jeder Faser zu spüren. Es wurde es gewährt, die schönste Maschine der Welt zu sein, und wenn wir Wahnsinn und Ausschweifung mit Liebe verbinden, kann die Mischung aus beidem nicht unglaublicher und explosiver sein, weil daraus neues Leben entsteht.«

7. Auf der Straße

Jede Woche besuchte ich Sevillas Baby und jedes Mal empfand ich danach mehr Lust, es nochmal zu versuchen. Eigentlich blieben wir immer am Ball, beobachteten den Tag meines Eisprungs, achteten auf alles, was Empfängnisbereitschaft versprach. Aber klar, oft fanden wir einfach nur zueinander, ohne auf meinen Eisprung oder Sonstiges zu achten. Die monatlichen Tränen aber, wenn dann doch meine Periode einsetzte, zermürbten mich mehr und mehr. Da meine Monatsblutung immer recht unregelmäßig kam, konnte ich nicht anders, als voller Freude zu registrieren, dass ich manchmal bis zu elf Tage über der Zeit war. Umso niederschmetternder erlebte ich es jedoch, wenn meine Periode dann wie zum Hohn einsetzte. Monat für Monat das gleiche böse Ritual. Ich wartete eine Woche und wenn ich dann noch immer keine Spuren im Slip entdeckte, rannte ich zur Apotheke, um den Schwangerschaftstest zu kaufen. All das verbarg ich vor Egar. Eigentlich sollte man diesen Test gemeinsam machen, etwas frühstücken zum Beispiel, während man auf das Ergebnis des ersten Morgenurins wartet. So machten wir es jedenfalls die ersten sieben Mal. Dann das ernüchternde Ergebnis. Wie der Einsturz des eigenen Hauses fühlte es sich an und es kostete uns alle Kraft, den Arbeitstag dennoch gut zu bewältigen. Diesen Frust wollte ich Egar künftig ersparen.

Darum machte ich den Test, wenn ich allein zu Hause war. In den drei Minuten, die man abwarten muss, um das Resultat ablesen zu können, hoffte ich mit ganzer Kraft auf ein endgültig positives Ergebnis und stellte mir vor, wie ich es Egar feierlich mitteilen würde, wenn er abends nach Hause käme. Gedanklich spielte ich dabei mit drei Varianten, konnte mich aber für keine wirklich entscheiden. Die erste war, die Wohnung mit Post-its zu füllen, angefangen bei der Eingangstür. Die Zettelchen würden einen Weg bis hin zum Couchtisch beschreiben, auf dem er eine kleine Schachtel fände. Auf den Notizen könnte er Satz für Satz lesen, wie schön es sei, das Leben mit ihm zu teilen und dann, wie wunderbar er als Papa wäre. Und dann, nachdem er alle Zettel aufgesammelt hätte, mit Tränen in den Augen, denn ich weiß, wie emotional er ist, würde er die Schachtel auf dem Tisch öffnen, in dem er einen Schnuller entdeckte und eine letzte Notiz: Du wirst Vater!

Oder diese Möglichkeit: Sein Auto wäre mit Luftballons gefüllt, der positive Schwangerschaftstest ans Lenkrad gebunden. Die letzte, einfachste und irgendwie ungewöhnliche Idee war, auf eine Palette in der Firma einen leeren Karton zu stellen und diesen in einem Gang zu platzieren, den er oft benutzt. Auf dem Karton würde in Permanentmarker geschrieben stehen: »Herzlichen Glückwunsch, Papi!« Aber, wie ihr wohl schon vermutet, waren alle meine Illusionen und Fantasien Luftschlösser. Jeder Test brachte das gleiche negative Ergebnis.

Ich weinte allein. Das klingt traurig, aber es war besser, Egar diesen ständig wiederholten Schmerz zu ersparen. Er verstand nicht ganz, was ich diesbezüglich empfand, verstand auch nicht, warum ich nicht schwanger werden konnte, während andere Mädchen es wurden, ohne es zu wollen, oft nach einer einzigen unvorsichtigen Begegnung. Theoretisch ist es ja auch wirklich nicht kompliziert: Ein Liebespaar wird intim und herauskommt das Wunder des Lebens, ein neuer Mensch. Was aber auch ich nicht wusste, war, dass dieses Wunder viele Faktoren beinhaltet, die abgestimmt sein müssen, um zu funktionieren. In unserem Fall passte offenbar etwas nicht. Das konnte an Hormonen liegen, an defekten Spermien oder auch an meinen Eizellen, es konnte so viele Gründe geben, die eine Schwangerschaft verhinderten. Ich werde hier keine gynäkologische Abhandlung präsentieren, aber der weibliche Körper ist eine Welt für sich und man sagt auch, dass es während eines Zyklus nur vier fruchtbare Tage gibt.

Ich kaufte mir das sogenannte »Clear Blue«, welches anzeigt, wann der Eisprung erfolgt. Somit kennst du deine fruchtbaren Tage genau. Für eine lange Zeit wurde es zu unserer Pflichtübung, genau dann miteinander zu schlafen, ob wir wollten oder nicht. So schön es sonst war, gestaltete sich dieser verordnete Sex für uns beide als unbefriedigend, vor allem Egar empfand den Druck als hemmend. Doch mir zuliebe machte er mit. Es gab Tage, die wirklich übertrieben schienen; wir mühten uns in der Früh und am Abend ab, in den verschiedensten Stellungen, Gesicht nach unten, Gesicht nach oben, Beine hoch nach oben gespreizt, Brückenstellung. Mädels, wir versuchten alle Tricks, zum Beispiel nur jeden zweiten Tag Verkehr zu haben, dann wieder mehrere Tag Enthaltsamkeit, damit der Samen besonders gehaltvoll sei, also vier bis fünf Tage ohne Sex, um dann genau beim Eisprung aktiv zu werden. Was soll ich euch sagen: Alles für die Katz!

Dann setzte ich auf eine natürlichere Lebensweise, versuchte es mit Homöopathie, änderte meine Essgewohnheiten. Kurz: Wir taten alles, was in unserer Macht stand, um miteinander ein Kind zu bekommen. Da gab es kein spielerisches Zueinanderfinden mehr, keine plötzlich aufkeimende Verliebtheit mitten im Alltag, die uns alles vergessen ließ, um uns leidenschaftlich zu vereinen. Über all den Bemühungen ließen wir es zu, dass die Flamme unserer Liebe immer kleiner wurde, kaum noch wärmte, fast kein Licht mehr abgab. Unsere ganze Aufmerksamkeit richtete sich darauf, ob die nächste Menstruation ausbliebe oder nicht. Dass unsere Sexualität keine Freude mehr war, keine Lust, die uns die Mühen des Alltags vergessen ließ, sondern vielmehr ein weiteres schweres Hindernis, welches es zu bewältigen galt, war unser größter Fehler. Wenn du das hier liest, dann vielleicht, weil einiges in deinem Leben ähnlich verläuft, weil du dich in meinen Erfahrungen wiederfindest. Falls es so ist, möchte ich dir zurufen: Vergiss eure Beziehung und dich mit deinem Partner zu verbinden nicht. Mach es nicht wie ich.

Zu meinem Geburtstag blies ich die Kerzen mit dem Wunsch aus, nie wieder in die Obsession zu verfallen, unbedingt schwanger werden zu wollen. Schon seit vielen Jahren konzentrierten wir uns auf etwas, das nicht eintrat. Sowohl Egar als auch ich brauchten Abstand von der Erwartung, brauchten vor allem Zeit für uns, ohne an Pflichtsex denken zu müssen. Wir mussten uns als Paar neu finden, neu verlieben, denn das Band zwischen uns hatte sich bedenklich gelockert. So etwas durften wir nicht zulassen.

Dann, an einem Freitag, ich erinnere mich genau daran, waren wir gerade in der Fabrik, alles war normal, alles wie immer. Wenn bei uns ein Name über Lautsprecher ausgerufen wurde, bedeutete das für gewöhnlich nichts Gutes. Meine Schicht war fast zu Ende, als ich meinen Namen hörte. Ich ordnete gerade mit einer Kollegin Pakete, sie schaute mich alarmiert an. »Hast du das auch gerade gehört?«, fragte ich sie. Heute noch erinnere ich mich daran, wie ihr die Farbe aus dem Gesicht wich, als mein Name ausgerufen wurde. Sie sagte etwas wie: »Mädel, mach dir keine Gedanken, es wird schon nichts sein, bestimmt wollen die nur deine Schicht tauschen, es wird schon nicht ›das‹ sein. Lauf schnell ins Büro und erzähl mir dann, was war.«

Als ich mit recht weichen Knien hinging, begegnete mir Egar, der einen Stock unter mir arbeitete. Er begleitete mich ein Stück, versuchte mich zu trösten, nahm mich in einem unbeobachteten Moment in die Arme. Alle in der Firma wussten mittlerweile, dass wir verheiratet waren, dennoch sollten wir während der Arbeitszeit möglichst nicht einmal miteinander reden. Er küsste mich und flüsterte mir ins Ohr: »Egal was los ist, ich bin bei dir, ich stehe zu dir!« Im Büro, kahl, in Weiß gehalten, erwarteten mich der Chef und die Personalreferentin. Beide strahlten nichts Gutes aus.

»Elodie, du bist entlassen. Pack deine Sachen zusammen und geh, ohne dich von jemandem zu verabschieden.«

Das waren die Worte meines Chefs. Natürlich bat ich um eine Erklärung, denn ich war in den letzten zwei Jahren nicht einen Tag von der Arbeit ferngeblieben. Auch wenn ich mich krank gefühlt hatte, war ich pünktlich zur Arbeit erschienen und hatte meine Pausen nie überzogen. Ohne mich selbst loben zu wollen, war ich doch eine der besten Arbeiterinnen, voll Elan und Engagement, so wie man es wollte.

Ich suchte nach Motiven, versuchte, mir manches zusammenzureimen, was zur Entlassung hätte führen können, doch eine schlüssige Antwort fand ich nicht. Gut, ich bin eine temperamentvolle Frau, sage meine Meinung klar heraus, diskutiere auch schon mal mit einem Kollegen, wenn ich finde, dass er die Arbeit schlampig macht und andere dann umso mehr Mühe aufwenden müssen, um das auszugleichen. Vielleicht habe ich mich innerhalb der Firma auch mit den Falschen angefreundet – wie auch immer, ich stand auf der Straße.

Man ließ mich nicht einmal mehr zu meinem Arbeitsbereich, um mich von meinen Kolleginnen und Kollegen zu verabschieden, ja, nicht einmal von Egar, sondern begleitete mich direkt zum Ausgang, um nur ja keinen solchen zu provozieren. Aber mit wem sollte es denn einen solchen Aufruhr geben? Ich fühlte mich wie eine Gefangene, die man durch den Sicherheitstrakt eskortierte. Draußen setzte ich mich auf den Boden und wartete eine Stunde, denn damit endete meine Schicht und ich konnte meine Kolleginnen beim Hinausgehen sehen. Auch Egar hatte Schichtende und kam heraus. Ich gebe zu, dass ich während der ganzen Wartezeit geheult habe, denn gerade jetzt brauchte ich vor allem Sicherheit, eine Tätigkeit, die mir Freude bereitete, mit netten Kollegen, all das hatte ich bei der Arbeit. Viele kamen und versuchten, mich zu trösten, schimpften auf die Firmenleitung und die inhumane Vorgehensweise, aber für mich brach nur eines zusammen, das unendlich schmerzte: Ich arbeitete nicht mehr mit Egar in derselben Firma. Er hielt mich im Arm und versicherte mir immer wieder, dass alles gut sei, dass er ausreichend Geld für Wohnung und Nahrung verdiene. Ich solle mich nicht unterkriegen lassen und mich endlich voll und ganz auf die Fotografie konzentrieren, denn das begeisterte mich und dafür gab es ohnehin meist zu wenig Zeit.

Nach und nach kamen immer mehr Mitarbeiter, umarmten und trösteten mich und versicherten mir, dass sie nicht verstanden, warum ausgerechnet ich entlassen wurde und vor allem, warum es auf diese unfreundliche Weise passiert war. Vielleicht war ich Opfer einer Intrige? Wir arbeiteten in einem engen Rahmen, hatten viele Auflagen einzuhalten, was unser Verhalten auf dem Firmengelände anbelangte. Zu viele Mitarbeiter auf einem Haufen und ein zu hohes Pensum, das zu erfüllen war. Es gab und gibt genug, die sich alles gefallen ließen und sich über Ungerechtigkeiten nicht beschwerten. Dann gab es jene, die sich auch mal mit anderen verschworen und es verstanden, bei Vorgesetzten zu punkten. Meine Abteilungsleiter jedenfalls waren entsetzt über meine Entlassung und wussten nicht, was der Grund sein konnte. Mit mehreren meiner ehemaligen Kolleginnen bin ich noch in freundschaftlichem Kontakt, sie berichten, dass es nach wie vor unerwartete Entlassungen gebe und das Arbeitsklima mitunter von bestimmten Gruppen vergiftet würde.

Und da stand ich ohne Arbeit, ohne Arbeitslosengeld und ohne Aufgabe. Mir war nichts geblieben, oder? War dies ein Zeichen des Universums? Es heißt doch, auf Regen folgt Sonnenschein, oder? An diesem Scheideweg meines Lebens begann eine lange Entwicklung, ich wurde zur *lächelnden Julieta.* Hier der Post dieses Tages auf meiner Seite.

»An Treue habe ich immer geglaubt, aber auch an eine zweite Chance, ja sogar an eine dritte. Wir irren uns täglich mindestens ein Mal in unseren Entscheidungen. Es ist gesund, ein wenig egoistisch zu sein, doch der Schmerz anderer rührt mich. Ich glaube an mich. Habe ich einmal eine Aufgabe übernommen, fühle ich mich dafür verantwortlich, doch die Angelegenheiten anderer verantworte ich nicht.

Im Laufe meines Lebens habe ich verschiedene Arten von Menschen kennengelernt. Ihr könnt mir glauben, die Abendröte auf einer Terrasse allein zu bewundern ist schöner, als Leute um sich zu haben, die einen dabei stören. Ich glaube nicht an die Worte ›Liebes‹ oder ›Freundin‹, wenn ich sie von jemandem gesagt bekomme, der mich gar nicht kennt. Ich glaube nicht an Freundschaft um jeden Preis. Wenn du gibst, ohne entsprechende Zuwen-

dung als Reaktion, ist diese Freundschaft Mist. Ich glaube nicht an Menschen, die dir beim Gespräch nicht ins Gesicht blicken und nicht an jene, die sich von deiner Freundschaft Vorteile erhoffen. Du siehst ihnen die Leere ihrer Herzen an.
Seit meiner Kindheit hatte ich Probleme allein zu sein, bis ich merkte, dass einem nicht die Anzahl der Freunde Größe verleiht. Was dich wirklich großartig macht, ist, niemandem etwas beweisen zu müssen. Sich auf die Terrasse zu setzten und allein den Sonnenuntergang zu bewundern ist viel schöner, als jemanden an der Seite zu haben, der dir ein falsches Lächeln schenkt. Ich ziehe es vor, allein zu sein.«

8. Überwindung

»Es passiert nichts! Alles ist gut!«, war das Einzige, was ich mir immer wieder sagte, als ich in den ersten Tagen ohne Arbeit allein zu Hause war. Ich nutzte die Zeit, um Inhalte für meine Seiten in den sozialen Netzwerken zusammenzustellen, um den Tag zusätzlich für Haushalt, Einkäufe und Kochen zu organisieren: Außerdem erstellte ich eine Liste unserer Ausgaben. Für meine Leidenschaft als Fotografin überlegte ich, mir einen Kundenstamm aufzubauen und vielleicht damit Geld zu verdienen. Ich schaute mir an, was andere Fotografen der Stadt machten, damit ich sie nicht nachahmte, sondern etwas ganz Eigenes, Neues anbieten könnte. Meine individuelle Note sollte aus jedem meiner Fotos sprechen. Dafür wollte ich Kurse besuchen, mich perfektionieren, alle Techniken anwenden, um nur beste Arbeit zu liefern.

Die Fotografie faszinierte mich umso mehr, je besser ich darüber Bescheid wusste. Täglich neue Techniken kennenzulernen, beflügelte meine Inspiration. Bilder meiner Fantasie wurden immer mehr zur Kunst auf dem Fotopapier. Ich dokumentierte meine diesbezüglichen Fortschritte auf meiner Seite und durfte erleben, wie gut die Arbeiten bei meinen Followern ankamen. Sie saugten meine Beiträge auf wie Schwämme, ließen sich davon berühren. Täglich gewann meine Seite neue Follower.

Bald kontaktierten mich namhafte Fotografen aus ganz Spanien, die einhellig fanden, dass ich mit meinen Bildern einen neuen Stil kreiert hätte. Zwar verstand ich vieles nicht, was sie mir mitteilten, denn technisch war ich noch nicht weit genug, um die meisten der von mir angewendeten Effekte überhaupt selbst zu verstehen. Ich handelte nach meinem Bauchgefühl, erfand Bildkompositionen, die sich zuvor in meinem Kopf manifestiert hatten. Was meine Weiterbildung auf dem Gebiet der Fotografie anbelangte, hatte ich aber noch viel zu lernen.

Einerseits zog ich mein Ding sehr selbstbewusst durch, machte nur, was ich wollte, andererseits schüchterte es mich ein, noch lange nicht auf dem Niveau einer Profifotografin zu sein. Da so viele von meinem enormen Potenzial sprachen, setzte mich das unter Druck. Bald wurden Bilder auch dann als meine identifiziert, wenn ich sie nicht beschriftete. Sie hatten alle einen ganz persönlichen Touch, ohne dabei plakativ bestimmte Stilmittel einzusetzen. In der Welt der Fotos und Postings ging ich mit Leib und Seele auf, hier hatte ich mich gefunden, konnte mich verwirklichen. Ich war kaum mehr zu bremsen, die Stunden flogen nur so dahin, ohne dass ich es merkte. Nichts anderes hatte in meinem Kopf Platz als das Projekt, an dem ich arbeitete. Egar erschrak, als er mich so abwesend erlebte, denn ich ging in einer Welt auf, die ihm fremd war. Doch nach wie vor unterstützte er mich und mein Tun.

Ich verbrachte Stunden damit, Fotos zu bearbeiten. An den Vormittagen, wenn Egar arbeitete, saß ich vor dem Computer, recherchierte, postete Bilder, besuchte andere Seiten. An den Abenden und oft auch nachts schrieb ich Reportagen. Fünf Stunden Schlaf mussten reichen, mehr war nicht drin. Ich fühlte mich getrieben, glücklich und erschöpft zugleich. Mir war klar geworden, dass ich mit meinem Einsatz viel erreichen konnte, meine ›Marke‹ fand Anklang und meine Stärken waren zudem Ausdauer und Konsequenz.

Das Thema, eigene Kinder zu bekommen, rückte vollkommen in den Hintergrund, vor allem auch deswegen, weil wir uns jetzt mit nur einem Gehalt keine Privatklinik hätten leisten können. Eine künstliche Befruchtung ist sehr teuer und die Sozialversicherung zahlt in diesem Fall nichts. So war mir auch diese letzte kleine Hoffnung genommen worden. In den sozialen Netzwerken war ich wirklich erfolgreich, man kannte mich, aber Geld brachte das wenig, meist keines ein. Da waren Hypotheken zurückzuzahlen, andere Ausgaben für die Wohnung, Versicherungen. Für Essen und Kleidung gaben wir noch das Wenigste aus. Egar konnte nicht alles von seinem Gehalt begleichen. Eine Privatklinik blieb außer Reichweite.

Nach einigen Monaten mussten wir eine Entscheidung treffen: Wir wollten unsere fertig renovierte Wohnung vermieten. Erst vier Monate zuvor waren die letzten Arbeiten abgeschlossen worden, das Resultat begeisterte uns. Und nun konnten wir nicht einmal genießen, was wir aufgebaut hatten. Nach unseren Berechnungen sollte es klappen, wenn wir eine kleine Wohnung außerhalb der Stadt mieteten, wo es billiger war. Mit der Miete unserer Eigentumswohnung und Egars Gehalt sollten wir dann über die Runden kommen. Vielleicht könnten wir auf diese Weise sogar etwas sparen und eventuell später eine Privatklinik aufsuchen, um unseren Kinderwunsch zu erfüllen. Ehrlich gesagt, war das keine gute Phase unserer Beziehung, weder finanziell noch emotional. Wir waren zu jung und mit Existenzproblemen zu sehr belastet, um uns in vollem Ausmaß mit dem Thema Unfruchtbarkeit und eventuell einer Neuorientierung unseres Lebensplans auseinanderzusetzen. Ohne es zu merken, entfernten wir uns immer mehr voneinander, weil uns die Sehnsucht, Eltern zu werden, verzehrte. Tag für Tag wurden wir einander fremder, weil die Energie voll und ganz für den Existenzkampf aufgebraucht wurde und weil wir einfach dumm waren, mit dummen Ambitionen, die zu nichts führten. Wir vergeudeten viel zu viel Zeit damit, einander aus dem Weg zu gehen, statt uns in langen nächtlichen Gesprächen immer wieder neu zu finden wie früher. Einander zuzuhören und die Nähe des anderen zu suchen, verlernten wir unmerklich. Drei Jahre lang konsultierten wir während dieser finanziellen Krise weiterhin Ärzte im Rahmen der Sozialversicherung, schickten Proben ein, ließen uns in jeder erdenklichen Hinsicht untersuchen, ohne ein klares Resultat zu erhalten. Immer wenn wir glaubten, ein neuer Weg habe sich aufgetan, erlebten wir kurz darauf, dass er in einer Sackgasse endete.

Wir fanden eine nette Wohnung mit großer Terrasse für unsere kleinen Hunde. Ach ja genau, ich habe euch noch gar nicht erzählt, dass wir zwei süße Bullterrier haben. Die Miete war wirklich günstig, so konnten wir endlich ein paar entspannte Monate verbringen, was die finanziellen Angelegenheiten betraf. Trotz der Distanziertheit, die sich zwischen Egar und mir eingeschlichen hatte, besprachen wir eines Abends alles, was uns in den vergangenen Jahren widerfahren war. Wir rekapitulierten, dass wir viel von unserer Beziehungsqualität verloren hatten. Beide sehnten wir uns nach dem Glück, das früher Dauergast bei uns gewesen war, ganz unabhängig von finanziellen Problemen. Es wurde uns in diesem Gespräch gemeinsam klar, dass wir dringend etwas unternehmen mussten, um das Schöne wiederzufinden, das uns beide verband.

Unsere leidenschaftliche Vereinigung in dieser Nacht war die von Ertrinkenden. Wir wussten beide, dass es lange dauern würde, bis wir die Liebe von einst wieder in unseren Alltag einziehen lassen könnten. Zu viele Jahre hatten wir damit verbracht, das Glück von meiner Schwangerschaft abhängig zu machen. Nie widmeten wir auch nur einen Gedanken dem, was uns vereinte, denn es war so selbstverständlich. Wir liebten uns zu sehr, um je zu glauben, dass diese Liebe abnehmen könnte. Egar meinte, wir könnten die Leere in unserer Beziehung Seite an Seite überwinden und wieder miteinander glücklich werden, allerdings sollte ich lernen, meine Angst und vor allem meine Ungeduld zu überwinden. Und was den Kinderwunsch anbelangte, wollte er weiterhin an meiner Seite und im Rahmen der Sozialversicherung alles uns Mögliche versuchen, was die Sache zwar erheblich verzögern würde, aber wir blieben am Ball.

Zwischen den Untersuchungen und den Ergebnissen der Proben vergingen meist über drei Monate. So blieb ich dem Ganzen auch mal fern, denn ich sagte mir: »Die Probe abzugeben schmerzt, wenn aber bis zum Ergebnis so viel Zeit vergeht, hilft es gar nichts mehr, weil sich inzwischen meine Befunde verändert haben werden!« All das ängstigte mich sehr. Durch medizinische Hilfe eine Empfängnis zu erleichtern, war demnach langwierig und schwer, wir aber gaben nicht auf.

Normalerweise ist es so: Wenn du auf Fruchtbarkeit untersucht wirst, dürfen die Resultate nicht länger als vier Monate auf sich warten lassen, denn dann wäre eine medikamentöse Behandlung nicht mehr auf den momentanen körperlichen Zustand abgestimmt. Doch genau das passierte uns ständig. Die Mitarbeiter bei der Sozialversicherung hatten dermaßen viel zu tun, dass es sich nie ausging, rechtzeitig die eingeschickten Proben zurückzuerhalten, um eine adäquate Behandlung anzusetzen. Da beißt sich die Katze in den Schwanz. Mehrmals wiederholte sich dieses Dilemma, was nur an den paar Wochen Verzögerung lag. Dann hatten wir eine Befundbesprechung mit einem neuen Arzt. Mir sagte er sofort zu, denn sein Vorgänger ließ uns deutlich spüren, dass er nicht dafür war, eine Schwangerschaft um jeden Preis erzielen zu wollen. Der neue Arzt setzte mich auf die Liste für eine künstliche Befruchtung. Er meinte, dass sich die Wartezeit auf ungefähr zwei Jahre belief. Zwei Jahre?! Als ich die Praxis verließ, bemühte ich mich, meine Wut und Ungeduld zu zähmen, und sagte mir immer wieder vor, was ich Egar diesbezüglich versprochen hatte: Geduld! Gelassenheit! Wir nutzten diese zwei Jahre, um unserer Beziehung wieder mehr Raum zu geben, und das war wirklich nötig.

Körperlich und seelisch vertiefte ich mich wieder ganz in meine Arbeit. Nie hätte ich geglaubt, dass ich einmal eine so große Sache aufziehen würde. Ich hatte tatsächlich einen festen Platz auf dem Gebiet der Fotografie errungen und immer mehr Personen sprachen von mir, von *Julietas Lächeln*. Mit meinen Bildern erreichte ich die Herzen der Menschen, Familien zu fotografieren wurde mir immer mehr zur Passion, ich fühlte mich erfüllt dabei. Vielleicht gefiel es mir deswegen so sehr, glückliche Familien mit meiner Linse einzufangen, weil ich dadurch ein wenig von ihrer Freude mitempfinden konnte. Schwangere und junge Eltern mit ihren Babys zu fotografieren tröstete meinen Schmerz etwas.

Man sagt ja, wenn dir etwas wehtut, dann konfrontiere dich damit. Und genau das machte ich. Ich fotografierte an jedem Tag der Woche, umgab mich Stunde um Stunde mit Kindern. Es ist unbeschreiblich, was ich durch sie gewann und was ich empfinden durfte. Sie gaben mir einen Ausblick auf das, wonach sich meine Seele am meisten sehnte. Ich interessierte mich sehr für alles rund um die Schwangerschaft, informierte mich umfassend über Risiken und verschiedene Arten der Geburt. Dass ich darüber bereits mehrere Reportagen geschrieben hatte, half mir sehr. Jede einzelne Lebensgeschichte der Leute, die zu mir kamen, um sich fotografieren zu lassen, faszinierte mich. Ich weiß nicht mehr wie und wann, aber eines Abends hatte ich den Eindruck, dass es keinen Schmerz mehr für mich bedeutete, unfruchtbar zu sein. Ich hatte mich davon befreit.

Als ich wieder mal nachts am Computer arbeitete, verspürte ich das dringende Verlangen, all das zu erzählen, was niemand von mir kannte. Die vielen Follower, die ich gern ›meine Familie‹ nannte, wussten nichts von der wahren Elodie, sie kannten nur Julieta und dass sie Fotografin war. In dieser Nacht lüftete ich mein Inkognito, so wie ich es jetzt mit euch Leserinnen und Lesern mache. Ich erzählte frei heraus, was Egar und ich durchgemacht hatten, und war mir sicher, dass wir mit dieser Erfahrung nicht allein dastanden. All unsere Nöte und zerbrochenen Hoffnungen ständig verstecken zu müssen, brachte ich nicht länger übers Herz. Warum sollte das Thema Unfruchtbarkeit solch ein Tabu sein? Nach diesem Bekenntnis fühlte ich mich sehr erleichtert und auch verstanden.

Allerdings muss ich zugeben, dass ich diese Entscheidung, mich zu öffnen, für mich allein traf, ohne sie davor mit Egar zu besprechen, denn er war noch nicht bereit, der ganzen Welt von seinen Enttäuschungen und seinen unerfüllten Wünschen zu erzählen. So gesehen zwang ich ihn, aus seiner Schutzblase herauszutreten. Sein Ärger darüber dauerte ganze fünf Minuten, und zwar jene fünf Minuten, die er brauchte, um sich in hunderte Kommentare einzulesen, die auf meine Veröffentlichung folgten. Wir hatten eine Diskussion ausgelöst, die rasch Fahrt aufnahm. Das Thema hatte offenbar wie ein Vulkan unter der Oberfläche gebrodelt. Unzählige private Nachrichten erreichten uns zusätzlich zu den öffentlichen Kommentaren. Fremde Menschen erzählten uns ihre Geschichten, sie fühlten sich endlich in ihrem Schmerz verstanden, weil wir dasselbe durchgemacht hatten wie sie. Erst jetzt bemerkten wir, dass der

Mut, uns zu öffnen, anderen Trost spendete. Egar las über zwei Stunden lang Kommentare von Paaren, die uns ihr Herz ausschütteten, so wie ich es in jener Nacht getan hatte. Dann schaute er mich lange Zeit an und sagte: »Du bist großartig!« Seit jener Stunde musste ich ihn nie wieder fragen, ob und was ich veröffentliche. Und heute ist er an meiner Seite, um mich an jedes Detail zu erinnern, das ich unmöglich behalten konnte, damit ich euch alles erzähle, damit ich dieses Buch »Ungeborene Hoffnung« bestmöglich für euch schreibe.

Wir änderten unseren Lebensstil, wanderten jedes Wochenende stundenlang durch die Gegend, genossen die Zweisamkeit in der Natur, so wie wir es früher gemacht hatten. Was wir in den vergangenen Jahren versäumt hatten, holten wir nach, erlebten uns endlich wieder als Paar. Es war so beruhigend, alles in den richtigen Bahnen zu wissen. Meine Arbeit erfüllte mich, wir hatten eine nette Wohnung, Egar einen Job und wir befolgten die Anweisungen unseres neuen Arztes, der für uns ganz spezifische Schritte entwickelt hatte. Dafür waren wir dankbar, genossen die Ruhe, welche wieder in unser Leben eingekehrt war. Doch diese Ruhe währte leider nicht lang.

Acht Monate nach meiner Entlassung kam Egar von der Arbeit nach Hause und teilte mir mit, dass man nun auch ihm gekündigt hatte. Er war am Boden zerstört, ich verstand nicht, warum uns das Schicksal so sehr heimsuchte. Alles, was mir in diesem Moment blieb, war, ihn still in die Arme zu nehmen. Bevor er heimkam, lief er lange herum, konnte sich kaum dazu überwinden, mir die Hiobsbotschaft zu überbringen. Noch in meinen Armen begann er zu klagen: »Warum passiert das alles uns? Was zum Teufel haben wir getan, dass Gott uns so straft? Was ist los mit unserem beschissenen Karma?« Ich hörte ihm zu, ließ ihn nicht los, drückte ihn noch fester an mich und flüsterte: »Wir haben so viel schon überwunden, das schaffen wir. Gemeinsam schaffen wir das!«

Jetzt, da ich das alles niederschreibe, wird mir die ganze Wirklichkeit des Lebens bewusst und wie schrecklich es mitunter sein kann. Erinnert ihr euch an die Vorstellung, die ich als junges Mädchen hatte? Ich glaubte, mit jemandem zusammenzuleben, heiße nichts anderes, als gemeinsam Zeit verstreichen zu lassen. Die Realität versetzte mir wieder mal eine Ohrfeige, um mich daran zu erinnern, dass Leben Wachsen bedeutete. Wachsen in enormen Schritten.

Hier meine Gedanken jenes Tages:

»Ich weiß, die Ehe ist kein Kinderspiel, sie bedeutet kein ununterbrochenes Wohlgefühl. Das Glück kann man nicht suchen, auch nicht erwarten oder finden. Man kann es nur leben, jeden Tag aufs Neue. Unser Ziel, als Ehepaar Kinder zu bekommen, eine Familie zu sein, ist sehr schön und sehr gut. Aber wir sind nicht nur dafür auf dieser Welt. Wir sind als Paar hier, weil wir uns dazu entschieden haben, mit genau dieser Person, die wir lieben, jeden Tag neu zu beginnen. Ich will deine Kraft sein, dein Stock und Stab, wenn du strauchelst, damit du dich aufs Neue aufrichten kannst. Ich bin deine Geliebte und deine Freundin. Kinder ziehen eines Tages aus, gründen eigene Familien, aber die Person, für die du dich entschieden hast, wird bei dir bleiben, wird weiterhin täglich neu an deiner Seite erwachen.

Ich bitte dich, mich nie zu verlassen. Es wird Momente geben, deren Umstände uns alles abverlangen, sei es wegen der Arbeit, der Wohnung, sei es

wegen finanzieller Engpässe, sei es wegen der Kinder. Wir werden dunkle Tage erleben, manchmal auch Phasen der Leere. Das alles wird mich lehren, auf welche Weise wir alles überwinden können, nämlich allein durch die Liebe. Ich liebe dich so sehr, dass aus jedem Unglück, das wir ertragen müssen, eine Liebesgeschichte wird.
Die Liebe ist stärker als alles andere, stärker sogar als der Tod. Denn selbst wenn die Person, die du so sehr liebst, nicht mehr bei dir ist, bleibt sie dennoch in deinem Herzen. Wahre Liebe stirbt nie.
Vergiss nicht, dass du mich gewählt hast, vergiss es nicht, wenn du merkst, dass ich nicht perfekt bin. Liebe mich so, wie zu Beginn, denn ich liebe dich immer wieder von Neuem.
Heirate mich, wenn du ausreichend Kraft dafür aufbringen kannst, mich zu stützen, sollte ich im Loch der Traurigkeit festsitzen und allein nicht mehr herausfinden. Heirate mich und glaube an die Träume, die wir teilen, auch wenn jeder seine eigenen hat und auch einen Rest einer eigenen verborgenen Welt. Heirate mich, wenn du ausreichend Kraft aufbringst, um den Ärger in der Arbeit zu ertragen und zu erleben, wie er dich bis in die Nacht verfolgt. Das Einkommen ist nicht alles, was uns zusammenhält. Heirate mich, wenn genug gegenseitiger Respekt spürbar ist, damit wir unsere unnötigen Diskussionen überstehen, damit unser Stolz uns nicht daran hindert, ganze Nächte lang selige Versöhnung zu feiern. Heirate mich, auch wenn kein Friede in unseren vier Wänden herrscht, wenn das Kindergeschrei jedes Gespräch verhindert, wenn du meinen Weg nicht verstehen kannst, aber aus

tiefstem Herzen weißt, dass wir nur gemeinsam erkennen können, wie sehr uns die Liebe in jedem Lebensabschnitt beschenkt.
Heirate mich und sieh mich als Mutter. Doch sieh mich auch an als Frau.«

Ich kramte die Schachtel mit Fotos hervor. Vor gefühlt endlos langer Zeit hatten wir auf ihre Rückseite geschrieben, warum wir uns so liebten, wie wir uns liebten. Wir hatten es geschrieben, damit es uns einst als Trost diene, sollten wir dessen bedürfen. Nun war der Tag gekommen, da wir diesen Trost und diese Bestätigung brauchten. Wir saßen beisammen, lasen die Worte, es wurde still und seltsam leer zwischen uns. Später erst erkannte ich, was sich zugetragen hatte und es schauderte mich. Wir waren nicht mehr das Paar. Nur ich war da. Egar schien weit weg.

9. Fliegende Herzen

Alles begann wie in einem dieser Alpträume. Ihr kennt es bestimmt, wenn man sich in einem Wald verirrt, fieberhaft nach dem richtigen Weg sucht, dabei Kilometer für Kilometer wandert, um dann festzustellen, dass man zum wiederholten Mal am selben Baum vorbeigekommen ist und die ganze Zeit nur riesige Runden gedreht hat, ohne auch nur in die Nähe des Weges gekommen zu sein, der aus dem Wald herausführt. Immer wenn sich in unserer Beziehung wieder Normalität bemerkbar machte, passierte etwas, das alles wieder über den Haufen warf und alle Harmonie zerstörte. Ihr sollt wissen, dass ich gar nicht an ein permanentes Glück glaube. Ich verstehe es auch nicht, wenn Leute ständig danach suchen. Was viele als Glück bezeichnen, ist vielleicht nur eine kurzfristige Euphorie, die mal jemand erlebte und dann erklärte, dies sei ein Zustand, der anzustreben und aufrechtzuerhalten sei. Ich glaube nicht an den beschissenen Schlüssel, der Türen öffnet oder schließt, jedenfalls habe ich einen solchen noch nicht gefunden.

Ich glaube daran, dass Taten etwas bewirken können. Ich glaube nicht daran, dass glückliche Momente des Lebens jemals aus unserer Seele verschwinden, es sei denn, man ist in der nächsten Welt. Doch wer weiß, vielleicht sind es gerade die Glücksmomente, die man als Schatz mit ins Jenseits nehmen kann. Bewahre diese Augenblicke tief in dir, doch sei dir bewusst, dass sie eines Tages wieder anklopfen und dass sie statt Freude Schmerz hervorbringen können, wenn du merkst, dass sie vergangen und unwiederbringlich sind. Ich glaube nicht an den Hass, vielmehr glaube ich an die Liebe; wenn du glaubst zu hassen, ist es nur der Nachklang deiner Liebe, die du einst jemandem ungefragt geschenkt hast. Du hattest nicht nach dieser Liebe gesucht, doch sie hatte dich gefunden. Du liebtest so sehr, dass nun die Erinnerung daran schmerzt. Diesen Schmerz nennst du Hass, dabei ist es deine vermoderte Liebe. Warum also suchen wir ständig nach etwas, das sich einfach nicht finden lässt? Das ist nicht gerecht. Wir wurden betrogen. Das Glück ist kein Schatz, den man irgendwo suchen könnte wie eine Horde Piraten. Das Glück ist vielmehr ein unsichtbarer Zustand, so unsichtbar, dass du mit dem Finger darauf stoßen könntest, ohne es zu bemerken. Wir haben es jeden Tag berührt und wir haben es nicht bemerkt.

Obwohl wir uns in den letzten Monaten so sehr bemüht hatten, das Offensichtliche zu verdrängen, es zu übersehen, stand es unausweichlich vor mir und schlug mir ins Gesicht. Doch unsere Angst davor war so groß, dass wir es noch mehr ignorierten als ohnehin schon. Oft lagen wir einander in den Armen, weinten, weil wir wussten, dass etwas unwiederbringlich zerbrochen war. Wir hatten einander verloren, obwohl unsere Zuneigung noch lebte. Das Universum hatte sich gegen uns verschworen, es wollte uns offensichtlich keinen einfachen gemeinsamen Weg gönnen.

Monatelang bewegten wir uns wie Gespenster in der Wohnung. Egar suchte täglich Arbeit bei den umliegenden Firmen, stellte sich auch bei entfernteren Fabriken vor, doch ohne Erfolg. Wenn er dann vollkommen desillusioniert nach Hause kam, wollte er oft nicht einmal reden. Das Einzige, das ich währenddessen tun konnte, war, mir Gedanken über unsere finanzielle Lage zu machen. Ich war voll und ganz mit meinen Veröffentlichungen und Fotografien beschäftigt, verdiente dabei auch ein wenig, was absolut wichtig war, schließlich mussten wir Rechnungen bezahlen. Es fiel mir zunehmend schwerer, weiterhin Kontakte in den sozialen Medien zu pflegen, ohne meine nagenden Sorgen mitschwingen zu lassen. Mein Publikum hatte sich an die mitternächtlichen Beiträge gewöhnt, die voller Zuversicht, Liebe und Hoffnung zu sein pflegten. Doch all das erlosch zusehends in mir. Immer trug ich mein Herz auf der Zunge, nun musste ich bewusst verschweigen, dass in meinem Leben etwas Wesentliches am Absterben war. Ich wollte in meinen Posts Liebe verkaufen, eine Liebe, die ich selbst nicht mehr kannte.

Wir aßen neuerlich getrennt zu Abend. Offenbar wollten wir beide damit einem längst anstehenden Gespräch aus dem Weg gehen. Die Wochenenden verbrachte ich bei meinen Eltern, umgeben von jeder Menge Verwandtschaft. Mit Thailands Hilfe, die noch immer bei unseren Eltern wohnte, schaffte ich es, diese Zeit halbwegs zu überstehen. Mit ihr konnte ich über alles reden, oft weinte sie mit mir. Irgendwie stand ich unter Schock. Seitdem ich kein Kind mehr war, kannte ich kein anderes Leben als das an Egars Seite. Ohne ihn würde ich ins Nichts fallen. Doch Abhängigkeit ist bekanntlich keine wahre Liebe. Was wäre, wenn mir aber das passiert wäre? Was wäre, wenn ich ihn nicht so sehr liebte, wie ich dachte? Ich war mit niemand anderem zusammen gewesen, daher konnte ich meine Beziehung nie mit anderen vergleichen. Meine Schwester wollte zwischen uns vermitteln, weil sie uns beide gernhatte oder noch genauer formuliert, sie Egar verehrte. Doch ihr war klar, dass wir den momentanen Zustand nicht lange ertragen konnten. Unser gegenseitiges Vertrauen war verschwunden, auch die kleinsten Anbindungselemente hielten nicht mehr. Ich hatte Egar verloren. Sehr oft fehlte es in unseren Diskussionen von beiden Seiten an Respekt. Die Wut, der Schmerz und das Gefühl einer kompletten Niederlage manifestierten sich bereits körperlich bei mir, nachts aber marterten mich Schuldgefühle darüber, was ich tagsüber zerstört hatte. Ich liebte Egar nach wie vor über alles, deswegen zog sich mir das Herz dabei zusammen, ihm kein Kind schenken zu können. Die Schuld darüber trugen nicht wir beide, ich machte die ganze Welt dafür verantwortlich. Es gab so viele sich verbindende Umstände, die ich als schuldig ansah, sodass unsere Zusammengehörigkeit und unsere Liebe nicht mehr zu retten war, jedenfalls empfand ich es so.

Auch Sevilla bemühte sich, mir meine Vorstellung, mit Egar nicht länger zusammenleben zu können, auszureden. Ich sollte abwarten, mit ihm reden und darauf vertrauen, dass sich alles regeln würde. Und Deutschland schärfte mir ein, dass in einer Pattstellung, die unsere Krise am besten beschrieb, auf keinen Fall etwas entschieden werden sollte. Abwarten, die Zeit wirken lassen, das war auch ihr Rat.

An einem Oktobertag kam ich nach Hause und packte einen kleinen Koffer mit dem Nötigsten. Ich hatte es entschieden. An diesem Tag wollte ich Egar verlassen. Obwohl mein Gesicht klare Entschlossenheit signalisierte, sprach mein Handeln ganz andere Worte. Ich ließ meine gesamte Kleidung im Schrank, suchte einen Vorwand, um wiederzukommen.

Das waren ganz neue Erfahrungen für mich. Meine Angst, ihn für immer zu verlieren, war enorm, eigentlich konnte ich mir kein Leben ohne ihn vorstellen. Hinter meinem versteinerten Gesicht und meinem Schweigen stand der Mann, in den ich mich einst wie verrückt verliebt hatte. Er war genau der Ehemann, den ich immer wollte, der wunderbarste Mensch auf Erden, aber dieser Mann war tief in seinem eigenen Schmerz gefangen. Seine äußere Hülle ließ nur Wut auf mich und Hass auf das Schicksal erkennen. Und diese Wut reflektierte ich ihm, konnte ihn nicht einmal mehr ansehen. Ich glaubte daran, dass uns eine Auszeit etwas von unserer Aggression nehmen würde, die Gedanken könnten sich entwirren und für die Zukunft entscheiden, vor allem aber könnten wir erkennen, ob und wie sehr wir einander vermissen würden, wenn wir nach all den gemeinsamen Jahren getrennt lebten. In meinem Innersten hoffte ich darauf, einmal auf diese Trennung zurückschauen zu können und sie als unkontrollierbare, absurde Episode zu erkennen, die definitiv der Vergangenheit angehören sollte.

In meinen Koffer legte ich auch einige der Fotos, deren Rückseite ich wenige Tage zuvor gelesen hatte. Die restlichen Bilder ließ ich auf dem Bett liegen, damit er sie jede Nacht anschauen könne, so wie ich meine anschaute in der Vorstellung, dass wir dadurch trotz Trennung doch ein wenig verbunden wären. Er war immer ein Mann von klaren, gut durchdachten Ideen gewesen, sein Charakter war sehr stark, doch auch kompliziert. Es dauerte Jahre, bis er mir sein Herz ganz öffnete und sich überwinden konnte, über Gefühle zu sprechen. Er wirkte kalt wie Eis, gleichzeitig überaus sensibel. Hatte er einmal eine Entscheidung gefällt, blieb er ihr auf Biegen und Brechen treu. Und gerade deswegen hatte ich Angst um ihn, als ich ging.

»Können wir reden, ohne gleich diskutieren zu müssen?«, fragte ich unumwunden. Er nickte. Ich versuchte zu erklären, dass mich die Umstände und die Stimmung zwischen uns beiden überforderte und dass ich ihn unüberwindlich distanziert erlebte, weit weg von mir, wie es zuvor nie gewesen war. Darum sollten wir getrennte Wege gehen. Doch ich versicherte ihm, dass ich es ihn wissen ließe, wenn er mir fehlte und dass er es bitte auch so machen sollte. Nie zuvor hatten wir uns getrennt, ich war planlos im Verhalten, leer im Gemüt, sah sein starres Gesicht, die kalte Distanziertheit und bemerkte, wie wir unweigerlich auseinanderdrifteten. Mit Tränen in den Augen umarmten wir uns zum Abschied. Länger als erwartet, so als wollte keiner den anderen loslassen, es war, als besiegelten wir damit das Aus für immer. Wie kann man sich von der Person trennen, die man liebt? Wie kann man das *Adiós* formulieren, wenn der Blick des Partners einen schreiend anfleht, zu bleiben? Wie konnte man die Liebe des Lebens loslassen, wenn doch keiner irgendeine Schuld trug? Ich wollte ihn nicht verlieren, konnte ihn nicht verlassen, denn das wäre das Ende von Egar und Elodie.

Schon an der Tür sagte ich: »Es tut mir so leid! Es tut mir leid, dir nicht geben zu können, was du dir am allermeisten wünschst. Ich möchte, dass du glücklich bist und dass du eine wunderschöne Frau findest, die dir ein Kind schenkt, denn ich weiß, dass du der perfekte Vater sein wirst. Pass auf dich auf! Und wenn du mich vermisst, dann ruf mich an.« Ich fand es gerecht, ihm diese Option der Freiheit zu lassen, ihm nahezulegen, dass er mit einer anderen Frau glücklicher werden könnte. Für mich war das allerdings keine Option, es gab für mich nur ihn. Doch ich wollte nicht egoistisch sein, indem ich ihn emotional weiterhin an mich band, jedenfalls dachte ich, dass ich ihm damit gerecht begegnete. Der Fehler lag ja an mir. Er könnte jederzeit Vater werden. Heute erkenne ich meinen Denkfehler, ich erkenne meinen Egoismus in der ›großzügigen‹ Geste, denn ich gab ihm keine Möglichkeit, selbst zu entscheiden. Ich entschied für ihn und forderte damit von ihm, mich gehen zu lassen.

Das *Adiós* warf ich ihm vor die Füße, knallte ihm bildlich gesprochen die Tür zu, das Herz voller Zorn, der Geist verwirrt und die Seele in Qualen. Allein der Stolz hielt mich aufrecht und ich sagte mir: »So etwas will ich nie wieder erleben!«

Es gibt nichts Schmerzlicheres, als *Adiós* zu sagen, wenn

man noch liebt, wenn man noch hasst, wenn man sogar das Geräusch hasst, das seine Trinkflasche am Morgen erzeugt oder seine Gabel am Teller. Zum Schluss verachtet man alles, seine Art zu sprechen und seine Gewohnheiten. Der Hass wirkt so riesengroß, dass es nur eine Lösung gibt: zu gehen.

»Die erste Nacht ohne ihn ist undefinierbar, die zweite mehr als sonderbar. So beginnt sich dein Geist über dich lustig zu machen. Er gaukelt dir all die schönen Momente vor, als du ihn noch liebtest: seinen Gute-Nacht-Kuss, die Schokolade, die er dir stückchenweise stibitzte. Allein liegst du auf dem Sofa, eingehüllt in eine Decke, die du nicht mit ihm teilen kannst. Was macht er gerade? Geht es ihm gut? Du willst ihn anrufen, aber dein Stolz lässt es nicht zu.
Und sobald du dir sicher bist, was du willst, dass du ihn willst, glaubst du zu erkennen, dass alles ja nur Routine gewesen war, eine scheiß Monotonie, nach der du dich verzehrtest. Und dennoch liebst du ihn jetzt mehr denn je mit all deiner Kraft, aber vielleicht ist es ja schon zu spät.«

Das waren die Gedanken, welche ich an jenem Abend geschrieben hatte; Liebe verkaufen, die gar nicht mehr existierte. Ich ließ all unsere Erinnerungen Revue passieren, jede einzelne, suchte nach dem Grund, warum wir beide unsere Herzen so sehr voreinander verschlossen hatten, dass wir in Gegenwart des anderen nicht einmal mehr atmen konnten. Ich fand, wonach ich suchte; nicht wir hatten etwas falsch gemacht, doch wir hatten es zugelassen, dass uns die Routine entseelte. Andere Paare hatten mir auf meiner Seite erzählt, dass sie Ähnliches durchgemacht und nicht ausgehalten hatten. Damals dachte ich, dass unsere Liebe nie so tief sinken könnte. Unsere Verbundenheit stand über solchen Entwicklungen einer Beziehung. Nie würden wir einander überdrüssig werden. Doch dann kam es genau so.

Ich konzentrierte mich darauf, emotional wieder etwas stabiler zu werden, zu viel hatte mich verletzt. Die Zeit würde mir recht geben, sie würde das Trennende und Unklare auflösen, sie würde beweisen, dass meine Entscheidung für ihn und mich richtig gewesen war, davon war ich überzeugt. Außerdem sagte ich mir, dass ich ohne Egar gar nicht erst schwanger werden müsste, darum würde mein seelischer Schmerz, unfruchtbar zu sein, einfach verschwinden. Ich stellte mir eine ganz neue Lebensperspektive vor, eine Veränderung, die nichts mehr mit der Elodie von damals zu tun hätte. Ich nahm mir vor, alle Bande zwischen ihm und mir zu vergessen, wollte mich ausschließlich auf meine Arbeit konzentrieren, die sich hervorragend entwickelte, überlegte auch, ein Studium zu beginnen. Jede Menge Ziele steckte ich mir für mein neues Leben und alle ohne Egar.

Es tut mir weh, mich daran zu erinnern, es schmerzt, an diese Etappe meines Lebens denken zu müssen, denn auch sie war nötig, um die folgenden Schritte gehen zu können. Ich werde nicht müde, zu betonen, dass alles aus einem bestimmten Grund passiert, auch wenn wir diesen zunächst nicht erkennen können. Es gibt immer ein Warum in unseren Erfahrungen. Vielleicht hätte ich nicht so sehr kämpfen sollen, vielleicht ist alles eine Frage, sich vertrauend fallen zu lassen. Falls es meine Aufgabe ist, eine Geschichte zu erzählen, meine Geschichte, möchte ich hier eine Wahrheit festhalten: Die Ehe ist keine rosarote Seifenoper und ein perfektes Leben gibt es nirgends. Was es aber gibt, ist ein unperfektes wunderschönes Leben.

10. Die Herausforderung

Nachdem ich so viele Jahre mein eigenes Heim gehabt hatte, richtete ich mich wieder im Haus meiner Eltern ein. Sie hatten mein ehemaliges Kinderzimmer in einen begehbaren Schrank umgebaut, denn das Haus war klein und bot wenig Stauraum. Nun waren wir wieder drei Frauen mit meinem Vater. Ich erinnere mich, dass er damals, bevor ich auszog, oft lästerte, er sei ständig von Damenbinden umgeben. Wenn Frauen eng zusammenleben, sich womöglich auch gut verstehen, passiert manchmal etwas Seltsames: Ihre Menstruationen synchronisieren sich.

Für meinen Vater waren unsere Gespräche am Mittagstisch oft langweilig bis unerfreulich. Seine Themen interessierten hier wenig. Wir unterhielten uns angeregt über verschiedene Fernsehserien oder lästerten manchmal über Freundinnen, die unsere Mutter kannte, als wären sie unsere Cousinen. Außerdem verbrachte sie sehr gern die Abende mit uns, die wir ständig Freundinnen und Freunde einluden, es war ein Kommen und Gehen. Unseren Eltern schien dieses Open House angenehmer zu sein, als wenn wir die Abende bis spät in die Nacht irgendwo anders verbracht hätten, ohne genaue Angaben wo. Da sie bei unserer Geburt sehr jung waren, konnten wir in ihrer Gegenwart einfach über alles sprechen, auch über intimste Angelegenheiten.

Nie werde ich vergessen, wie ich sie beide aufforderte, mit mir auf der Couch Platz zu nehmen, damit ich ihnen von meinem ersten sexuellen Kontakt mit Egar erzählen konnte. Mama hörte mir sehr aufmerksam zu, doch Papa interessierte es kaum, wann und wie oft ich mit meinem Freund schlief. Aber er bemühte sich, Interesse zu zeigen, und meinte, ich möge unbedingt verhüten, schließlich war ich gerade mal sechzehn. Dann erzählte Mama, wie ihre Familie es damals aufgenommen hatte, als sie mit siebzehn schwanger wurde, Papa war einundzwanzig. Besonders erfreut waren weder ihre noch seine Eltern über die beiden Jugendlichen, die bald Eltern sein sollten. So erfuhr ich von meiner Ankunft in dieser Welt. Mama studierte noch und Papa sollte, kurz nachdem sie schwanger geworden war, seinen Militärdienst leisten. Doch sie hielten zueinander und waren bereit, mir die bestmöglichen Eltern zu werden. »Das war unsere beste und schönste Entscheidung«, endete Mama gerührt. Sie versicherten mir, dass sie mich in jeder Weise liebevoll unterstützen würden, sollte auch bei mir der Storch so früh vorstellig werden. Doch ich antwortete, dass wir nicht vorhatten, bald Eltern zu werden, dafür bliebe noch genug Zeit. Zunächst wollten wir das Leben zu zweit genießen, reisen, Freunde treffen und all das tun, was junge Leute sonst gern unternehmen.

Nach diesem Gespräch fühlte ich mich etwas beschämt. Zwar hatte ich jegliches Vertrauen in sie, um mit ihnen auch intimste Angelegenheiten zu besprechen, doch dass sie mir von ihren erzählten, noch dazu bezüglich der Schwangerschaft mit mir, irritierte mich. Ich überlegte, ob es für die beiden nicht besser gewesen wäre, ihr erstes Kind viel später zu bekommen, und ich fragte mich auch, ob eine Schwangerschaft mit sechzehn nicht lieber unterbrochen, also abgetrieben werden sollte, als das Kind zu behalten. Schließlich lagen noch so viele Jahre vor mir, um häuslich und für ein Kind verantwortlich zu werden. Egar und ich lebten damals erst seit einem Jahr zusammen, doch für mich war es sonnenklar, dass er der Mann fürs Leben war. Aber jetzt, so früh, ein Kind zu bekommen, konnte ich mir nicht vorstellen, darum verhüteten wir gewissenhaft, jedenfalls damals, später nahmen wir es lockerer.

Man fragte mich in den letzten Jahren oft, ob ich nie daran gedacht hatte, eventuell unfruchtbar zu sein. Wir gingen wirklich leichtfertig mit Verhütung um. Je öfter wir eigentlich mit einer Schwangerschaft hätten rechnen müssen, weil wir unachtsam gewesen waren, desto entspannter wurden wir. Im hintersten Winkel meines Bewusstseins aber meldete sich schon damals der Zweifel, ob es vielleicht an mir lag, dass nie etwas ›passierte‹.

Nachdem ich mich von Egar getrennt hatte, musste ich mir das Zimmer mit Thailand teilen. Die Eltern wollten erst abwarten, woher der Wind wehte, und rechneten ohnehin mit einer baldigen Versöhnung zwischen uns. Ich war es müde zu betonen, dass die Entscheidung eine endgültige sei, dass es kein Zurück mehr gab. Andererseits verstand ich ihre Haltung, Egar war seit über zehn Jahren mein Partner, sie konnten und wollten ihn nicht so leicht aus der Familie entlassen, denn, ja, er war längst ein Familienmitglied geworden. Sie schätzten ihn nicht nur als Schwiegersohn, sondern auch als Freund. Für meine Mutter war er zum Sohn geworden und als sie mich mit dem Koffer vor der Tür stehen sah, brach sie in Tränen aus. Täglich stellte sie sich vor, wie er jetzt verzweifelt und allein in unserer Wohnung saß, das brach ihr das Herz. Sie war sich sicher, dass Egar lange Zeit brauchen würde, um seinen Eltern von der Trennung zu erzählen, dafür kannte sie ihn zu gut und wusste, wie verschlossen er war. Vor ihrem inneren Auge sah sie ihn schlaflos und unfähig zu essen, unfähig sogar, aus dem Bett aufzustehen. Und wenn er endlich etwas zu sich nehmen würde, musste er sich aus lauter Nervenanspannung sofort übergeben. Ja, meine Mutter kannte ihn wirklich gut, denn immer, wenn ihn etwas extrem belastete, reagierte er darauf auf diese Weise.

Manchmal hatte ich sogar das Gefühl, sie machte mich für die Trennung verantwortlich. Oft sprach sie mir Mut zu, ermahnte mich aber auch, vernünftig zu sein. Zwar warf sie mir nichts vor, betonte aber, dass eine eheliche Beziehung eben kein Honiglecken sei, es brauche Rücksicht und Einsatz von beiden Seiten, damit sie bestehen bliebe. Wir sollten die alte Harmonie unbedingt wieder anstreben. Nach solchen Gesprächen umarmte sie mich stets lange.

Thailand war noch nicht zu Hause. Ein riesiger weißer Plüschbär lag auf ihrem Bett, das ordentlich gemacht war. Sogar mit einer Tagesdecke darüber. Dies wunderte mich, denn ihr Zimmer konnte man sonst bestenfalls als Schweinestall bezeichnen. Kleider lagen dort für gewöhnlich überall herum, ebenso Schuhe und deren Kartons. Mama hatte es längst aufgegeben, ihr hinterherzuräumen, deswegen schloss sie einfach ihre Tür und fand, dass Thailand selbst für Ordnung sorgen könne. Papa reagierte anders darauf. Zur Mittagszeit rief er etwa: »Das Krokodil in diesem Zimmer scheint hungrig zu sein, wirf ihm ein paar Happen zu!« Oder an einem anderen Tag zu Mama: »Sei so lieb und steck den Affen in den Käfig, er führt sich zu fürchterlich in seinem Zimmer auf!« Typisch für ihn und typisch auch unsere Reaktion: Wir lachten uns schief. Thailand scherte sich nicht darum. Ihre Zeit war zu kostbar, um sie ans Aufräumen zu vergeuden, viel lieber arbeitete sie, sang oder studierte. Das Zimmer diente lediglich zum Schlafen. So war meine Schwester eben: ganz Hippie und wunderbar.

Ich setzte mich auf ihr Bett und betrachtete das Regal gegenüber, auf dem locker dreißig Paar Schuhe ordentlich platziert waren. Ihre Leidenschaft für Schuhe konnte ich nie ganz verstehen, denn in Verwendung hatte sie meist nur ein und dasselbe Paar. Sehr wohl fühlte ich mich nicht in meiner Haut, eher leicht nervös. Begann nun tatsächlich ein neues Leben für mich, frei von der bisherigen Bürde, die zuletzt wie ein Rucksack voller Steine auf meinen Schultern gelastet hatte? Oder hatte ich voreilig gehandelt und sollte es bald schon bereuen? Erst wenige Stunden zuvor war ich von Egar weggegangen und schon vermisste ich ihn. Ich redete mir ein, dass ich einfach Angst vor der Einsamkeit hatte und meine Sehnsucht nach ihm nichts weiter sei, als das ungewohnte Gefühl, eine Routine aufgegeben zu haben. An Egars Seite zu leben war nichts weiter als Bequemlichkeit, das jedenfalls wollte ich mich glauben machen. Mit solchen Gedanken beruhigte ich mich, denn von jemandem abhängig zu sein, war das Letzte, was ich wollte. In Wahrheit aber liebte ich ihn wie eine Wahnsinnige.

Ich war sauer, weil er diese Trennung zugelassen hatte. Seine innere Wut machte ihn unfähig, etwas dagegen zu tun. Andererseits, was hätte er sagen sollen? Zuhören hätte ich ihm nicht können. Beide waren wir unfähig, das zu äußern, was uns wirklich wichtig war. Meine Flucht blieb die einzige Möglichkeit für mich und sein Schweigen für ihn. Dabei wäre ein Zeichen seiner Gefühle und Verbundenheit genau das gewesen, was ich gebraucht hätte. Eigentlich wollte ich ihn dazu zwingen, mir das zu zeigen, was Faktum war, nämlich unsere Zusammengehörigkeit, die wir nicht mutwillig zerstören sollten. Er aber blieb starr und stumm auf dem Sofa sitzen, den Blick auf den Boden geheftet. Ich wollte, dass er mich vermisste, sich bei mir meldete, gleichzeitig war mir klar, dass sein Stolz ihn noch immer gefangen hielt. Falls überhaupt, würde es Tage dauern, bis er sich zu einem Anruf überwinden könnte. Ihn jetzt in Ruhe zu lassen war das einzig Richtige, doch ich konnte nicht widerstehen. Meine Nachricht am Handy war mindestens zwanzig Zeilen lang. Ich las sie durch und löschte sie wieder, bevor mein Daumen ohne Zustimmung auf Senden gehen konnte. Auch mich lähmte der Stolz. Doch eine Möglichkeit blieb mir noch, ihn vielleicht indirekt zu erreichen. Ich schrieb einen Post auf meine Seite und hoffte, er möge ihn lesen und sein Herz davon berühren lassen.

»Wenn ich nicht da bin, wird die Zuckerdose fürs Frühstück nicht verschwunden sein, denn sie wird genau an dem lächerlichen Platz stehen, wo du sie aufbewahrt hast, ebenso der Autoschlüssel. Du wirst in dem Café neben unserem Haus frühstücken und nach dem Zahlen die Münzen in deiner Geldbörse verstauen, welche du dann in die linke Hosentasche steckst, wo sie auch bleiben wird, weil ich sie nicht wieder heimlich heraushole, um mir damit Fahrscheine zu kaufen.
Der Tank in deinem Auto wird immer voll sein, denn ich bin nicht da, um ihn leer zu fahren, ohne nachzutanken. Deine Fenster werden sauber sein, denn ich bin ja nicht da, um darauf herumzuzeichnen, wenn sie bei Regenwetter beschlagen sind.
Du wirst nicht mehr mitten in der Nacht zur Tankstelle fahren müssen, um mir mein Lieblingseis zu kaufen, welches ich dann mit dem Suppenlöffel in mich hineinstopfe, was dich jedes Mal wahnsinnig gemacht hat. Die Zeit, in der du meine Slips sorgfältig gefaltet hast, um sie in die Schublade zu legen, ist vorbei und in deinem Schrank werden jetzt immer deine Hemden hängen, weil ich nicht mehr da bin, um sie als Pyjama zu verwenden, ohne dir auch nur ein einziges zu lassen. Während deines Entspannungsbades wird niemand mehr mit der Kerze herumspielen und endlich musst du nicht mehr bei der Kissenschlacht mitkämpfen, denn das ist dir ohnehin immer so sehr auf die Nerven gegangen.

> Wenn ich nicht mehr da bin, wirst du das Wort Hass vielleicht überdenken, denn alles, was dich an mir so sehr gestört hat, war ja auch das, wofür du dich in mich verliebt hattest.«

Als ich mir dann den Pyjama anzog, fühlte ich mich fremd. Das war nicht mehr mein Zuhause. Ich wollte den Koffer gar nicht erst auspacken, um meinen Einzug ins Elternhaus nicht ›offiziell‹ zu machen. Das Einzige, was ich machte, war, das Offensichtliche hinauszögern. Traurigkeit überwältigte mich, schrie aus meinem Gesicht. Im Haus meiner Eltern zu sein, bedrückte mich, denn es sollte Geborgenheit bedeuten, jetzt aber wurde mir kalt bei dem Gedanken, hier zu schlafen. Meine Eltern wirkten so distanziert, ich spürte, wie vorsichtig sie sich äußerten, wie sie mich mit Samthandschuhen, aber auch lauernd behandelten. Sie wollten nicht, dass ich leide, wollten, dass es mir gut ginge, wussten aber nicht, wie sie mir begegnen sollten. Ich wusste es ja selbst nicht. Als Thailand nach Hause kam, schloss sie mich für eine lange Zeit in die Arme. Sie war die Einzige, die schon geahnt hatte, dass ich bald auftauchen würde, denn mit ihr konnte ich in den vergangenen Monaten über alles reden. Sie bereitete mir eine perfekte Nacht: Disney-Filme, warme Decken und jede Menge Knabbereien auf dem Sofa. Zu viert lümmelten wir da und natürlich musste Papa seine üblichen Kommentare abgeben: »Was ist los mit Disney? Wer braucht denn in einem Film alle paar Minuten ein Lied? Und überhaupt, lauter Weiber, kaum Männer in diesen Streifen!« Er konnte es nicht lassen, sich über unsere Lieblingsfilme lustig zu machen, doch wir wussten, dass er sie ebenso liebte wie wir.

Zu Bett gingen wir erst sehr spät. Obwohl es eine perfekte Nacht gewesen war, musste ich mich oft bemühen, nicht loszuheulen. Ich zwang mich, positiv zu bleiben und an die Zukunft zu glauben, das wollte ich mir unbedingt beweisen. Meine Schwester wusste genau, wie schwer es mir fiel, hier zu übernachten, denn ich war es gewohnt, in Egars Armen einzuschlafen. Sie umarmte mich und gab mir ihr größtes Kuscheltier, damit ich mich nicht so allein fühlte. Ich rollte mich in die Decke, konnte gar nicht genug Wärme bekommen und ließ meine Tränen leise über die Wangen laufen. So schlief ich irgendwann ein.

11. Ich bin dein Zuhause

Die Gewohnheiten im Elternhaus erlebte ich ganz anders als bei mir, so gestalteten sich die ersten Tage chaotisch. Wenn dir ein Haus nicht vertraut ist, dauert alles viel länger, was dir sonst wie nebenbei locker von der Hand geht. Das fängt schon beim Putzen an. In der Küche ist es schwierig, weil man möglichst nichts verräumen darf, damit Mama nicht die Krise kriegt. Nachdem ich jegliche Putzmittel und Utensilien gefunden hatte, beschloss ich, vormittags den Haushalt zu machen, so blieb mir für den Nachmittag genug Zeit für die Arbeit auf meiner Instagram-Seite.

Ich hatte unglaublich viel Zeit für mich und füllte diese mit hunderterlei Tätigkeiten, um meinen Geist zu beschäftigen. Im Internet veröffentlichte ich weiterhin Bilder und Reportagen, das baute mich auf und hielt meine permanente Traurigkeit in Schach. Nachts schrieb ich meine Einträge über die Liebe. Sie kamen bei meinen Followern sehr gut an, überhaupt hatte meine Seite *Julietas Lächeln* etwas Magisches. Dennoch sah ich mich nie als Autorin. Während ich die Worte in mir aufsteigen ließ und dann tippte, hörte ich gern Musik, ebenso wie jetzt, während ich euch schreibe. Ich höre gerade zum dritten Mal »El patio« von Pablo López. Ich weiß nicht, was dieser Mann an sich hat, dass meine Finger nur so über die Tasten sausen, wenn ich ihn höre.

Das Zimmer mit meiner Schwester zu teilen, gestaltete sich einfach, weil sie selten da war. Tagsüber war sie arbeitsbedingt kaum zu Hause und wenn, dann ging sie gleich wieder aus, um sich mit ihrem Freund zu treffen. Immerhin schlief ich nicht allein, denn die Nächte konnte ich kaum ertragen. Wenn es im Haus still wurde, überfielen mich tausende Gedanken, bedrängten und verwirrten mich. Ich versuchte alles, sie zu besänftigen oder zu verjagen, doch ohne

Erfolg. Egar fehlte mich so sehr, dass ich nicht atmen konnte und ich machte mir immer noch Sorgen um ihn. Seit der Trennung waren bereits mehrere Wochen vergangen. Tagsüber nahm ich unzählige Male das Handy, um auf WhatsApp nachzuschauen, ob er online war und auch, ob er mir vielleicht gerade eine Nachricht schrieb. Doch es kam nichts. Ab und zu sah ich ihn sogar in der Stadt, er reagierte darauf aber nie wie erhofft.

Einige Tage nachdem ich ihn verlassen hatte, holte ich meine restlichen Klamotten in der Hoffnung auf eine Aussprache, eine Entschuldigung oder irgendeine Form von positiver Begegnung. Ich brauchte den Vorwand mit den Kleidungsstücken, um halbwegs normal bei ihm auftauchen zu können, und hoffte auf ein klärendes Gespräch. Als ich hereinkam, saß er auf dem Sofa, umgeben von Kissen und Decken. Womöglich schlief er auf dem Sofa, weil er das halbleere Ehebett nicht ertrug. Die wenigen Male, in denen wir während unserer Beziehung gestritten hatten, bestrafte er mich, indem er nicht zu mir ins Bett kam.

Unser Bett. Es ist das Bett, welches so viele Erinnerungen in mir weckt, mit seinem Geruch, mit all dem Leben darin. Auf dem Tisch stand Essen herum, unzählige Behälter jener Art, die man bei Lieferservices bekam. Er wirkte müde, hatte gerötete Augen und sein Blick war leer. Seine ganze Erscheinung hatte etwas Ungepflegtes. Dieser Anblick durchbohrte mein Herz. Noch nie hatte ich ihn so zerstört gesehen, erloschen, am Ende. Ich setzte mich zu ihm. Über eine Stunde erklärte ich ihm, warum ich die Beziehung nicht länger ertragen konnte, obwohl ich ihn liebte. Ich versuchte, mich in seine Lage zu versetzen, sagte ihm, dass ich eine Wand zwischen uns wahrgenommen hatte. »Unsere Beziehung scheint eingefroren zu sein, doch ich glaube fest daran, dass sie wieder auftauen kann. Bitte, hilf mir, die

Trennwand zu überwinden, sie abzubauen!« Ich redete auf ihn ein, während er unbewegt dasaß. Seine ganze Ausstrahlung war Verzweiflung.

Das Bemühen um eine Schwangerschaft hatte unser Glück morsch werden lassen. So viele Jahre hatten wir nur Liebe und Freude gekannt und nun war nichts mehr davon übrig, wir hatten unsere Liebe nach und nach demontiert. Ich machte mir ernsthafte Sorgen um seine Gesundheit, körperlich sowie psychisch. Und dennoch wollte ich das Bild einer starken Frau nicht aufgeben, meinen Stolz nicht so leicht einbüßen, denn er saß da, ohne sich auch nur zu rühren, den Blick starr an die Wand gerichtet. »Ich liebe dich doch!«, wiederholte ich immer wieder. Keine Reaktion.

Langsam legte ich meine Kleidungsstücke zusammen und verstaute sie im Koffer, damit er etwas Zeit gewinnen könnte und vielleicht doch irgendeine Reaktion zeigte. Ich verstand sein grausames Schweigen nicht, es war schlimmer als jede Anschuldigung. So sehr ich mich auch bemühte, ihn zu verstehen, fiel mir nichts mehr ein, damit wir einander wieder begegnen hätten können.

Wütend warf ich die Tür ins Schloss. Als ich an dem kleinen Park vorbeikam, brach ich in Tränen aus. Ein Teil von mir wollte keine Schwäche zeigen, aber der andere wollte unbedingt bleiben. Eine eiskalte Faust umklammerte mein Herz und drückte es zusammen. Noch nie hatte ich einen solchen Schmerz erlebt, nicht einmal die Frustration über Unfruchtbarkeit tat so weh. Ich könnte an Liebe vergehen, der Schmerz könnte mich leblos werden lassen. Und ich wollte bei ihm bleiben, ich wollte ihn nicht allein lassen, nicht so. Ich brauchte nur ein paar Worte, ein paar Gesten, etwas, das mich daran erinnerte, dass er immer noch bei mir war.

Ich dachte, wenn ich nicht mit Egar zusammen wäre, würde der Schmerz, mit dem ich Tag für Tag lebte, verschwinden. Ich würde keine Mutter sein müssen, ich würde ein erfülltes Leben führen. Hoffentlich würde ich die Gelegenheit haben, von vorne zu beginnen. Es war, als würde ich vor den Fehlern davonlaufen. Ich war mir sicher, dass diese schrecklichen Gefühle der Verlassenheit, der Einsamkeit mit der Zeit verschwinden würden.

Vielleicht wäre der Anfang noch voller Zweifel, doch sobald wir einander wieder vertrauen könnten, wäre alles so einfach wie atmen. Es war nicht nur die Sehnsucht nach Egar, die alles für mich schal und leer erscheinen ließ, vielmehr konnte ich mir mein Leben nicht mehr vorstellen ohne sein Lächeln, seine dumme Angewohnheit, in aller Herrgotts Frühe den Trennmüll mit klappernden Flaschen hinauszutragen. Ich konnte nicht leben ohne seine Seufzer, wenn er sich um etwas sorgte, ohne seine wärmenden Arme, die mich sanft umschlossen. Zum ersten Mal seit langer Zeit wusste ich, dass dies der größte Fehler war, den ich jemals im Leben gemacht hatte. Ich hatte mich von der Angst mitreißen lassen, war feige gewesen und nun fragte ich mich, ob es zu spät war. Deutlicher als je zuvor wurde mir klar, dass ich ihn mehr liebte als irgendjemanden sonst auf der Welt.

Weihnachten stand vor der Tür. Auch das hüllte mich in Trauer, denn es war an einem Heiligabend gewesen, an dem wir zum ersten Mal ausgegangen waren. Erinnerungen und Gedanken an den Anfang unserer Liebe surrten wie Geschosse durch meinen Kopf, als attackierte mich ein unsichtbarer Schütze absichtlich damit. Es war ein Dienstag, für den wir das Treffen ausgemacht hatten. Da wir einige finanzielle Angelegenheiten besprechen mussten, vereinbarten wir, so sachlich und höflich wie möglich zu agieren. Als ich zu ihm ins Auto stieg, erblickte ich einen für mich unbekannten sensiblen Mann mit vorgetäuschter Fröhlichkeit und einem halben schüchternen Lächeln. Zum ersten Mal seit langem erlebte ich ihn ruhig, mit sich im Reinen. Ich fand ihn unglaublich attraktiv mit seinem frisch geschnittenen Haar, vollkommen perfekt.

Sein gepflegtes Aussehen erschreckte mich jedoch, denn auch ich hatte mich herausgeputzt, um Souveränität auszustrahlen und möglichst zu verbergen, wie schlecht es mir in Wirklichkeit ging, als wollte ich mich hinter einer Maske verstecken. Wenn er dieselbe Strategie verfolgte, sah ich schwarz für ein offenes Gespräch, in dem jeder auch seine Schwächen und Ängste preisgeben können würde. Er brachte uns an einen nicht sehr frequentierten Platz, denn wie gewöhnlich wollten wir unsere Angelegenheiten im geparkten Auto besprechen. Während der Fahrt wechselten wir kein einziges Wort. Ich war mir unsicher, wie wir dieses Schweigen brechen könnten, wollte am liebsten gleich mit der Tür ins Haus fallen. Doch nach einer Weile anhaltender Stille nuschelte Egar etwas, was ich nicht verstand. Er lallte sinnloses Zeug. Zur Beruhigung und als Zeichen der Zuwendung nahm ich seine Hand. Ich musste wissen, dass er zu mir stand, so wie ich zu ihm. Er sollte spüren, dass ich sein Zuhause sein wollte. Er möge keine Angst haben, sich mir mitzuteilen, und sei es unter Tränen. Ich ertrage es kaum, mich daran zu erinnern, denn es bricht mir das Herz.

»Ich kann nicht mehr! Wie kann ich in dieser Wohnung leben? Zu viele Erinnerungen schwingen darin! Ich kann nicht in unserem Bett schlafen, Elodie! Deine ganze Kleidung hast du mitgenommen, der Schrank ist leer und dein Computer ist auch weg. Die Hunde suchen dich jeden Tag, ich schlafe mit ihnen auf dem Sofa, weil ich unser Schlafzimmer nicht betreten kann. Ich weiß, ich habe dir gesagt, ich würde dir Zeit zum Nachdenken geben, aber es bringt mich um. Ich möchte dich nicht weinen sehen, das ertrage ich nicht. Doch was du willst, kann ich dir nicht geben. Du weißt, ich würde die Welt für dich aus den Angeln heben, um sie dir zu schenken, doch es ist mir nicht möglich. Es ist mir mittlerweile egal, ob ich Vater werde oder nicht, ob wir Kinder haben werden oder nicht. Wenn du nicht mehr zum Arzt gehen willst, sollst du es auch nicht tun! Schluss mit den Untersuchungen und der Warterei auf eine Schwangerschaft! Ich will mit keiner anderen Frau zusammen sein! Das Einzige, was ich will, bist du! Ein Leben ohne dich kann und will ich mir nicht vorstellen! Seit einem Monat habe ich kaum geschlafen, habe meine Eltern nicht besucht, weil ich es nicht schaffe. Ich kann dir nicht sagen, dass es vorbei mit uns ist. Ich will nicht, dass es vorbei ist!«

Während seiner ganzen Rede hatte er mich nicht angeschaut. Sein Blick war starr auf die Windschutzscheibe gerichtet. All das so offen zu bekennen, kostete ihn alle Energie. Seine Kehle schien zu brennen vor lauter Überwindung und es schien, als strömte aus ihr Energie, die mich heilte und verzauberte. Er ahnte, dass dies die einzige Chance war, mich nicht für immer zu verlieren. Er hatte voller Wut und Anspannung gesprochen, hatte die Worte mehr ausgespuckt als sie zu formulieren, ohne Luft zu holen, jedenfalls schien es so. Dennoch war es für mich das Liebesgeständnis, welches alles sagte und für ein ganzes Leben gültig bliebe. Ich spürte die Wahrhaftigkeit und Feierlichkeit dieses Wiederfindens bis in die letzte Faser meines Köpers und meiner Seele. Unser beider Schmerz der letzten Jahre und vor allem der Monate unserer Trennung war der Ausdruck unauslöschlicher Liebe. Das blieb davon übrig, die Liebe. Nun war ich es, die kein Wort über die Lippen brachte. Wir umarmten uns, als wollten wir einander nie wieder loslassen. Mehr brauchte es nicht.

12. Mehr Zeit

Ich hatte immer an die Treue geglaubt, aber auch an eine zweite Chance, ja sogar an eine dritte. Wir irren uns täglich mindestens ein Mal in unseren Entscheidungen. Es dauerte viele Jahre, um eine liebevolle Geste im richtigen Augenblick als dasselbe zu erkennen, wie das Wort »Verzeih!«. Wenn du merkst, wie dein Stolz dich gerade den Menschen verdammen lässt, den du liebst, brauchst du Mut, um dich nicht an deinen eigenen Worten zu verschlucken. Das Herz kann in tausend Stücke zerbrochen sein und man würde es ertragen. Der Stolz aber lässt nicht zu, dass der Mensch, auf den es ankommt, es sieht. Der Stolz redet uns Gleichgültigkeit ein, um auf keine Nachricht des Ersehnten zu antworten. Wir bestrafen uns selbst durch den Entzug von Küssen und Umarmungen. Es kann sogar so weit führen, dass wir zwar Seite an Seite im selben Bett liegen, zwischen uns aber eine Kälte herrscht, als trenne uns ein Eisblock. Und alles nur wegen des Saboteurs namens Stolz. Dabei wäre die Lösung so einfach, nämlich mit den schlichten Worten »Es tut mir leid!« Diese wenigen Worte klingen, als wäre nichts dabei. Dennoch ist die Hürde, sie aus ehrlichem Herzen auszusprechen, mitunter so groß wie ein unbezwingbarer Berg. Noch dazu gibt es keinen Ratgeber, der angibt, wer den ersten Schritt machen solle.

Seien wir ehrlich, meistens resultieren unsere Frustrationen aus dem eigenen Egoismus. Ein verliebtes Herz zu kränken kann in wenigen Augenblicken geschehen, es aber wieder zu trösten erfordert vielleicht drei ganze Leben. Wie ungerecht unser Unterbewusstsein bei Streitigkeiten alle Scheiße ausspuckt, die es im Laufe der Beziehung gegeben hat. Der ganze Mist kommt zutage und schmerzt, als sei es gerade erst passiert, auch wenn es schon Jahre zurückliegt.

Die viel häufigeren wunderschönen Momente aber bleiben in solchen Situationen verborgen, als wären sie nie dagewesen. Trotz all dem war uns beiden aber eines klar: Diese Feuerprobe hatte uns gezeigt, dass wir beide an der Beziehung festhalten wollten, obwohl noch immer Vorwürfe regierten und sogar Hass herrschte.

Es wäre gelogen, zu behaupten, nach dieser entscheidenden Umarmung wäre plötzlich wieder alles normal gewesen. Die Mauer, die uns getrennt hatte, war zerstört, aber wir hatten noch einen langen Weg vor uns, um wieder zu den zu werden, die wir waren, und so sagte ich Egar, dass wir noch länger getrennt sein müssten. Diese Zeit würde dazu dienen, dass wir uns auf uns selbst konzentrierten und gut zu uns selbst wären. Wir könnten diese Zeit nutzen, um unsere Leben wieder in Bahnen zu lenken, uns von Sorgen zu befreien, mit unserem Innersten in Verbindung treffen. Und wenn wir dann bereit wären, wenn alles einfacher und ruhiger wäre, wenn unsere Begegnung nicht mehr erzwungen wäre, würden wir Frieden finden und kämpfen können. Die momentane Situation überwältigte uns beide und wir mussten uns getrennt von einander davon erholen.

Wir trafen uns danach ab und an auf einen Drink, einfach wie gute Freunde. Ich lebte nach wie vor bei meinen Eltern, er blieb in der kleinen Mietwohnung, erzählte nun aber seiner Familie von unserer Situation. Als wir wieder einmal beisammensaßen, kam das Thema auf, ob wir nicht wieder in unsere Eigentumswohnung im Zentrum ziehen sollten. Natürlich hatte es uns finanziell geholfen, unsere frühere Wohnung zu vermieten und in eine kleinere am Stadtrand zu ziehen, doch wir vermissten unser altes Heim. Sobald wir es uns also wieder zutrauten, zusammenzuleben, verständigten wir die Mieter unserer Wohnung, dass wir in drei Monaten wieder dort einziehen wollten. Diese Frist war laut Mietvertrag vereinbart. Als wir dann endlich wieder zusammenkamen und wieder in unserer alten Wohnung lebten, fühlten wir uns wie in einem Taumel, wie Verrückte. Jetzt, da ich alles wieder aufleben spüre, weil ich euch meine Erfahrungen erzähle, scheinen mir die ›Egoismen der Vergangenheit‹ ganz schön penetrant. Im Rückblick sieht man immer klarer.

Ihr müsst euch das mal vorstellen, zwei Personen, die einander lieben und dennoch nicht einmal konfliktfrei aufeinander treffen können – was für ein Affentheater! Wieder einmal saßen wir beisammen, um einander alles Mögliche zu erzählen, was sich in den vergangenen Tagen zugetragen hatte. Wenn man sich nur selten trifft, gibt es viel zu erzählen. Ich berichtete, schüttete ihm mein Herz aus, schilderte jede Menge Details, als sei er ein Fremder, dem ich unbedingt mein ganzes Leben darlegen wollte. Und wie Leute, die sich gerade erst kennengelernt hatten, lächelten wir höflich über die eine oder andere Anekdote. Wenn wir uns trafen, gaben wir einander nicht einmal die Hand, dennoch besprachen wir dann, was wir in unserer Beziehung alles ändern sollten. Eine gewisse Scham hatte sich zwischen uns geschoben, sie verhinderte, dass wir unbeschwert miteinander umgingen. Unser gegenseitiges Vertrauen war einfach nicht spürbar, als wären die ehemaligen gemeinsamen Jahre ausradiert. Vielleicht war genau das eine Chance, neu zu beginnen, jetzt aber reifer und bewusster. Wir nahmen auch die Hilfe einer Psychologin in Anspruch, mal jeder für sich, mal als Paar. Durch sie wurden uns so manche glücklichen Impulse bewusst, die unsere Beziehung bewirkte. Vor allem nahm sie uns das Schuldgefühl, das uns wie ein Krebsgeschwür zu zerfressen drohte. Die Bemühungen, schwanger zu werden, hatten etwas Aggressives und sehr Frustrierendes an sich. Lange Zeit war Sex für uns eine

Pflicht gewesen. Wir sollten die Leidenschaft füreinander wieder aufleben lassen, den Sex als gegenseitiges lustvolles Geschenk erleben, ohne weitere Intentionen daran zu knüpfen.

Mittlerweile fühlte ich mich im Haus meiner Eltern nicht mehr wie ein vorübergehender Gast, sondern es war wieder so vertraut, wie es als Kind gewesen war.

Meine Ängste lösten sich nach und nach auf, ich fand mich selbst wieder. Mit Thailand verbrachte ich so viel Zeit wie möglich, auch das hob meine Stimmung enorm. Sie nahm mich jedes Wochenende mit, wenn sie mit ihren Freundinnen tanzen ging. Man nannte uns als Gruppe bereits ›die Verrückten‹ (span. *las locas*). Solch fröhliche Unbeschwertheit hatte ich lange zuvor schon aufgegeben. Meine Obsession, schwanger zu werden, schloss alles andere aus, bis ich tatsächlich in einer Mutterrolle lebte, ohne ein Kind zu haben. Ich ging nicht aus, reiste nicht, freute mich nicht mehr an Kleinigkeiten. Als Thailand begann, mich wieder aus dieser Fixierung zu befreien, nahm sie mich zunächst zum Shoppen mit und bestand darauf, meinen Look zu verändern. Meine langen brünetten Haare wurden auf die Hälfte gekürzt. Es war das erste Mal, dass ich sie mir schneiden ließ und das Ergebnis gefiel mir sehr. Ich wirkte eleganter, fraulicher, reifer. Aber was soll ich euch sagen, damals war ich neunundzwanzig Jahre alt, also war etwas Reife angebracht.

Nachmittags besuchte ich oft meine Freundinnen, ›die Mütter‹. Ich nenne sie so, weil jede Menge Babys geboren worden waren, während ich chaotische Jahre verbracht hatte. Meine Cousine Ibiza hatte einen Sohn, eine andere Cousine, die ich hier Norwegen nenne, hatte bereits zwei Töchter und auch drei andere Freundinnen waren inzwischen Mütter geworden. Natürlich hatte man mir jedes Mal

Geburtsanzeigen geschickt und jedes Mal vergoss ich deswegen Tränen der Wut. Ich hatte mich von dieser Gruppe distanziert, weil ich die Gespräche über Ultraschall, Kinderärzte, Windeln und bevorzugte Schnuller nicht mehr ertragen konnte. Irgendwann schickte ich an jede von ihnen folgende Nachricht: »Es tut mir leid, zurzeit so wenig Anteil an deinem Leben zu nehmen, doch versetze dich bitte in meine Lage; ich kann nicht. Hoffentlich werde ich bald wieder fähig sein, euer Glück mit Freuden zu begleiten.«

Begeistert war man nicht darüber. Die einzige, die mich nie länger als zwei Wochen in Ruhe ließ, war Sevilla. Ihr ›Küken‹ brauchte mich und ich brauchte es. Wenn ich fast verging vor Trauer, noch immer nicht Mutter zu sein, war die Begegnung mit ihm für mich wie Labsal. Dieses Kind in seiner Entwicklung zu erleben beruhigte mich, es minderte meine Obsession, machte mich für wenige Augenblicke glücklich. Seine blauen Augen, seine Fröhlichkeit ließen mich mein Ego vergessen, so bescherte er mir magische Momente. Manchmal überließ mir Sevilla ihren Sohn für den ganzen Tag. Ich schnallte mir die Trage vor die Brust, um Blickkontakt mit ihm zu halten, so ging ich spazieren. Wenn mich Leute sahen, konnte ich mich des Gefühls einer stolzen Mutter nicht ganz entziehen. Damals arbeitete ich ja viel mit Schwangeren und Kindern. So erfuhr ich das Schöne, oft aber auch so manch Schweres der Elternschaft. Immer aber beschenkte mich das Lachen der Kinder, es vermochte meine Bitterkeit zumindest kurz in Süße zu verwandeln.

Es war Zeit für einen Neubeginn, auch mit meinen Freundinnen. Ich wollte den Kontakt zu ihnen wieder pflegen und traf sie regelmäßig. Doch was soll ich euch sagen? Ich hatte noch keinen Schluck von meinem Kaffee getrunken, als ich schon wegschlich, am Boden saß, umringt von fünf Kindern, und fröhlich spielte. Diese Begegnungen brauchte ich, die lachenden und staunenden Kindergesichter, denn sie zeigten mir, dass sie nicht meine Feinde waren, nur weil ich selbst sozusagen leer ausging. Und Feinde waren auch ihre Mütter nicht, natürlich nicht! Die kleinen ›Kaulquappen‹ liebten es, mir alles zu erzählen, und ich liebte es noch mehr, ihnen zuzuhören, mit ihnen am Boden herumzukriechen und herumzualbern. Was andere davon hielten, war mir egal, denn dieses Treiben machte mich glücklich. Es war schön, wie sehr sich meine Freundinnen freuten, mich wieder lachen zu sehen.

Egar fand wieder Arbeit, meldete sich aber auch fürs Gymnasium an, das er nachholen wollte. Er traf sich mit Freunden, die er seit seiner Schulzeit nicht mehr gesehen hatte. Auf diese Weise begegneten wir uns nie zufällig in der Stadt, sondern immer nur zu unseren vereinbarten Treffen als ›einfache Freunde, die sich natürlich nicht leidenschaftlich küssen‹. Nach außen waren wir kein Paar mehr, wir gehörten nicht zusammen. Als Freunde aber hofften wir Schritt für Schritt wieder zueinander zu finden. Weihnachten feierten wir getrennt, alle Versuche bis dahin, uns wieder als Paar erleben zu können, waren gescheitert. Wir begannen sofort wieder wegen Nichtigkeiten zu streiten, entwickelten aufs Neue echte Wut und beschlossen, lieber mehr Zeit verstreichen zu lassen in der Hoffnung, dass sie Ressentiments überwucherte.

Ich hatte wieder einmal einen Termin bei meinem neuen Gynäkologen von der Sozialversicherung. Er hatte manche Werte meiner letzten Untersuchung leicht über der Norm diagnostiziert. Bestimmt handelte es sich wieder um etwas Hormonelles, dachte ich zumindest. Er gab mir das Rezept für eine Behandlung während der Zeit, bis ich etwas in Richtung künstliche Befruchtung in Aussicht hatte. Denn nach wie vor stand ich dort auf der Liste, deren Wartezeit mindestens zwei Jahre betrug. Trotz meiner Trennung von Egar wollte ich die begonnene Behandlung nicht abbrechen. Ich dachte mir, es würde kommen, was kommen sollte, und den begehrten Platz auf der Liste wollte ich auf keinen Fall verlieren. Mittlerweile fehlten nur noch zwei Monate, bis die Wartefrist verstrichen war und ich Nachricht erhalten würde, in der Spezialklinik in Girona einen Termin wahrzunehmen.

Ich weiß ja nicht, wie es bei euch so ist, aber auf dieser Liste zu stehen ist in Spanien eine Frage puren Glücks. Allerdings bedeutete unser Alter ein gewisses Hindernis, denn ältere Paare, deren biologische Uhr vernehmbar tickte, hatten Vorrang. Dazu kam, dass man in der Klinik fraglos damit rechnete, den Partner ebenso interessiert und kooperativ beteiligt zu wissen wie mich als unfruchtbare Mutter in spe. In unserer Situation war die Fortführung der Behandlung gelinde gesagt schräg, aber wir glaubten irgendwie nach wie vor daran, dass sich die Beziehungsprobleme künftig weitgehend auflösten, womöglich sogar durch ein Kind. Die Krise wurde ja ausschließlich von der ständigen vergeblichen Warterei und dem Frust ausgelöst. Warum, um alles in der Welt, konnten ausgerechnet wir keine Kinder miteinander bekommen?

13. Das Geschenk

»Wenn etwas passieren soll, dann wird es das auch.« Dieser Satz ließ mich aufhorchen, als ich meine Eltern in der Küche diskutieren hörte. Und tatsächlich, sie sprachen über mich. Ich wusste, dass Mama mit Egar telefonisch in Kontakt geblieben war, denn sie wünschte sich sehnlich, dass wir wieder zusammenkämen. Darum verschwieg ich ihr meine Treffen mit ihm, die bereits seit einiger Zeit stattfanden. Doch das bedrückte mich, denn sonst verheimlichten wir einander nie etwas. Diesmal aber schien die Schwindelei dem Wohl aller zu dienen. Zu unserer eigenen Verwunderung wiederholten sich unsere Treffen in immer kürzeren Abständen. Es erschreckte uns direkt, denn wir wussten nicht, ob die überwunden geglaubte Routine wieder Platz griff, oder ob tatsächlich neue Gefühle zu keimen begannen. Ich war überzeugt davon, dass es noch Gefühle gab, wir aber einfach von Schmerz und Hass gefangen waren.

An einem Freitag im Januar kam Egar, um mich von zu Hause abzuholen und mit mir mit dem Zug nach Barcelona zu fahren. Es gab weder einen Plan noch nahmen wir Gepäck mit. Ich wollte zumindest ein Hotel buchen, doch auch das lehnte er ab. »Unsere Pläne verwirklichen sich ja doch nie so wie gewollt, darum improvisieren wir ab jetzt nur noch.« Ich wunderte mich über seine Initiative, weil er mir in den Wochen zuvor nicht gerade den Eindruck gemacht hatte, als läge ihm viel am Beisammensein mit mir. Ich ließ mich auf seinen Vorschlag ein, um erst im Zug zu realisieren, wie verrückt das Ganze war.

Zum ersten Mal seit Monaten trafen wir uns für mehr als vierundzwanzig Stunden. Trotzdem waren wir nach wie vor ›nur Freunde‹, doch man muss kein Genie sein, um zu ahnen, dass diese Harmlosigkeit nicht lange anhalten konnte.

Sobald wir ein gewisses Maß an alter Vertrautheit wiedergewonnen hatten, starben wir fast vor Verlangen nacheinander, wollten nur noch ineinander verschmelzen und uns in unserer Ekstase auflösen. Trotz des Rausches der plötzlich wieder aufwallenden Gefühle gingen wir vernünftig vor, aber ich will jetzt nicht zu viel vorwegnehmen. Ich rief meine Mutter an, um ihr auszurichten, dass ich das Wochenende auswärts verbrachte. Seit ich wieder zu Hause wohnte, hatte sie eine recht unbequeme Haltung mir gegenüber angenommen: Sie betrachtete mich wieder als ihr Töchterchen. Beide, Mama und Papa, verfielen mir gegenüber in eine Beschützerrolle, als sei ich ein verlassenes Kind. Sie meinten wohl, wenn Egar nicht auf mich achtgäbe, müssten sie es tun. Sobald ich sie nicht über all meine Schritte informierte, sorgten sie sich um mich. Im Grunde gab ich ihnen meinen Wochenplan, damit sie sich beruhigten. Mama begann aufgeregt zu fragen: »Aber bei wem wirst du denn sein? Und wo? Warum hast du mir das nicht früher erzählt? Pass gut auf dich auf, Elodie!« Diese Mütter! So also wird man, wenn man Kinder hat? Ich fragte mich, ob ich meinen erwachsenen Kindern gegenüber auch so eine Glucke sein würde.

Als ich ihr mitteilte, dass ich das Wochenende mit Egar verbringen wolle, änderte sich ihre Stimmlage von besorgt sofort zu sehr zufrieden. »Ah mit Egar! Also dann, verbringt ein schönes Wochenende miteinander und sei nicht zu rechthaberisch! Fühl' dich gedrückt, mein Kind!« Was immer mit Egar zu tun hatte, bekam ihren Segen. Er genoss ihr absolutes Vertrauen. Als ich schon auflegen wollte, fügte sie noch rasch Grüße an ihn hinzu und erwähnte etwas wie »erledigt eure Angelegenheit« oder so.

Wir fühlten uns aufgekratzt und gleichzeitig irgendwie befangen. Dass wir so spontan einfach nach Barcelona fuhren, war wirklich verrückt. »Ich habe nicht mal einen Slip zum Wechseln mit! Und kein Ladekabel fürs Handy, keine Weste, falls es abends kühler wird und wir wissen nicht einmal, wo wir schlafen werden!« Es waren keine Bedenken, die ich von mir gab, sondern stolzes Staunen darüber, wie leicht wir es schafften, kurz mal aus dem Alltag und sogar aus unserer gegenseitigen Anspannung zu flüchten. Zum ersten Mal in unserem Leben gab es keinen Plan, keine Uhr, keine Eile, nur ihn und mich in diesem Zugabteil und unser glückliches Lächeln. Wir hatten sehr lang auf so etwas gewartet, einfach auf der Welle des Augenblicks zu reiten und uns endlich wieder nahe zu fühlen.

Ich liebe Zugfahrten, den Blick aus dem Fenster auf die vorüberziehende Landschaft, die Rhythmen der Räder auf den Gleisen. Dabei kann ich meine Seele wunderbar baumeln lassen. Egar wusste das. Der Tag war magisch, nicht nur wegen seiner Nähe. Es war auch ein Wendepunkt. Die Seele befreite sich, ich konnte in seiner Nähe wieder Schmetterlinge fühlen und Nervosität vor dem ersten Kuss, intensiver sogar als beim ersten Mal. Konnte dies ein gemeinsamer Neustart sein? Dieser Gedanke kribbelte in mir. Durch die Trennung hatten wir beide den inneren Frieden wiedergefunden, ließen das Vergangene Revue passieren und erkannten, dass so manche Hürde, die für uns früher ein Berg gewesen war, jetzt nicht mal mehr ein Hügel war. Für Papa wäre das sicher ein »Reifeprozess zum Erwachsenwerden«.

Auch wenn wir uns beide als dickköpfig und ungeduldig kannten, wollten wir eines für unseren Neubeginn klarstellen: Es würde ein schwerer Weg mit kleinen Schritten werden, der unseren ganzen Einsatz forderte. Wir müssten uns auf Streitigkeiten einstellen statt auf liebenden Aufbau. Nur so könnten wir unsere Beziehung vielleicht retten, außerdem mussten wir beide der Realität ins Auge schauen: Sollten wir eine Elternschaft weiterhin anstreben, gäbe es nur die Möglichkeit der künstlichen Befruchtung, alle anderen Behandlungen sollten wir als abgeschlossen betrachten. Doch uns darauf einzulassen, wäre eine neue Odyssee.

Ich hob den Blick und erkannte einen veränderten Mann. Er wirkte ruhig, eine Magie ging von ihm aus, die mich erregte. Das Verlangen, ihn zu küssen, war kaum zu zähmen, gleichzeitig lähmte mich sein liebevoller Blick. Fast schüchtern streichelte ich seine Hand, er schaute mich nur an, berührte damit meine Seele. Während der ganzen Fahrt hatten wir einander an den Händen gehalten, hatten die Energie gespürt, die zwischen uns floss, uns verband und elektrisierte. Als wir ankamen, lachten wir wie verschmitzte Kinder über diesen verrückten Ausflug nach Barcelona. Umgeben von Leuten, die uns kaum beachteten, nahm er mich an der Hand, zog mich zu *L'Angel* und rief: »Komm, gehen wir shoppen! Wie lange ist es her, dass ich dich von Geschäft zu Geschäft begleitet habe?« Auf einmal war die ganze verloren geglaubte Energie wieder in ihm, die früher so charakteristisch für ihn gewesen war. Sie zeigte sich in seinem befreiten Lächeln. Wie sehr hatte ich dieses Lächeln vermisst!

Beschämt senkte ich den Blick, meine Wangen röteten sich, offenbarten meine Rührung, ich ließ es zu. Wir klapperten einige Läden ab, kauften zwei Stofftaschen, für jeden von uns eine und auch einen Rucksack. Dann aßen wir in einem Burgerladen, dort reservierte ich per Handy ein günstiges Hotelzimmer. Den ganzen Nachmittag spazierten wir herum, ich ständig in seinem Arm. Seine Finger liebkosten meinen Hals, wann immer ich am wenigsten damit rechnete. Mitten im Gehen hielt er plötzlich an, zwei Schritte weiter blieb auch ich stehen, wandte mich erstaunt nach ihm um. Er drückte mich an sich, seine Lippen fanden meine. Vor der Kathedrale küssten wir einander, wollten uns gar nicht mehr lösen, während jede Menge Touristen Mühe hatte, an uns vorbeizukommen. Es schlug die volle Stunde, doch für uns blieb die Zeit stehen. Inmitten dieses magischen Augenblicks erinnerte ich mich an unseren ersten Kuss. Alles verlief, wie es verlaufen musste, und wie wir es damals schon erlebt hatten. Details werde ich euch hier aber nicht erzählen. Nur so viel will ich sagen, dass dieser gemeinsame Nachmittag heilsam auf unsere verletzten Seelen wirkte. Er fügte zerbrochene Teile unserer Liebe wieder zusammen und ließ Zuversicht erahnen. Seit damals gingen Egar und ich wieder gemeinsam in Richtung Zukunft, als hätte die trennende Zeit nie existiert. Es war, als würde sich alles wieder zusammenfügen, als wäre plötzlich keine Zeit vergangen, sondern alles in einer Glaskugel gefangen und für immer aufbewahrt gewesen.

Dann verlief alles, ohne zu zögern: Die Mieter unserer Eigentumswohnung hatten etwas Neues gefunden und wir beide gingen ganz in Umzugsaktivitäten und Putzen auf. Nachdem wir die Wände der Räume viele Jahre lang in verschiedenen Farben angemalt hatten, beschloss ich, neu zu streichen, und zwar alle Räume in Weiß. Es fühlte sich gut an, alles zu erneuern, und weiß wirkte rein, frisch, es ließ die Räume weiter erscheinen. Unsere ›neue Wohnung‹ vermittelte das Gefühl, auch das Leben neu zu beginnen und genau das brauchten wir.

Es war an der Zeit, die Familien zu versammeln, um mitzuteilen, dass Egar und ich bereits seit einiger Zeit wieder zusammenlebten und dass wir nach wie vor unseren größten Traum weiterverfolgen wollten, nämlich Eltern zu werden. Alle starrten uns stumm an. Sie wussten, was wir deswegen schon alles ertragen mussten. Fast wäre unsere Beziehung an diesem Wunsch zerbrochen. So oft schon war ich meiner Oma väterlicherseits weinend in den Armen gelegen, einerseits vor Ungeduld, andererseits, weil es so viele Untersuchungen bei Ärzten der Sozialversicherung gegeben hatte, die mir immer wieder Blut abnahmen, was in meinem Fall keinen Sinn mehr ergab. Nach negativen Ergebnissen wiederholte man die ganze Prozedur. Obwohl Egar wieder arbeitete und auch meine Tätigkeit im Internet Ertrag abwarf, waren wir dennoch weit davon entfernt, zehntausend Euro aufzubringen, welche wir für die künstliche Befruchtung in einer Privatklinik gebraucht hätten.

Meine Familie litt sehr mit mir, sie wollte nur eines, nämlich dass ich wieder glücklich werde. Das eigene Kind verzweifelt zu erleben, weil es unfruchtbar war, schmerzte. Es schmerzte vor allem, weil man hilflos war. Außer Verständnis und liebevolle Nähe konnten meine Angehörigen nichts beitragen, um meinen Herzenswunsch zu erfüllen. Eines Nachmittags baten uns meine Tante Oslo und meine Oma dringend, sie in ihrem Haus zu besuchen, sie hätten uns etwas mitzuteilen. Wir hatten zwar keine Ahnung, was das sein könnte, aber wir folgten ihrer Einladung umgehend.

Also saßen wir beisammen, sprachen über dies und das, tranken Kaffee, aßen Kuchen, das Gespräch plätscherte über Belanglosigkeiten dahin. Als wir fast schon gehen wollten, erhob sich Oslo und bat mich in einen Nebenraum. Das war ein für sie typisches Signal, mir etwas Wichtiges mitzuteilen. »Kind, ich weiß, wie viel ihr beide durchgemacht habt, doch ich konnte nicht eher mit euch sprechen, euch nicht nach euren Sorgen fragen. Ich hoffte, ihr würdet nach und nach ruhiger werden, vielleicht sogar an der Situation reifen, darum warteten wir ab, deine Oma und ich.«

Ich schaute sie irritiert an. Worauf warteten sie? Sie lächelte geheimnisvoll und sprach weiter: »Jetzt scheint der Zeitpunkt gekommen. Wir wollen euch dabei unterstützen, eine Privatklinik aufzusuchen, damit ihr endlich Eltern werden könnt. An den Kosten soll es nicht scheitern, die wollen wir übernehmen.«

Ich erschrak, mir wurde regelrecht schwindelig. So großzügig und liebevoll es auch war, schien mir ein solcher Betrag einfach zu hoch, denn Oslo und Oma brauchten ihre Ersparnisse bestimmt auch für sich. Ich umarmte sie dankbar, lehnte aber entschieden ab, es war einfach zu viel Geld. Außerdem, ich gebe es zu, fällt mir der Gedanke schwer, jemandem etwas zu schulden. »Du bist meine Nichte, Elodie, mein Bruder brachte dich eines Tages her und sagte: ›Schau, ein neuer Schatz in unserer Familie.‹ Wir haben dich ins Herz geschlossen, denn du hast uns in dreißig Jahren so viel Freude geschenkt. Es ist wunderbar zu sehen, was für eine reife selbstbewusste Frau du geworden bist! Ich möchte, dass du am eigenen Leib spürst, was es heißt, jemanden zu lieben, so wie ich dich liebe. Wann immer du etwas brauchst, zähle auf uns. Was wir dir hier geben, ist kein Geld, Elodie, es ist ein Kind, das uns durch sein Dasein Freude schenken wird.«

So viel liebevolle Unterstützung erlebten wir auf dem steinigen Weg, der uns zu eigenen Kindern führen sollte. Das stärkte unsere Zuversicht.

14. Der erfüllte Wunsch

Grüne Augen, die nur so strahlten vor Glück, der Mensch stumm angesichts so großer Freude. Das war Egar, das war seine Reaktion auf eine derartige Überraschung. Zwar konnte er seinen Gefühlen nicht in eloquenter Dankbarkeit Ausdruck verleihen, aber sein strahlender Blick sagte alles. Manchmal kamen, lange nachdem es den Anlass der Freude gegeben hatte, gestammelte Dankesworte ganz unerwartet und unzusammenhängend über seine Lippen. Die ganze Nacht lagen wir schlaflos beisammen, konnten unsere Gefühle von Nervosität und Hoffnung kaum in Schach halten. Eine neue Dimension tat sich auf. Der unerfüllte Traum rückte durch die Großzügigkeit unserer Verwandten näher. Wir konnten es kaum fassen und waren so aufgekratzt, als hätten wir zu viel Sauerstoff abbekommen.

In den folgenden Tagen suchten wir verschiedene Kliniken auf, welche in unserer Reichweite lagen. Durch die Erfahrungen der vergangenen Jahre hatten wir schon von einigen gehört und dabei auch verschiedene ausgeschlossen. Wir legten keinen Wert auf Prestige oder besondere Exklusivität, besondere Standards ohne Ärzte mit Herz überzeugten uns nicht. Gerade wenn es um die Gesundheit und eine mögliche Schwangerschaft ging, wollten wir ganzheitliche Betrachtungsweisen erleben, jede Frau ist eine eigene Welt. Wir suchten Menschlichkeit, Empathie, einen Arzt, der mich als Individuum betrachtete und nicht nur als eine von vielen Patientinnen. Jeder Fall von Unfruchtbarkeit ist einzigartig, da kann man nichts über einen Kamm scheren. Als Elodie wollte ich spüren, wie ernst der Arzt meine Nöte nahm, wie individuell er mich verstand und behandelte. Was wir aber fanden, war anonyme Bürokratie. Primäres Thema war grundsätzlich die Vorauszahlung in hoher Summe, noch bevor auch nur ein Erstgespräch stattgefunden hatte. Bald fühlte ich mich wie gelähmt, das Vertrauen in eine Privatklinik war verschwunden. Das Einzige, was hier zu funktionieren schien, war die Raffinesse, verzweifelten Paaren das Geld aus der Tasche zu ziehen. Ich suchte nach der Utopie: einen Arzt oder ein Ärzteteam, bei dem ich mich verstanden und in besten Händen fühlte. So als wären wir Verwandte. Dafür würde ich gern Oslos Geld und das meiner Oma hergeben, dann würde die Hoffnung auch meinen Körper für unser Ziel öffnen, so dachte ich. Es ist schwer genug, unfruchtbar zu sein und diesbezüglich Hilfe zu benötigen, doch dann auch noch als Nummer behandelt zu werden und das deutliche Gefühl vermittelt zu bekommen, dass es nur darum geht, möglichst rasch hohe Summen zu überweisen, demütigt zutiefst.

An einem Montag im März begaben wir uns entmutigt zur letzten Klinik auf unserer Liste. Es schien, als gebe es auf diesem Gebiet nur kalte unpersönliche Einrichtungen. Unser Termin war um elf Uhr. Im Wartesaal fiel mir auf, dass es hier keine Anhäufungen von Bildern an den Wänden gab, die glückliche Mütter mit ihren Babys zeigten, so wie wir es in allen anderen Kliniken gesehen hatten. Vielleicht irre ich mich ja, aber solche Bilder stellten eher einen Hohn für mich als Patientin dar als eine Aufmunterung. Ich glaube, wenn man in all den berühmten, teuren Kliniken mehr Augenmerk auf die verletzten und verunsicherten Emotionen der Patientinnen gelegt hätte, wäre mehr Trost bei ihnen angekommen. Wenn ein Paar einmal so weit ist, diesen Schritt zu gehen, ist zuvor schon viel an Verzweiflung und Verunsicherung geschehen. Ihre Welt ist voller Schwangerer, nur sie können diesen natürlichen Zustand nicht erreichen und wissen nicht einmal warum. Die unbekannte Hürde entmutigt mehr als eine bekannte Einschränkung. Für mich jedenfalls bedeuteten diese Fotos in den Warteräumen immer einen Schmerz, aber vielleicht galt dies nicht für alle Patientinnen. Hier gab es nur verschiedene Zeitschriften und einen kleinen Monitor, auf dem Eltern ihre Erfahrungen schilderten. Ihr authentisches Zeugnis und ihr Erfolg bei der künstlichen Befruchtung schürten meine Hoffnung.

Eine hübsche junge Frau trat auf uns zu, begrüßte uns mit Küsschen auf die Wangen und bat uns in ihr Büro. Sie strahlte vertraute Empathie aus, es war, als kannten wir einander schon lang. »Schildert mir euer Problem, erzählt, was ihr schon alles versucht habt und wie es euch dabei ergangen ist.« Sie hörte uns aufmerksam und interessiert zu, zeigte keine Eile, sie war nur für uns da. Aber wieder einmal verfiel ich in Wut und warf ihr all unseren Frust vor die Füße, klagte über Ärzte, die uns nicht ernst genommen hatten und bisher keine Hilfe gewesen waren. Sie neigte sich mir zu und legte ihre Hand auf meinen Unterarm. Ihr Blick verriet, wie gut sie uns verstand. Unseren schweren Weg schien sie zu kennen, sie wusste offenbar von unserer zermürbten Hoffnung. »Elodie, erzählt all das auch dem behandelnden Arzt, der euch erwartet. Seid ihr bereit?«

Mit einem aufmunternden Lächeln erhob sie sich und begleitete uns zum Büro des Arztes. Ein distinguierter Herr mit südamerikanischem Akzent reichte uns die Hand. Ich fühlte in mir so etwas wie ein ›Angekommen sein‹. Jetzt, da ich unsere bisherigen Erfahrungen noch einmal schilderte, blieb ich viel klarer und sachlicher. Der emotionale Ausbruch, welchen ich zuvor bei der Assistentin gehabt hatte, half mir, nun gefasster zu bleiben. Seine Worte an uns waren folgende: »Egar, Elodie, ich weiß nicht, ob es euch beschieden sein wird, eine Schwangerschaft zu erreichen, denn wenn ich Wunder wirken könnte, bräuchte ich keine

Klinik. Das sage ich euch so ehrlich, wie ich euch immer vollkommen wahrheitsgetreu begegnen werde. Mein größter Wunsch ist es aber, jeder Frau, die mich um Hilfe bittet, den Herzenswunsch eines eigenen Kindes zu erfüllen. Ich werde alles mir Mögliche tun, um euch zu helfen, doch dazu brauche ich die Unterstützung eures Vertrauens in mich. Vertraut nicht der Klinik, vertraut mir.«

Letztendlich waren es diese Worte, die uns dazu brachten, ihm zu vertrauen. Der Arzt verkaufte uns keine Schlagworte und keine Hoffnungen, doch er raubte mir auch nicht die Zuversicht, sondern regte mich dazu an, über vieles nachzudenken. Als uns meine Familie dieses wunderbare finanzielle Geschenk machte, war ich wie im Taumel von hunderterlei Gefühlen. Sie alle verwirrten mich. Doch nur weil wir jetzt über die nötigen finanziellen Mittel verfügten, hieß das nicht, von diesem Zeitpunkt an nur noch einen einfachen raschen Weg zu beschreiten. Der Arzt gab uns zu verstehen, dass der menschliche Körper wie eine Zeitbombe sei, deren Einstellung für die Explosion Leben uns aber verborgen blieb. Speziell für uns hielt er Geduld und positive Gelassenheit für hilfreich.

Über die tatsächliche Vorgehensweise der künstlichen Befruchtung hatten wir eine vage Ahnung, schließlich bekamen wir bei unseren zahllosen Behandlungsbesprechungen einiges an Information. Das jedoch sollten wir alles vollkommen aus unserem Gedächtnis löschen und möglichst wieder bei null beginnen.

Als Erstes studierte er alle unsere bisherigen Befunde. Da wir beide noch jung waren, mein Eisprung regelmäßig erfolgte und Egars Spermien von guter Qualität waren, entschied sich der Arzt zu einer normalen externen Befruchtung, das hieß, meine Eizelle würde entnommen und mithilfe von Egars Samenzelle befruchtet werden. Nach erfolgreicher Reaktion durch Teilung der befruchteten Eizelle würde mir dieser ganz frühe Embryo in die Gebärmutter eingepflanzt. Klingt doch einfach, oder? Bald werdet ihr erfahren, dass dieser Prozess alles andere als einfach ist.

Wir bekamen Termine für verschiedene vorbereitende Analysen unseres Blutes, ein Sperminogramm sollte erstellt werden, eine Hysterosalpingografie und die zytologisch erkennbaren Chromosomeneigenschaften wurden untersucht. All dies stellte nur den Anfang der Behandlung dar. Ich erwartete die Ergebnisse nicht umgehend, denn bei der Sozialversicherung dauerte es oft Monate, bis man überhaupt einen Untersuchungstermin und weitere Analysen bis zum Ergebnis bekam. Hier aber erhielten wir die Befunde bereits eine Woche nach Abgabe der Proben. Ich gebe zu, dass die Hysterosalpingografie etwas schmerzhaft war, aber ich stand es durch. Nun fehlten noch einige Tage bis zum Eisprung und ich begann, mich ziemlich zu fürchten. Vor Injektionen hatte ich immer schon etwas Angst gehabt, dieser Einstich aber war gravierender als eine Impfung oder eine Blutabnahme.

Zunächst hieß es aber meinen Eisprung anzuregen, wofür ich Hormonpräparate einnehmen musste. Damit sollten mehr als eine Eizelle auf die Wanderschaft in Richtung Uterus geschickt werden. So konnte man bei der Punktion mehrere zur Entnahme vorfinden, denn es brauchte für gewöhnlich einige Versuche der Befruchtung und man kann einer Frau nicht zumuten, so oft deswegen punktiert zu werden, abgesehen davon, dass dies nur einmal im Monat möglich ist. In dieser Zeit hatte ich jeden zweiten Tag eine Ultraschalluntersuchung, um meine physische Reaktion auf die Medikamente genau zu beobachten.

Jede Klinik und auch jede Frau bevorzugt eigene Techniken und Medikationen, um eine Schwangerschaft zu begünstigen. Im Detail werde ich euch zwar nicht erzählen, worin meine Methode bestand, aber so viel sollt ihr wissen: Egar wurde in diesen Prozess miteinbezogen, und zwar als medizinischer Assistent, wenn es darum ging, mir zu Hause bestimmte Spritzen in den Bauch zu geben. Er war auch insofern involviert, als er meine Stimmungsschwankungen zu ertragen hatte. Mir schien meine Stimmung relativ normal zu sein, außer vielleicht die Neigung, bei jeder Kleinigkeit in Tränen auszubrechen, doch das ließ sich mit Geduld und etwas Verwöhnt-Werden in den Griff bekommen.

In diesen zwei bis drei Wochen der Behandlung brodelten unsere Emotionen beinahe über. Wir fürchteten uns vor dem Unbekannten, das uns erwartete. Diese Klinik präsentierte sich als eine Welt des Unbekannten. Kein Paar glich dem anderen, so musste man auch bei den Ergebnissen mit unterschiedlichen körperlichen und psychischen Reaktionen rechnen. Oft konnten wir uns des Gedankens nicht erwehren, dem Ziel schon sehr nahe gekommen zu sein, wussten aber, dass wir trotz aller Zuversicht realistisch bleiben sollten. Nach Beendigung dieses Prozesses sollten alle Ängste und Hürden abgehakt werden und keine Rolle mehr spielen, wie schwierig es auch gewesen war. Dieser Optimismus entsprang ausschließlich einer Unkenntnis der Erfahrungen, die uns noch erwarteten.

Nachts betrieb ich wieder einen Instagram-Account, den ich kurz zuvor neu eingerichtet hatte und *Indomable Julieta (Unbezwingbare Julieta)* nannte, denn ich wollte meine fotografische Arbeit nicht mit unseren persönlichen Erfahrungen vermischen. In all den Jahren der Ungewissheit besuchte ich oft Foren, in denen es um Unfruchtbarkeit ging, fand aber nie konkrete Stellungnahmen zur künstlichen Befruchtung. Dieses Tabu wollte ich brechen, wollte das verschämte Schweigen über ein Thema beenden, welches Hoffnung und Scheitern, aber auch für so viele Menschen Angst bedeutete. Ich wollte mich nicht mehr verstecken, sondern mit Personen austauschen, die das Gleiche durchmachten wie ich. Sie sollten ihre persönliche Geschichte vertrauensvoll offenbaren können und ich meine. Ausgestandenes Leid zu teilen konnte dabei helfen, direkte Informationen zu bekommen, was bei Befundbesprechungen in der Klinik nur mangelhaft geboten wurde. Mit diesen Kontakten strebte ich eine Befreiung von den ärztlichen Abhängigkeiten an. Da Egar nie etwas gegen meine Arbeit in den sozialen Netzwerken hatte, in denen ich immer recht offen agierte, erzählte ich auch nun, dass wir unseren Weg begonnen hatten, ein Kind durch künstliche Befruchtung zu bekommen. Wohl gemerkt, ich arbeitete als Fotografin unter dem Pseudonym *Julietas Lächeln*, und als Bloggerin unter *Unbezwingbare Julieta*.

Thailand bemühte sich sehr, mir das Leben in dieser Vorbereitungszeit so angenehm wie möglich zu gestalten. Sie wusste, meine Sturheit, aber auch die Angst, könnten dazu führen, die Behandlung sogar mittendrin abzubrechen. Wenn ich unter Druck stand, reagierte ich immer radikal, davon konnte sie ein Lied singen. Beim Frühstück sagte sie einmal: »›Tata‹, ich bin echt stolz auf dich, denn so wie du die Hosen voll hast, hätte ich dir nie zugetraut, die Behandlung wirklich anzufangen.« Tatsächlich hatte ich keine Ahnung, wie stark ich mental sein konnte, bevor ich diesen Weg begonnen hatte. Ein ums andere Mal behauptete ich: »Der größte Schmerz war es, zehn Jahre lang auf dich, mein Kind, zu warten!« So schlimm konnte die Behandlung doch wohl nicht werden. Weil Egar selbst den einen oder anderen Untersuchungstermin in der Klinik wahrnehmen musste, ersparte ich ihm, mich zu begleiten. Somit musste er nicht zu oft der Arbeit fernbleiben. Darum suchte ich mir den besten Ersatzbegleiter, einen, der mich durch und durch kennt und der mir so sehr ähnelt, oder besser gesagt, ich ihm: meinen Vater.

Jeden zweiten Tag brachte er mich nach Girona, wo Analysen und auch die Ultraschalluntersuchungen zur Kontrolle durchgeführt wurden. Es war schön, ihn bei den Besprechungen neben mir sitzen zu sehen und aufmerksam den Ausführungen des Arztes zu folgen. Nach und nach entwickelte sich eine besondere Art Komplizenschaft zwischen dem Mediziner und mir, der mich behutsam behandelte, als sei ich seine eigene Nichte, und der vor allem das Vertrauen des Herrn Fernando gewann, meines Vaters. Ich frage mich noch immer, wie er das gemacht hatte, denn das Vertrauen meines Vaters zu gewinnen ist praktisch unmöglich. Oft stellte er recht absurde Fragen wie: »Herr Doktor, wie stellen Sie sich das vor, dass aus dem kleinen Bauch meiner Tochter ein Kind geboren werden kann? Da passt ja kaum eine Kichererbse hinein.« Oder: »Herr Doktor, überlegen Sie gut, was Sie tun, denn durch Ihre Kunst soll mein Enkelkind geboren werden. Sie werden es doch wohl genauso gut hinbekommen, wie der Opa es geschafft hat.«

Es tat mir unbeschreiblich gut, ihn bei mir zu haben. Er war der einzige Mensch, der es schaffte, mich auch in der größten Verzweiflung zu beruhigen und mir in all meinen Verunsicherungen stützend beizustehen. Wenn er zu mir sprach, mobilisierten sich meine Kräfte neu, wuchs meine Zuversicht. Wie oft hatte er mich in dieser Zeit weinen sehen und es waren keine normalen Tränen, sondern solche, die einen innerlich verätzten. Er verbrachte die Nächte wach und wusste, dass seine Tochter sehr litt wie auch er selbst. Schweigend, sich über sich selbst ärgernd, wiederholte er mir gegenüber immer wieder: »Es tut mir leid, Schatz, es tut mir leid, dass ich dir dieses Problem angetan habe, ich werde immer an deiner Seite sein.«

15. Die Punktion

Wir standen kurz vor dem großen Termin, nämlich, der Punktion, der Entnahme der Eizellen. So wichtig diese Prozedur auch war, verursachte sie in mir auch Panik. In der Klinik bemühte man sich redlich, mich zu beruhigen und zu erklären, dass es sich nur um einen kleinen Eingriff handelte. »Dieser Stich kann möglicherweise das Tor sein, durch welches euer Kind zu euch gelangt«, sagte man mir. Ich erlebte eine Mischung aus Angst und Grauen wegen dieses Eingriffs in den Eierstock. Dann wieder schwebte ich wie auf Wolken, weil wir nach zehn demotivierenden Jahren endlich vor den entscheidenden Schritten standen. Das Wechselbad der Gefühle raubte mir fast den Atem. Doch je näher der Termin rückte, desto stärker wurde ich, meine Augen strahlten und ich war bereit, alles auf mich zu nehmen. Der Gedanke, dass wir eigentlich nichts darüber wussten, wie die Entnahme genau vor sich gehen würde und was danach geschehen sollte, lähmte mich, doch ich schob ihn beiseite, wollte vertrauen und mit Egar nur Gutes erwarten. Schließlich hatte uns der Arzt alles genau erklärt, ich wusste, dass er sein Bestes gab. Dennoch konnte ich mir nicht vorstellen, wie es gehen sollte, dass man mir eine Eizelle unversehrt entnehmen könne, die später befruchtet in meinen Uterus zur Einnistung gesetzt werden würde. Das flaue Gefühl in meinem Bauch konnte ich weder als Erwartungsfreude noch als Befürchtung identifizieren, es blockierte aber jeden klaren Gedanken.

Ich erkläre euch genau, was eine Punktion ist: Es werden dabei ausreichend entwickelte Eizellen entnommen. Der Arzt erklärte uns, dieser Eingriff sei einfach und würde unter leichter Sedierung stattfinden. Um die winzigen Zellen sehen zu können, wird vaginal eine Ultraschallvorrichtung eingeführt, die dann mit der Injektionsnadel zusammentrifft, welche durch die Scheidenwand in den Eierstock gestochen wurde. Sobald die Nadel richtig positioniert ist, wird die Follikelflüssigkeit aufgenommen und in Probebehälter gefüllt. Die Eizellen befinden sich in dieser Flüssigkeit. Unmittelbar nach diesem Prozedere wird die Probe ins Labor gebracht und unter dem Mikroskop gereinigt, um gleich darauf mit Egars Spermien vereinigt zu werden, die er währenddessen in einem Extraraum frisch produziert hat. Alles unglaublich romantisch, ich weiß.

In jener Zeit traf ich mich nicht mit Freundinnen. Nach und nach veränderte sich alles, damit aber auch mein Charakter. Eine Art Egoismus machte sich in mir breit, meine Konzentration war ausschließlich auf Egar und mich gerichtet und auf meine Familie. Es wäre schwierig zu erklären, wie sich dieser Prozess seit Beginn der gezielten Behandlung entwickelt hat und warum wir welche Schritte unternahmen. Wie so oft lässt sich das nur ganz verstehen, wenn man selbst Ähnliches erlebt hat. Ich verstehe ja selbst nicht alles, was uns damals zu diesem oder jenem bewogen hat, warum ich mich so sehr zurückzog und was mir alles durch den Kopf ging. Es zu erklären übersteigt meine Fähigkeiten.

Man hört so oft von Paaren, die ein Kind auf diese Weise bekommen haben, doch fast nie erfährt man, dass es meist erst beim fünften oder sechsten Versuch geklappt hat. Auch dass chirurgische Eingriffe dafür nötig sind, wird nicht erzählt. Eine weitere Schwierigkeit ist dann noch die Einpflanzung der befruchteten Eizelle, für die man oft unzählige Versuche braucht, wofür zuvor jedoch Embryonen ›angefertigt‹ werden müssen. Es wird auch nicht darüber gesprochen, dass es häufig negative Ergebnisse bis hin zu frühen Fehlgeburten im Verlauf dieses Prozesses gibt, begleitet von Tränen und Trauer. Um mögliche Ursachen solch vielfachen Scheiterns aufzuzählen, müsste ich ein eigenes Kapitel aufwenden. Über Niederlagen und Verzweiflung spricht man nicht gern, viel lieber sind uns Ergebnisse und Erfolge. So kommt es, dass Leser mancher Artikel zu diesem Thema meinen, sie wüssten bestens Bescheid. Diese Halbwahrheiten entsprechen mitunter mehr einer Lüge als die Lüge selbst. Das war wohl der Grund, warum ich die unbefangenen Gespräche, welche in unserem Freundeskreis üblich waren, damals mied. Denn als junge Frau hätte ich nie gedacht, wie kompliziert es sein könnte, schwanger zu werden. Wie hätte ich den Freundinnen begegnen können, bei denen es sich so leicht ergab wie Atmen?

Außerdem vermehrte sich der Nachwuchs in unserem Freundeskreis enorm, ständig wurden neue Babys geboren. Deutschland bekam ihr zweites Kind, ebenso ihre Schwester und zwei weitere Freundinnen. Natürlich drehte sich bei ihnen jedes Gespräch um Windeln, Kinderärzte, ums Zahnen und Babyblähungen. Zunächst wollte ich ja Anteil nehmen, Interesse zeigen, erfreut über ihr Glück lächeln, doch es endete für mich jedes Mal damit, dass ich mich zu Hause aufs Sofa warf und hemmungslos heulte. Es kam der Tag, an dem ich bewusst entschied, diese Freundinnen nicht mehr zu treffen, sie in ihrem Glück und ihren Mutterfreuden zu lassen, die ich ja doch nicht mittragen konnte. Denn ohne es zu wollen, versetzten sie mir immer wieder aufs Neue Schläge in den Magen.

Es war April, zehn Tage vor meinem einunddreißigsten Geburtstag. Mein inneres Gefühl sagte mir, dass dieses Jahr ein ganz besonderes werden würde, anders als alle anderen. Schließlich war alles im Gange, endlich! Der Tag meiner Punktion war gekommen, ich hatte die ganze Nacht vor Nervosität kein Auge zugetan. Gleich am Morgen galt es, die letzte Spritze zu bekommen, um das Reifen vieler Eizellen anzuregen. Als wir dann bei der Klinik ankamen, hatte ich enorme Bauchschmerzen, als wirbelten zwei Golfbälle darin herum. Ich fühlte mich schwer und schwach, dachte aber, dass dies eine normale Reaktion auf die Behandlung sei.

Im Wartesaal saßen zwei Frauen, eine von ihnen sah ebenso ängstlich und grau im Gesicht aus wie ich. Um die Zeit irgendwie zu überbrücken, unterhielten wir uns ein wenig miteinander, erzählten von unserem Befinden, befragten einander nach Beschwerden und waren froh, uns mit jemandem auszutauschen, die das Gleiche mitmachte wie man selbst. Dann wurde die erste aufgerufen und betrat den Raum in Begleitung ihrer Freundin. Egar und ich saßen Hand in Hand da und brachten vor Angst kein Wort mehr heraus, abgesehen von kleinen Küsschen auf die Stirn alle paar Minuten, die er mir mit den Worten gab: »Ganz ruhig, alles wird gut!«

Dann kam die Frau etwas wackelig, auf ihre Freundin gestützt, von der Behandlung zurück. Ich ging rasch zu ihr, um zu fragen, wie es ihr ergangen sei. Sie schaute mich mit großen verschlafenen Augen an und meinte: »Mach dir keine Sorgen, du wirst gar nichts mitbekommen. Es ist wie eine sehr lange Siesta.«

Das beruhigte mich, dann wurden wir auch schon aufgerufen. Mein Herz begann zu rasen, Egar versuchte mich zu beruhigen: »Alles gut, ich bin ja da«, sagte er. Der Raum war groß, mehrere medizinische Geräte standen da, zwei Krankenschwestern erwarteten uns mit einem aufmunternden Lächeln, außerdem ein Arzt und ein Anästhesist, der unglaublich attraktiv war. Ich betrat ein angrenzendes Bad, um mich zu entkleiden, dabei verspürte ich heftige Blähungen, gestattete mir aber keine Erleichterung. Immer wenn ich nervös bin, passiert mir das, doch ein erlösender Furz entweicht dabei meist nicht. Im Krankenhaushemd gestand ich dem Arzt, dass ich vor Angst verging. Er beruhigte mich mit weicher, tiefer Stimme: »Kein Grund zur Aufregung, es dauert nicht lange, bald bist du wieder zu Hause.« Der Anästhesist lächelte mich vertraulich an, fragte mich nach meinem Namen und forderte mich auf: »Leg deine Hand unter deinen Hintern, atme tief ein und zähle von drei abwärts.«

Ich verstand nicht ganz, warum er wollte, dass ich die Hand unter meinen Hintern legte, vielleicht aber war es nur ein Ablenkungsmanöver vor der Injektion. Ich zählte drei, zwei, und schon war ich weg. Ob ich etwas träumte, weiß ich nicht mehr, auch nicht, was ich fühlte. Ich war einfach ausgeknipst, es gibt keine Worte, um diese Erfahrung zu beschreiben. Das Einzige, woran ich mich erinnerte, war Egars Gesicht beim Erwachen und wie er immer wieder meinen Namen rief. Mein Blick verlor sich gegen meinen Willen, ich konnte ihn nicht fixieren. Wie eine unruhige Kugel rollte er umher, nahm nichts wirklich wahr, dennoch prägte sich die erste Sekunde dieses Erwachens tief in mir ein: Egars Gesicht war blass, ratlos, die Stimme gebrochen und verzweifelt. Alles an ihm schien alarmiert, erschrocken zu sein. Er schrie um Hilfe. Ich wollte mich aufsetzen, doch er drückte mich sanft auf die Liege. Langsam kam ich in die Wirklichkeit zurück und ich wusste: Irgendetwas war schiefgelaufen. Sofort liefen Ärzte herbei, ich hörte Egar nervös schreien: »Ist so viel Blut normal?!«

Einer der Ärzte meinte, dass Schmerzen kurz nach der Entnahme normal seien. Ein Beruhigungsmittel würde Abhilfe schaffen. Endlich hatte ich mein volles Bewusstsein wiedererlangt und sah das viele Blut. Sofort begriff ich Egars Schrecken und wurde auch davon erfasst. Mit seiner

Hilfe zog ich mich so gut ich konnte an, doch die Bauchschmerzen wurden immer unerträglicher. Der Arzt bat mich in einen kleinen Raum. Dort sollte ich mich kurz hinzusetzen und auf die Beruhigungsspritze warten. Dann erklärte er uns, dass ich eine Überdosis an Stimulierungsmedikation für die Bildung von Eizellen erlitten hatte, daher stammten wahrscheinlich die Beschwerden. »Was heißt da ›Beschwerden‹? Sie ahnen wohl nicht, welche Schmerzen ich gerade erleide!«, schrie ich verzweifelt.

Die Hyperstimulation bewirkte, dass sich die Follikelflüssigkeit in meinem Bauchraum ausbreitete, auch meine Brüste schmerzten enorm. Meist hilft da eine medikamentöse Behandlung, damit der Körper die überschüssige Produktion rasch wieder abbaut. In schweren Fällen muss man die Flüssigkeit operativ ableiten. Man hatte mir dreißig Eizellen extrahiert, um wenigstens einige wenige gute auszuwählen und sie mit Egars Spermien zu vereinen. Denn erfahrungsgemäß brauchte es mehrere Versuche der Einpflanzung, um eventuell eine Schwangerschaft zu erreichen. Man würde uns einige Stunden später Bescheid geben, ob bei den gewonnenen Eizellen solche von guter Qualität dabei waren, denn für gewöhnlich gibt es monatlich einen einzigen Eisprung. Doch, wie schon erwähnt, kann man niemandem monatlich eine Punktion zumuten.

Als ich ins Auto stieg, konnte ich mich kaum bewegen. Von Minute zu Minute fühlte ich mich mieser. Das Wenige, woran ich mich erinnere, ist, dass ich beim Anschnallen glaubte, einen Fußball mit voller Wucht in den Magen geschossen bekommen zu haben. Ich wand mich und stöhnte. Lange würde ich das nicht mehr durchstehen. Noch nie hatte ich etwas Vergleichbares erlebt, es war, als drehe jemand in mir Runden mit dem Skalpell, und zwar ohne Betäubung. Egar drehte fast durch vor Sorge und fragte mich im Minutentakt, wie es mir ging. Bald konnte ich nicht mehr antworten, die Augen fielen mir zu, ich verlor immer mehr an Bewusstsein. Doch irgendwie nahm ich wahr, wie er mich ins Haus hievte und zu Bett brachte. Ich bemerkte auch, dass er vor Sorge ebenso am Ende war wie ich. Sogar das Atmen fiel mir schwer, weil jeder Atemzug einen neuen Schmerz durch meinen Leib jagte. Noch immer dachte ich, dies alles sei Teil der nötigen Behandlung und dass ich nach einigen Stunden Schlaf bestimmt wieder mehr Energie und weniger Schmerzen haben würde. Doch der Schlaf mied mich, zu groß war das Rumoren und Stechen in mir. Da läutete mein Handy. Ich konnte nicht erkennen, wer anrief. Alles um mich war verschwommen und weit weg. »Egar«, lallte ich noch, dann wurde es schwarz um mich.

Egar

Elodie atmete nicht, sie wachte nicht auf, sie lag in meinen Armen wie tot. Ich ohrfeigte sie mehrfach, um sie wiederzubeleben, doch sie gab kein Lebenszeichen mehr von sich. Ich schrie in die Stille hinein. Panisch rief ich beim Rettungsdienst an, doch alles, was sie machten, war, mir blödsinnige Fragen zu stellen. Meine Frau war tot in meinen Armen oder zumindest fühlte ich mich damals so. Die Gedanken gingen mir durch den Kopf. All das konnte nicht passieren. Der Krankenwagen kam nicht, ich rief erneut an und die Antwort war, dass »wir jetzt keine zur Verfügung haben«.

Ich raffte meine ganze Kraft zusammen, um die Angst zum Schweigen zu bringen und irgendwie handlungsfähig zu bleiben. Mein Gesicht war nass von Tränen, ich wischte es mir ab, wischte jegliches Gefühl damit weg, war nur noch ein Funktionierender. Wieder fühlte ich Elodies Puls, diesmal mit mehr Konzentration. Er war sehr langsam, ihre Atmung flach, kaum wahrnehmbar. Ich konnte auf keinen irgendwann verfügbaren Rettungswagen mehr warten. So gut es ging, hob ich meine leblos wirkende Elodie hoch und trug sie ins Auto. Als ich bei der Notaufnahme vorfuhr, schrie ich aus vollem Hals: »Hilfe!« Sofort eilte medizinisches Personal herbei, fragten, wie lange meine Frau bereits in diesem Zustand sei. »Fünfzehn Minuten mehr oder weniger«, antwortete ich. Man nahm sie mir aus den Armen und eilte im Laufschritt weiter.

16. Ich darf sie nicht verlieren

Sie wurde auf eine fahrbare Trage gelegt, mehrere Ärzte bemühten sich um sie, während man den Gang entlangeilte. Ich rannte mit ihnen, man drängte mich weg, aber ich nahm ihre Hand und lief weiter, ließ sie nicht los. In mir war alles ausgelöscht. Elodie atmete noch immer nicht richtig. Immer wieder schrie ich verzweifelt ihren Namen. So gern wollte ich ihr meinen Atem schenken, mit ihr tauschen, mein Leben für ihres geben, doch ich konnte es nicht. Das war das Schlimmste. Trotz ihrer Ohnmacht musste sie wohl immense Schmerzen erleiden, denn ihr ganzer Körper war verkrampft, hart wie ein Stein. Mir war schleierhaft, woher diese Schmerzen kamen, was in ihr so peinigend rumorte. Ich verlor jegliche Kontrolle, schrie das Krankenhauspersonal an, doch endlich zu helfen, sie aber taten in präzisen eiligen Handgriffen ohnehin alles, was möglich war. »Sie leidet! Seht ihr nicht, wie sie leidet?!«, schrie ich panisch. Man stellte mir Fragen, die ich nicht exakt beantworten konnte, doch ich sagte, dass wir gerade von einer Eizellenentnahme zurückgekommen waren, bei der ganz offensichtlich etwas schiefgelaufen sein musste. Sie verschwanden mit Elodie hinter einem Vorhang und baten mich um Ruhe, damit sie ungestört arbeiten und ihr helfen konnten.

Wie ein gefangenes Tier tigerte ich vor dem Vorhang herum, versuchte, durch den Spalt zu spähen, der etwas offenblieb, weil ständig jemand aus und ein eilte. Ich fühlte mich für Elodies Qualen verantwortlich, verfluchte mich, weil ich sie ermutigt hatte, diese Prozeduren über sich ergehen zu lassen, denn ich hatte ja gesehen, wie viel Angst sie davor hatte. Sollte ich sie verlieren, nur wegen des egoistischen Wunsches, Vater werden zu wollen?! In meinem

Leben gab es nichts Wichtigeres als sie. Seit den Monaten unserer Trennung wusste ich, ohne sie könnte ich nicht leben.

Die Minuten zogen dahin, doch niemand kam, um mir etwas mitzuteilen. Der Moment, als sie mit letzter Kraft nach mir rief und dann das Bewusstsein verlor, wiederholte sich ununterbrochen in meinem Kopf. Ich rief ihre Mutter an, wusste aber nicht, was ich sagen sollte. Unter Tränen bat ich sie, sofort ins Krankenhaus zu kommen, das war alles, was ich zustande brachte. Auch meine Eltern rief ich an. Verzweifelt und voller Wut wählte ich auch die private Nummer unserer Klinik, welche man uns für eventuelle Notfälle gegeben hatte. Es meldete sich jene Schwester, die vorwiegend für unsere Betreuung zuständig war. Sie erklärte mir, dass sie über alles informiert sei, denn das Krankenhaus habe nach Einlieferung Elodies bei ihnen angerufen, weil sie die genauen Umstände von Elodies kritischem Zustand nicht ausmachen konnten und sie daher in ein anderes Krankenhaus transferieren würden, das diesbezüglich besser ausgestattet sei.

Ich betrat den Bereich hinter dem Vorhang. Noch immer versuchte man, Elodies Vitalfunktionen zu stabilisieren. Doch sie röchelte, bekam kaum Luft, war gräulich im Gesicht, die Augen halb geöffnet, aber nicht ganz bei Bewusstsein. Die Ärzte erklärten mir unumwunden, die Situation entgleite ihnen, denn auf gynäkologische Komplikationen waren sie nicht spezialisiert, vermuteten aber, dass Elodie Flüssigkeiten im ganzen Körper habe und zu befürchten sei, dass diese in die Lungen eindrangen, darum müsse man die Patientin dringend in eine andere Klink überstellen. Genau in diesem Moment kamen ihre Eltern herein. Fernando trat still an seine Tochter heran, erstarrte bei ihrem Anblick, dann begann er jede Menge Fragen zu stellen, völlig konfus.

Ich konnte auf keine antworten. Mari, meine Schwiegermutter, nahm die Hand ihrer Tochter und flüsterte: »Halte durch, mein Liebes. Halte durch! Es wird alles gut.« Sie wollte Elodie und sich selbst Mut zusprechen. Sie wollte Zuversicht ausstrahlen und an ihre Tochter weitergeben, doch ihre Augen verrieten pure Angst. Der Rettungswagen stand bereit für die Überstellung ins spezialisierte Krankenhaus. Mari bat, mitfahren zu dürfen, und ich verstand sie. So fuhren Fernando und ich in meinem Auto hinterher.

Elodie

Flimmernde Lichter huschten an mir vorbei, als ich im Rettungswagen lag. Ich versuchte zu erkennen, wer da an meiner Seite saß und meine Hand streichelte: meine Mutter. Woher war sie plötzlich gekommen? So gern hätte ich sie angesprochen, ihr Fragen gestellt, doch ich konnte kaum atmen, geschweige denn reden. Meine Lunge, der ganze Brustkorb, schmerzte wie Hölle und das Zwerchfell schien so angespannt, als müsste es wie ein zu praller Luftballon jeden Moment platzen. Noch nie hatte ich auch nur ansatzweise derartige Schmerzen erlebt. Meine Mutter meinte, dass ich schmerzlindernde Medikation erhalten hatte. Mehr wäre bereits ein Risiko gewesen. Doch sie sah mir an, dass meine Schmerzen durch nichts gelindert wurden. Hilflos musste sie miterleben, wie mich jeder meiner flachen Atemzüge peinigte, bald verlor ich wieder das Bewusstsein.

Ich erwachte in einem dunklen Raum. Niemand war da. Nervös fragte ich mich, was denn passiert sei, dass ich allein in diesem Raum lag. War dies das Ende? Würde man mir verheimlichen, wie schlecht es um mich stand? Immer schon fand ich es unfair, Patienten ihren kritischen Zustand zu verschweigen, nun sollte ich diese Taktik selbst erfahren? Ich wollte schreien, jemanden um Hilfe rufen, ich wollte nicht allein und ohne Information in diesem dunklen Raum liegen. Doch aus meiner Kehle drang kein Laut. Die Schmerzen in meinem Körper waren etwas erträglicher geworden, aber noch immer fühlte ich mich zu schwach, um auch nur eine Hand zu heben. Bald darauf trat meine Mutter ein. Sie meinte, dass sie nur wenige Minuten bleiben dürfe und bedeckte mein Gesicht mit Küssen. »Es wird alles wieder gut werden. Hier bist du gut versorgt.« Egar kam, der Blick pure Verzweiflung, die Augen rot. »Ich hatte solche Angst, Elodie, dachte schon, dich zu verlieren. Verzeih mir bitte! Verzeih mir!« Er war vollkommen gebrochen. Ich verstand nicht, warum er mich immer wieder um Vergebung bat. Erst viel später erfuhr ich, was er meinte, als er mir alles erzählte.

Bei der Punktion war ein Problem aufgetreten. Mein Uterus war mehr als geplant perforiert worden, daraus resultierte eine schwere innere Blutung. Und die Flüssigkeit der Hyperstimulation hatte sich im ganzen Körper verteilt, fast wäre auch die Lunge davon betroffen gewesen, was meine Atmung gelähmt hätte. Man hoffte nun, die Flüssigkeit medikamentös ableiten zu können. Falls das keinen deutlichen Erfolg erzielte, müsste man sie operativ entfernen. Man wartete dafür einige Stunden lang ab, darum lag ich allein in diesem abgedunkelten Raum. Da ich nicht normal atmen konnte, gab es immer wieder Momente, in denen mein Blut das Gehirn nicht erreichte. Das war lebensbedrohlich. Man war allseits besorgt, denn noch immer gab es innere Blutungen, die aber nicht lokalisierbar waren. Ich wurde unruhig. Wie konnte das bei einem einfachen Eingriff passieren? Egar so verzweifelt zu sehen, machte mich noch verwundbarer, denn es zeigte mir, dass es gar nicht sicher war, ob ich diese Komplikationen überleben würde. So viel wollte ich ihm noch sagen und konnte nicht, doch hätten mir die Worte gefehlt. Eine Schwester kam und bat ihn, zu gehen. Ich bekam eine Spritze und schlief wieder ein.

Egar

Ich war außer mir, voller Wut, ich schrie die Ärzte an, nannte sie alles Mögliche, was ich hier lieber nicht wiederholen möchte, und rief wieder bei der Befruchtungsklinik an, um Erklärungen zu bekommen. »Wie konnte dieser Mann meiner Frau so etwas antun?! Was für eine Art Doktor ist das eigentlich?!« Wenn ich ihn vor mir gehabt hätte, weiß ich nicht, ob mir nicht die Hand ausgerutscht wäre. Meine Schwiegereltern bemühten sich, mich zu beruhigen, ohne Erfolg. Dann kamen meine Eltern, sie schafften es schließlich, mich so weit zu beeinflussen, mich nicht zu strafbaren Handlungen hinreißen zu lassen. Natürlich wusste ich, dass Gewalt Elodie nicht helfen konnte, eher im Gegenteil, doch wenn ich daran dachte, wie sie fast in meinen Armen gestorben wäre, drehte ich durch. Immer wieder sah ich sie grau im Gesicht vor mir, der Atem kaum vernehmbar und offenbar von immensen Schmerzen geplagt. Ich wollte bei ihr sein, an ihrem Bett sitzen, sie immerzu ansehen, aber stattdessen musste ich vor dem dunklen Raum auf dem Gang warten, es brachte mich um den Verstand.

Die Befruchtungsklinik rief an, um mir mitzuteilen, dass man bei der Punktion sieben Eizellen extrahiert hatte. Ich konnte es nicht fassen. Wie war es möglich, mich wegen solch einer Information anzurufen, nachdem sie meine Frau fast umgebracht hätten?! »Ihr könnt mich alle mal! Ich will sofort unseren behandelnden Arzt sprechen!«, schrie ich ins Telefon. Am liebsten hätte ich die ganze Klinik in der Luft zerfetzt, ich war am Durchdrehen, wenn ich nur daran dachte, was sie Elodie angetan hatten. Nach einer Schrecksekunde auf der anderen Seite der Leitung bat ich um Entschuldigung und stellte einige Fragen. Die Schwester, welche mich angerufen hatte, entschuldigte sich ebenfalls, sie arbeitete im Labor und wusste nicht, was vorgefallen war. Es war lediglich ihr Auftrag, uns über den erfolgreichen Gewinn der sieben Eizellen zu informieren.

Bald darauf rief unser Arzt zurück. »Beruhige dich bitte, Egar. Was da vorgefallen ist, kommt im Grunde genommen fast nicht vor, der Eingriff ist wirklich harmlos. Die Symptome einer Hyperstimulation sind verschieden. Einen so schweren Fall wie bei Elodie hatten wir bisher nicht. Die Follikelflüssigkeit ist in den Bauchraum entwichen, was alle weiteren Komplikationen auslöste. Doch vorhin habe ich mit dem behandelnden Arzt eurer jetzigen Klinik gesprochen und werde mit ihm zusammenarbeiten, weil ich Elodie und ihre physiologischen Besonderheiten kenne. Eine Operation konnte abgewendet werden, doch sie wird noch eine Zeit lang im Krankenhaus bleiben müssen, bis die Flüssigkeit ganz abgeleitet worden ist. Außerdem muss sie unter Beobachtung bleiben, bis sie wieder zu Kräften gekommen sein wird. Ich muss eingestehen, dass der Arzt beim Entnehmen der Eizellen den Uterus zu sehr perforierte, außerdem ist eine Vene verletzt worden, was die innere Blutung ausgelöst hat. Es tut mir unendlich leid, aber so etwas kommt mitunter leider vor. Egar, versuche dich bitte zu beruhigen und sei für deine Frau der ruhende Pol. Sie ist stark und wird sich vollkommen erholen. Wann immer etwas ist, rufe mich bitte an, egal zu welcher Tages- und Nachtzeit.«

Ich schätzte ihn zu sehr, um ihm all meine Wut entgegenzuschleudern, noch dazu war er nicht einmal der Chirurg beim Eingriff. Vielmehr war dieser Arzt inzwischen ein Teil unserer Lieben geworden, hatte mit uns gehofft, uns während so vieler Untersuchungen und Befundbesprechungen aufgemuntert und nun alles liegen und stehen gelassen, um mit mir zu sprechen. Ehrlich gestanden wollte ich ihn nicht als Ansprechpartner verlieren. Was hätte es gebracht, ihn und seine ganze Klinik zu verdammen und Antworten zu verlangen, die es nicht gab? Das Einzige, was jetzt zählte, war, Elodie genesen zu sehen, sie wieder bei mir zu haben.

17. Steine brechen nicht

Egar

Ein Arzt kam auf mich zu, um mich über den neusten Stand der Dinge zu informieren. Elodie befand sich auf dem Weg der Besserung, hatte allerdings starke Schmerzmittel bekommen, weil sich noch immer Flüssigkeit im Körper befand, die sich nur langsam abbaute. Außerdem gab es noch innere Blutungen. Stündlich kontrollierte man den Eisengehalt ihres Blutes, welcher derzeit sehr niedrig lag. Man wolle den folgenden Tag abwarten, um zu sehen, wie weit sich die Flüssigkeit verringerte, sollte sie sich aber vermehren, müsse man sofort operieren. Alles war so surreal. Hatte man nicht gemeint, es handelte sich um einen simplen Eingriff, den man täglich ambulant durchführte? Ich fühlte mich vollkommen erschöpft, doch meine Gedanken ließen mich nicht zur Ruhe kommen. Ich hatte das alles zu verantworten, oder etwa nicht? Ich war es ja gewesen, der unbedingt Vater eigener Kinder mit ihr werden wollte!

Elodie

Als ich die Augen öffnete, brannten sie vom vielen Weinen, mein eigenes Schluchzen hatte mich geweckt. Im ersten Augenblick glaubte ich, alles sei nur ein Traum gewesen, ausgelöst durch die Sedierung. Egar würde wohl draußen auf mich warten, um mir zu erzählen, dass alles gut gelaufen sei. Dann aber sah ich Kanüle an meinem Arm und wusste: Etwas war wohl schiefgelaufen. Ich wollte mich aufsetzen, doch mein Körper schaffte diese normale Bewegung nicht, ich war zu schwach. Die Schmerzen hatten etwas nachgelassen und vor allem konnte ich wieder normal atmen. Egar saß rechts neben meinem Bett, erschöpft und mit tiefen Augenringen. Sein Blick wirkte leer. Ich hatte solch einen Ausdruck bei ihm bereits erlebt, das verhieß nichts Gutes. Er stand unter Schock, brachte kein Wort hervor, atmete schwer. »Fühle dich bitte nicht allein verantwortlich für das, was hier geschehen ist. Keiner von uns beiden konnte damit rechnen«, bat ich ihn. »Ich bin stark, das Leben hat mich wieder. Glaub mir, Egar, mehr als diese letzten Stunden haben mir die zehn Jahre vergeblichen Wartens wehgetan. Ich schaffe das!« Schaffte ich es wirklich?

Die Stunden im Krankenhaus schienen endlos dahinzuschleichen. Zum Glück musste ich niemals zuvor so viele Tage in Folge einen stationären Aufenthalt ertragen und ich fragte mich, wie Menschen es ertragen konnten, die oft wochenlang im Krankenhaus liegen mussten. Doch wenn es einen trifft, hat man keine andere Wahl, wer liegt schon gern im Krankenhaus? Die meiste Zeit verschlief ich. Egars Vater kam jeden Morgen vor der Arbeit vorbei und brachte mir süßes Gebäck mit. Er war ein ganz besonderer Mann. Oft konnte ich in ihm Egar erkennen, vor allem in seiner zurückhaltenden und doch selbstbewussten Ausstrahlung. Er wirkte ernst, dennoch konnte man spüren, wie mitfühlend er der Welt begegnete. Genau wie seinem Sohn fiel es ihm schwer, Gefühle zu zeigen, doch wenn er sie dir offenbarte, war das wie ein Rettungsanker, er würde alles für dich tun.

Kurz nach dem Frühstück erklärte uns der Arzt bei der Visite, dass ich langsam, aber ausreichend gut auf die Medikation ansprach und sich die Flüssigkeit in mir nach und nach verringerte. Zum ersten Mal seit vielen Jahren bereute ich alles, was ich getan hatte. Vielleicht meinten Gott, das Universum, das Karma oder was auch immer, dass es, aus mir unverständlichen Gründen, besser wäre, wenn ich kein eigenes Kind auf die Welt brächte. Die Zeichen sprachen schließlich für sich. Vielleicht hatte das Leben anderes mit mir vor, ich aber wollte, was ich mir vorgestellt hatte, egal wie viele Zeichen mich warnten. Manchmal sind Träume eben nichts anderes als Träume. Realität kann man nicht erzwingen. Ich fand immer, dass jeder seinen eigenen Weg gehen soll, aber Träume existieren außerhalb der Zeit, sie haben kein Ablaufdatum. Manchmal geben wir unsere Ziele vorschnell auf, wenn sie sich nicht nach den eigenen Vorstellungen erfüllen. Ich dachte aber, dass ich mit konsequenter Geduld alles erreichen könnte, dass es keine Grenzen und kein Limit gab, um das zu erlangen, was man als tiefe Sehnsucht in sich trug. Nach all meinen Bemühungen würde mich das Leben irgendwann mit dem Erwünschten beschenken. Doch Träume sind keine Garantie für Trostpreise, sie sind keine Rabattmarken, die man einmal einlösen kann. Niemand wird aufgrund seiner Sehnsüchte belohnt, sie dienen nur als Notnagel, um dich lebendig zu fühlen, mehr als Fantasie sind sie nicht.

Wenn es dir aber gelingt, die Grenzen der Realität mit der Fantasie zu verknüpfen und mit beidem in Einklang zu leben, dann wird dir die Bedeutung der Zeit bewusst, dann erkennst du in jedem Atemzug neues Leben und in dir selbst Frieden. Doch bei all diesen Überlegungen bemerkte ich, wie wenig ich von innerem Frieden wusste. Jeden Abend hatte ich mir beim Einschlafen vorgestellt, wie es wohl wäre, wenn wir Eltern wären. Ich beschwor Bilder herauf, wie Egar zum Beispiel auf dem Sofa Siesta hielt mit dem Baby friedlich schlafend auf seiner Brust. Das Gefühl, ihn so zu sehen, pflanzte sich in mein Herz ein und ich liebte diese Vorstellung, die aber nichts weiter als Fantasie war. Es gibt den Spruch: »Das Leben gibt dir zwei Sichtweisen, einerseits deine eigene, andererseits jene deiner Kinder als Spiegelung«. Während der langen stillen Stunden im Krankenhaus dachte ich über all das nach und ich sagte mir, falls ich da gesund herauskomme, möchte ich nicht mehr so verbohrt um jeden Preis eine Schwangerschaft anstreben. Nach all den Warnsignalen entwickelte ich nun Angst vor einer möglichen Schwangerschaft, denn auch diese war eine große physische Herausforderung, bei der manches schieflaufen konnte. Die Realität hatte mich eingeholt und zurechtgestutzt, ich fühlte mich verwundbar, war endlich bereit, klein beizugeben. Bis dahin hatte ich mich zu allem fähig gefühlt, meine Willenskraft war grenzenlos. Jetzt war ich zum ängstlichen hilfsbedürftigen Kind geworden.

Wie stark und einsatzbereit war ich während der unzähligen Behandlungen gewesen. Nichts konnte mich aufhalten, das Ziel war alles, was zählte. Es gab so viel zu erledigen und zu erfüllen, dass mir nicht einen Moment Zeit blieb, innezuhalten und kurz nachzudenken. Eventuelle Komplikationen wurden gar nicht erst in Erwägung gezogen, schließlich wollte ich auch solche Hürden meistern. Nun lag ich da, froh, überhaupt noch am Leben zu sein.

Kurz vor der Punktion hatte ich ja einen Account auf Instagram eingerichtet und ihn *Unbezwingbare Julieta* genannt. Zwar weiß ich nicht genau, warum ich diesen Namen gewählt hatte, doch mir war sehr bewusst, warum ich diesen Account betreute: Ich wollte der Welt von unseren Erfahrungen bezüglich der künstlichen Befruchtung erzählen. Dieses Thema war ein Tabu. Jahrelang verbrachte ich frustrierende Stunden damit, Informationen darüber zu suchen. Es gab Foren dazu, doch ich wollte all die nötigen Schritte und auch die Risiken schildern, damit Frauen später mehr Glück bei der Suche nach konkreter Information haben würden als ich. Durch diesen Account konnte ich mit Menschen in Kontakt treten, die dasselbe durchgemacht hatten wie ich. Es sollte ein natürlicher wertschätzender Kontakt entstehen, der Austausch mit Schicksalsgeschwistern sozusagen, sollte alle bereichern oder zumindest trösten. Ohne Angst und Scham wollte ich mich den anderen preisgeben, damit sich diese auch nicht mehr verstecken oder schämen mussten. Ich wollte eine geschützte Zone einrichten, denn zu gut wusste ich, wie groß die Stimmungsschwankungen durch Hormonpräparate werden konnten, dafür sollte meine *Unbezwingbare Julieta* eine Art Anlaufstelle sein.

In kurzer Zeit wurde aus diesem Account eine riesige Gemeinschaft von Paaren, die in der gleichen Situation waren wie wir. Jede Nacht las ich unzählige sehr persönliche Nachrichten und fühlte mich in meinen Selbstzweifeln und meiner Sehnsucht verstanden, was ich allerdings auch erwidern konnte. Alles, was sich diese Menschen von der Seele schrieben, verstand ich und konnte es ganz genau nachvollziehen. Es berührte mich zutiefst, wie vertrauensvoll sich mir wildfremde Personen öffneten. Oft war die Nachricht an mich ihr erster Versuch, sich überhaupt mal über ihr Problem mit jemandem auszutauschen. Es gab erschütternde Schicksale, die dann aber doch gut ausgingen und mit der Elternschaft belohnt wurden. Dann aber fand ich auch Berichte, in denen vom Scheitern und Aufgeben die Rede war, oft auch von Neuorientierung nach unzähligen erfolglosen Versuchen, schwanger zu werden. Auch über Komplikationen bei der Behandlung wurde berichtet. Damals hatte ich gerade erst mit der Behandlung in der Befruchtungsklinik begonnen und dachte insgeheim, dass Egar und mir so viel Leid nicht widerfahren würde. Dass wir noch immer keine Eltern waren, schrieb ich allerlei ungünstigen Zufälligkeiten zu, die mit etwas Hilfe bestimmt leicht zu überwinden wären.

Als ich auf dem Account *Unbezwingbare Julieta* von den realen Nöten erzählte, nahm ich mir vor, keine Niedergeschlagenheit mehr zuzulassen, sondern zuversichtlich das Beste zu erwarten. Auch wollte ich meine Sehnsüchte nicht mehr als Luftschloss aufbauen, sondern mich endlich nur noch auf dem Boden der Tatsachen bewegen, der Realität mutig ins Auge blicken. Ich wusste, dass wir keinen leichten Prozess begannen, doch es lag an uns, das zu nähren, was alle Menschen in schwierigen Situationen aufrecht hält: die Hoffnung. Sie schien so weit weg, diese Göttin Hoffnung, doch ich dachte, wenn ich mein Zuhause liebe und da ich Egar liebe, konnte ja nur eines daraus erwachsen, die Frucht der Liebe, unser Kind.

Zurück zu meiner jetzigen Situation, in der ich noch immer geschwächt nach den inneren Blutungen und der bedrohlichen Flüssigkeit im Körper im Krankenhaus lag. Egar kam, um mir mit etwas erzwungener Freude zu berichten, dass sich sechs unserer Embryos ganz gut entwickelten. Als er merkte, dass mich diese Nachricht in meinem Zustand nicht wirklich erfreute, setzte er sich zu mir ans Bett und sagte: »Elodie, ich weiß, dass dies kein passender Moment ist, dir von den Entwicklungen zu berichten, die dich fast das Leben gekostet haben. Du sollst wissen, dass ich dich zu nichts verleiten möchte, was du nicht auch selbst willst. Wenn du es möchtest, brechen wir die Behandlung sofort ab. Wir haben einander und können auch ohne Kinder glücklich werden oder wir finden andere Möglichkeiten, Eltern zu werden. Ganz gleich, wozu du dich entscheidest, ich werde immer an deiner Seite sein und dich unterstützen. Ich wollte dir nur ganz sachlich davon berichten, dass unsere Embryos bereit für uns als Eltern sind.«

Er setzte sein verschmitztes Lächeln auf, legte die Hand auf meinen Bauch und küsste mich zart auf die Stirn.

»Wir haben so viel auf uns genommen, um bis hierher zu gelangen. Nicht nur du hast Angst, Elodie, auch ich. Vor allem habe ich um dich Angst. Vielleicht würde ich mich an deiner Stelle fürs Weitermachen entscheiden, doch es gibt Grenzen. Das hast du, das haben wir, voller Schrecken erfahren und wir dürfen dankbar sein, dass es nochmal gut ausgegangen ist und du wieder ganz gesund wirst. Ich kenne dich seit deinem fünfzehnten Lebensjahr und ich kenne deine Ängste, weiß aber auch, dass du eine Kämpferin bist und nie aufgibst, wenn du dir mal ein Ziel gesteckt hast. Bitte, Elodie, überlege dir gut, wie du den Weg weitergehen möchtest. Bedenke deine Ängste, die vielleicht manchmal überzogen sind, doch auch ein inneres Indiz sein können, um Grenzen und Gefahren aufzuzeigen. Was wir in den letzten Tagen durchgemacht haben, was du durchmachen musstest, ist kaum zu beschreiben, darum nimm dir die Zeit, die du brauchst. Ich will auf keinen Fall, dass du dich eventuell nur meinetwegen für eine Schwangerschaft entscheidest. Du weißt, wie sehr ich dich liebe, egal ob mit oder ohne Kind. Nichts und niemand wird meine Liebe zu dir je trüben. Pass auf, ich werde dir täglich bei meinen Besuchen deine Lieblingsschokolade mitbringen, damit du so schnell wie möglich wieder zu Kräften kommst. Bedenke in Ruhe, wofür du dich entscheidest, was immer es ist, ich stehe dazu. Abgemacht?«

»Abgemacht. Ich liebe dich!«

»Ich dich auch!«

»Mehr als alles andere auf dieser Welt!«

»Ich weiß. Du hast mich zu Tode erschreckt, als du nicht einmal mehr ansprechbar warst!«

18. Wer tapfer ist, gibt nicht auf

Dann lag ich mehr als einen Monat auf dem Sofa meiner Eltern. Egar kam täglich vor der Arbeit auf einen Sprung vorbei, um mich aufzumuntern, Mama und Papa machten auf Krankenpfleger. Ich war die ganze Zeit im Haus und entwickelte eine übertriebene Angst vor dem Alleinsein. In meinem Körper befand sich noch immer Follikelflüssigkeit, wogegen ich Medikamente nehmen musste. Ich konnte mich kaum bewegen, konnte nicht ohne Hilfe gehen. Mir war oft übel, außerdem musste ich Eisenpräparate gegen meine Anämie nehmen. Freunde und Verwandte besuchten mich und Thailand bemühte sich redlich, mich zu unterhalten und mir Abwechslung zu bieten, denn meine Stimmung, ich sage es ehrlich, war im Keller.

An einem Nachmittag besuchte mich mein ältester Cousin, nennen wir ihn hier Santo Domingo. Er und seine Partnerin konnten auch keine Kinder auf natürlichem Wege bekommen und begannen ihre Behandlung an der Befruchtungsklinik fast gleichzeitig mit uns. Als ich die beiden dort traf, erschrak ich zunächst, denn ich wollte meine Situation nicht zum Familiengespräch machen, doch andererseits waren sie ja in derselben Lage und konnten mich daher gut verstehen.

Nun, da er mich dermaßen ermattet auf dem Sofa sah, wollte ich mich am liebsten verkriechen. Was ging ihm wohl durch den Kopf? Er setzte sich und schaute mich liebevoll an. »Keine Sorge, Elodie, ich erschrecke nicht angesichts deines schlechten Zustandes, denn zum Glück bist du auf dem Weg der Besserung, zum Glück ist alles nochmal gut gegangen. Ich zweifle auch nicht an unserem Weg, den wir weiterverfolgen werden, wir werden uns weiter bemühen, Eltern sein zu können. Du weißt selbst so gut wie ich, was es bedeutet, alle Freunde mit ihren Kindern zu erleben, selbst aber wie verdammt und verlassen ohne Nachkommen zu bleiben. Meinen jüngsten Bruder, den ich selbst als Kleinkind betreut habe, erlebe ich bei Familientreffen mit seinen beiden Kleinen. Ich gönne ihm dieses Glück, ersehne es aber für meine Frau und mich ebenso. Du und ich, wir wissen, was es heißt, inmitten von Familie, die immer mehr von Nachwuchs bevölkert wird, wie Ausgestoßene zu sein. Niemand will es dich spüren lassen, aber jedes Kinderlachen ist ein kleiner Stich ins Herz. Elodie, gib nicht auf, sammle deine Energie, sobald du dich dazu in der Lage siehst, nimm Egar an der Hand und suche die Klinik wieder auf. Dort warten deine Embryonen, lass sie nicht im Stich. Vergiss, was dir widerfahren ist, sei tapfer, wie du es ja immer bist.«

Seine Worte gingen mir sehr ans Herz, er traf damit genau, was mir ohnehin die ganze Zeit durch den Kopf ging. Ich konnte all unsere Mühen nicht einfach links liegen lassen, durfte nicht einfach aufgeben. Okay, es war bei der Entnahme nicht gut gelaufen, aber deswegen alles hinwerfen? Meine Eltern kamen mir in den Sinn, die alles taten, um uns zu unterstützen, meine Oma und Tante Oslo, welche ihre ganzen Ersparnisse gegeben hatten, um uns zur Elternschaft zu verhelfen, alle Freunde und Verwandten, die uns beistanden, nicht zuletzt Egar, der sich so sehr wünschte, Vater unserer eigenen Kinder zu werden. Vor allem aber war ich es mir selbst schuldig, den Weg weiterzugehen. Warum sollte ich nach allem, was ich durchgemacht hatte, die Freuden der Mutterschaft nicht erleben, die andere wie im Vorbeigehen geschenkt, oft sogar aufgedrückt, bekommen? *Hoffnung* blühte in mir auf.

Thailand bemühte sich hartnäckig um mich. Sie brauchte mich nur anzusehen, um zu wissen, wie es mir ging. Wenn sie zu Hause war, wich sie nicht von meiner Seite, doch meine Stimmung ließ sich kaum aufheitern, ich war auch körperlich zu schwach, um meine Laune zu verbessern. Aber nachmittags saßen wir wie damals, bevor ich Egar kennengelernt hatte, zusammen und plauderten von Schwester zu Schwester. Wie Santo Domingo versuchte sie mir Mut zu machen, meinen Traum vom eigenen Kind nicht aufzugeben. »Was dir passiert ist, solltest du ohnehin verarbeiten und abschließen, damit es dich künftig nicht belastet, ganz gleich, ob du mal schwanger wirst oder nicht. Wenn du erst mal wieder zu Kräften gekommen bist, werden dein Elan und deine Lebendigkeit dich bestimmt wieder an deinen großen Traum anknüpfen lassen.« So redete sie mir zu, es tat gut, ihre Zuversicht zu spüren, aber innerlich war ich noch zerrissen. Außerdem lähmte mich die Angst vor eventuellen neuen Komplikationen. Wenn ich wenigstens etwas mehr Energie aufbringen hätte können, doch mich erschöpfte es bereits, ein Glas Wasser zu trinken. Aber da waren die Embryos, jedes dazu geschaffen, eventuell unser Kind zu werden. Konnte ich sie einfach im Stich lassen?

Auch unser Arzt von der Befruchtungsklinik rief immer wieder mal an, um sich nach unserem Befinden zu erkundigen. Er fragte, ob ich mich auch körperlich einigermaßen erholen konnte. Es interessierte ihn mehr, wie es uns psychisch ging, als das Problem an sich, welches ja in seiner Klinik passiert war. Ich spürte sein ehrliches Interesse an uns und unserem Schicksal, das tat gut. »Eure Embryonen sind bereit für eine Einpflanzung in deinen Uterus, falls du dich dazu in der Lage fühlst«, meinte er. Diese medizinische Maßnahme hing allerdings auch von meinem Menstruationszyklus ab und da stand ich vor einem Dilemma. Der passende Termin diesbezüglich wäre bereits in vier

Tagen, der nächste erst achtundzwanzig Tage später. Mein Hirn setzte kurz aus, ich konnte nicht reagieren, Gefühle überschwemmten mich so heftig, dass ich glaubte, die Besinnung zu verlieren. Wie sollte ich mich entscheiden? Der erste unreflektierte Gedanke war ein klares Ja. Doch dann erkannte ich, dass ich den Schock nach der Punktion noch nicht überwunden hatte, körperlich, aber auch psychisch nicht. Ich brauchte eine aufbauende Freude in mir, um die Kraft zu mobilisieren, welche unser Kind in jeder Hinsicht willkommen heißen würde. War die Hoffnung in meinem Leben stark genug verankert? Konnte ich es wagen?

Mein Handy hatte ich seit mindestens fünf Wochen ignoriert, denn es fehlte mir jegliche Kraft, auf alle Anfragen im Zusammenhang mit meinen beiden Accounts zu reagieren. Manchmal gab ich es sogar Egar mit, um nicht in Versuchung zu kommen, meine Redaktionstätigkeit als Inhaberin der Seiten aufzunehmen, denn was ich vor allem brauchte, waren Ruhe und Erholung. Er bemühte sich, kurze Mitteilungen zu machen, um meine Leserinnen nicht ganz im Ungewissen zu lassen. Das beruhigte mich, schließlich fühlte ich mich verantwortlich für das viele Vertrauen, das mir entgegengebracht wurde. Ich möchte betonen, dass sich alle Welt sehr geduldig mir gegenüber verhalten hat. Man kannte meinen unerfüllten Kinderwunsch, viele zählten bereits seit etlichen Jahren zu meinen Followern, sei es auf der Seite, auf der es um die Fotografie ging, oder auf *Unbezwingbare Julieta*. Seit vielen Monaten hatte ich nicht mehr fotografiert und ich muss euch sagen, das bedeutete für mich einen großen Verlustschmerz, denn es war der Zeitpunkt gekommen, mit dieser Arbeit aufzuhören.

Fotos von Familien und Schwangeren auf meiner Seite zu posten, Gedanken darüber kundzutun, war für mich Trost und Therapie gewesen, es hatte mich in meinen Bemühungen und meiner Zuversicht gestärkt. Nun aber bewirkten sie das Gegenteil. So schwer es mir auch fiel, etwas zu beenden, was ich mit so viel Freude, Geduld und großem Einsatz aufgebaut hatte, ich hatte keine andere Wahl. Die Entscheidung stand plötzlich fest, es gab kein Zurück. Ich schloss die Seite eines wichtigen und hilfreichen Lebensabschnittes, um mich einem neuen zu widmen und eine neue Seite zu betreuen. Mit ehrlichen Worten der Dankbarkeit verabschiedete ich mich von meinen Freundinnen und Freunden von *Julietas Lächeln*, danach fotografierte ich nie wieder fremde Familien. Meine Konzentration galt im Augenblick einzig der Genesung und Zuversicht in Bezug auf eine zu erwartende Schwangerschaft.

Wir fühlten uns bereit, den nächsten Schritt zu tun. Die Erfahrungen durch die Verletzung bei der Punktion vergrub ich im hintersten Winkel meines Bewusstseins. Ich wollte keine düsteren Gedanken zulassen, sondern meinen Embryos ein positives Willkommen bereiten. Die Behandlung rund um die künstliche Befruchtung teilte ich in zwei Bereiche; die Stimulation von Eisprüngen mit deren Extrahierung und die Einpflanzung der befruchteten Eizellen, also der Embryos. Damit wären auch endlich die regelmäßigen Injektionen beendet. Wie ihr seht, akzeptierte ich es, unser Ziel weiter zu verfolgen, und erschien in meinem besten Outfit in der Klinik. Ich war beim Friseur gewesen und hatte dem Make-up viel Zeit gewidmet, denn ein neuer Lebensabschnitt sollte beginnen, dem wollte ich Respekt zollen. Und da wir gerade so ehrlich davon reden: Bei mehreren Terminen zuvor war ich ganz schön verwahrlost dahergekommen, in bequemen Jogginghosen, ohne Make-up und sogar, ohne mir Beine oder Schambereich zu enthaaren. In dieser Zeit suchte ich nicht einmal einen Schönheitssalon auf, hatte aber auch keine Energie, selbst Hand anzulegen. So, jetzt kennt ihr auch diesen nicht sehr rühmlichen Teil von mir.

Dieses Mal war ich vollkommen erneuert, äußerlich wie innerlich hatte ich mich ›schick gemacht‹. Als ich dem Arzt die Hand reichte, errötete ich, weil ich mich im Nachhinein schämte, mich zuvor so gehen gelassen zu haben. Wir begaben uns zum Ultraschall, um zu sehen, ob mein Uterus in Ordnung sei und vor allem, ob es noch Restflüssigkeiten gab. Welch eine Freude, meinen Körper wieder vollkommen in Ordnung zu erleben! Es ist ein Wunder, was unser Organismus ständig leistet und es ist schade, dass wir so selten dankbar dafür sind. Alles war perfekt, um einen Schleimhautaufbau in der Gebärmutter zu starten. Ihr wundert euch vielleicht, dass ich hier Vorgänge erzähle, die bei jeder Frau von selbst funktionieren, man denkt nicht einmal darüber nach. In meinem Fall aber musste alles überprüft und gegebenenfalls unterstützt werden. Das sind die Aspekte, wenn die Natur streikt und der Mensch mit medizinischer Kunst nachhelfen muss.

Als sich mein Arzt nach der Konsultation mit einem Handschlag verabschieden wollte, fiel ich ihm um den Hals. Er war zunächst spürbar überrumpelt, doch nur eine Sekunde lang, dann umarmte auch er mich fest, als wolle er mir seine eigene Kraft übermitteln. Am zweiten Tag meiner Menstruation hieß es, meinen Körper für die Einpflanzung vorzubereiten. Ich bekam große Pflaster verschrieben, die ich mir auf den Bauch kleben sollte. Eines kann ich euch sagen, es kostete mich enorme Überwindung, eines zu entfernen, um es gegen ein neues zu ersetzen. Nach einigen unangenehmen Prozeduren besorgte ich mir eine Flasche Alkohol, damit ging es besser. Wohl gemerkt, es handelte sich um medizinischen Alkohol aus der Apotheke, mit dem ich das alte Pflaster besser lösen konnte. Die Pflaster waren

Hormonpräparate, von denen ich annahm, sie würden meine Stimmung durcheinanderbringen, doch davon merkte ich nichts. Einzig am Kalender häuften sich rote Kreuze, mit denen ich die Tage markierte, die bis zur Einpflanzung unseres winzigen Babys vergangen waren. Je näher der Tag kam, desto nervöser wurde ich, aber auch glücklicher. Allerdings: Hatte ich gesagt, es sei endlich zu Ende mit den regelmäßigen Spritzen? War leider doch nicht so, am Vortag des großen Augenblicks hatte ich einige über mich ergehen zu lassen.

Sevilla besuchte mich oft mit ihrem/unserem ›Küken‹, und wisst ihr was? Neben all den anderen Vorkommnissen habe ich ganz vergessen, euch zu erzählen, dass sie erneut schwanger geworden war. Wieder ein Baby in meiner unmittelbaren Umgebung ... Außerdem bekamen fünf weitere Freundinnen ihr zweites Kind. Wenn ich euch hier all das erzählen würde, was sich rund um meine eigenen Angelegenheiten zugetragen hat, müsste ich mehrere Bücher schreiben, darum bleibe ich lieber bei einem Thema. Diesmal begleitete ich ihre Schwangerschaft kaum, denn ich hatte eine Sammel-Nachricht an alle Freundinnen geschrieben, in der ich um Entschuldigung bat, mich von ihnen für eine unbestimmte Zeit zu distanzieren, weil ich ihr Mutterglück leider kaum ertragen konnte. Doch Sevilla ließ sich nicht abschrecken, sie servierte mir ihren zweiten Sprössling regelrecht auf dem Tablet und heute muss ich gestehen, dass er zu einer weiteren Liebe meines Lebens geworden ist. Ohne darüber lang nachzudenken, nannte ich ihn mein ›Bratküken‹, denn seine Haut war dunkel, seine Augen wie schwarze Oliven. Er war etwas ganz Besonderes, ebenso wie sein Bruder, jeder auf seine ganz spezielle Weise. Immer wenn sie mich besuchten, wussten sie, dass ich vor allem mit ihnen beiden spielen wollte. Jetzt aber erklärte ihre Mama, dass ›Tata Ololi‹, wie sie mich nannten, nicht sehr viel spielen würde, denn sie sei ein wenig krank.

An einem Nachmittag versammelten sich wieder einmal alle Familienmitglieder auf der Wiese vor dem Haus meiner Eltern; die Cousinen, Cousins und alle mit ihren Partnern und Kindern. Ich erzählte euch schon, dass ich für gewöhnlich die Erwachsenen links liegen ließ und mich ausschließlich mit den Kindern befasste. Sie freuten sich immer schon auf mich und überlegten schon im Vorfeld, was sie alles mit mir spielen wollten. Nun aber verstanden sie nicht, warum ich nicht mit ihnen herumtollen konnte. Die Töchter meiner Cousine Finnland sind sehr lebendig und intelligent, sie pflegt mit ihnen immer einen sehr erwachsenen Umgang, quasi auf Augenhöhe. Bevor sie den Kleinen meine Situation erklärte, schaute sie mich mit einem fragenden Blick an. Ich nickte. Dann versammelte sie alle Kinder um sich, sie sind zwischen fünf und sieben Jahre alt.

»Ihr wisst ja alle, von wo die Babys herkommen, oder?«

Alle riefen ihr lautes »Jaa!« und warteten gespannt darauf, was Finnland jetzt erzählen würde. Die Kleinste von allen sprang auf und stellte sich wie eine Professorin vor ihre Cousins und Cousinen, um zu erklären:

»Die Babys kommen von zwei Menschen, die sich sehr liebhaben, von einer Mama und einem Papa, oder von zwei Mamas oder von zwei Papas, nicht wahr, Mama?« Dann setzte sie sich zufrieden wieder hin.

»Ja, mein Schatz, genauso ist es. Aber, wie werden die Babys gemacht? Weiß das jemand von euch?« Die Kleine hob erneut die Hand, um zu antworten. Finnland winkte sie wieder zu sich.

»Papa setzt einen Samen in den Bauch von Mama und nach langer Zeit wächst daraus ein Baby, so wie die Bohnensamen in unserem Waschraum, wo die Pflanzen schon recht hochwachsen, nicht wahr?« Wieder schaute sie ihre Mutter fragend an, unsicher über ihre eigene Erklärung.

»Sehr gut, Liebes, du hast es wirklich toll erklärt. So also entstehen Babys. Da gibt es den Samen der Frau, wir nennen ihn Eizelle, und viele Minisamen des Mannes, die nennen wir Spermien.«

Sie holte tief Luft und schaute zu mir, wusste nicht, ob sie aus diesem Beginn einer Erklärung gut herauskommen konnte. Doch klar und direkt, wie sie immer mit Kindern umging, fuhr sie fort:

»Also, wenn sich zwei Personen sehr liebhaben, kommt es vor ... gut, das sollen euch eure Eltern ein anderes Mal erzählen. Jedenfalls passiert im Körper das Wunder, dass sich die Samen von Mann und Frau vereinen, und daraus entsteht ein neuer Mensch, der als Baby auf die Welt kommt, nachdem es im Bauch der Mama eine Weile herangewachsen ist. Manchmal aber funktioniert das im Körper nicht so richtig. Dann kann man das auch außerhalb in einem Raum vereinen, den wir Labor nennen. Später wird das dann in den Bauch der Frau hineingeben, damit es heranwachsen kann. Eure ›Tata Ololi‹ hat ihre Eizellen dort gelassen, gemeinsam mit dem Samen von Egar, damit die Ärzte Leben durch die vereinten Zellen ermöglichen können und ein Baby entsteht.«

»Aber Mama, ist denn das Baby von ›Tata Ololi‹ krank?«

»Nein, Liebes, warum soll es denn krank sein?«

»Weil es beim Arzt ist, da muss es doch ein wenig krank sein, oder?«

»Es gibt Personen, die viel studieren, um andere heilen zu können, dann gibt es Personen, die studieren viel, um alles Mögliche erforschen zu können. Ihr werdet auch einmal etwas Interessantes studieren, nicht wahr?«

»Ja, ich möchte später Menschen heilen. Aber, Mama, hast du das so erklärt? Die Ärzte machen für ›Tata Ololi‹ ein Baby, weil sie nicht weiß, wie es geht? Warum hat sie es nicht richtig studiert?«

»So ähnlich, Liebes. Auf alle Fälle wird ihr bald so ein Baby in den Bauch gegeben, damit es bei ihr ist und wachsen kann.«

19. Die Einpflanzung

Mein Handywecker läutete um acht Uhr morgens. Für gewöhnlich stelle ich ihn ab und döse weiter, bis er drei Mal in Abständen von fünf Minuten wieder läutet. Doch dies war kein Tag, um faul im Bett zu liegen, es war ein ganz besonderer Tag. Die Embryonen konnten eingepflanzt werden. Nach all den Jahren sollte ich endlich erfahren, was es heißt, schwanger zu sein. Es hatte etwas Surreales, als ganz normale Frau in den Raum hineinzugehen und kurze Zeit später mit Embryonen in mir wieder herauszukommen. Auf mich wirkte das wie Science-Fiction, die es nur in Filmen gibt, nicht aber in meiner eigenen Realität. Dabei hatte ich auch in Filmen nie so etwas gesehen. Normalerweise erfährt ein Paar erst nach einigen Wochen von der Schwangerschaft und da ist es der Körper selbst, der alles an Hormonen ausschüttet, was Mutter und Baby für diese besondere Zeit brauchen. Hier aber muss die Medizin für die Hormonbehandlung und schließlich die Einpflanzung der Embryonen sorgen. Egar und ich empfanden die Umstände, endlich so nah am Ziel zu sein, als einziges Geschenk. Und den Moment, in dem der Embryo in die Gebärmutter hineinkommt, hat sonst schließlich auch niemand auf Video. Eine neue Geschichte vom ersten Augenblick an durften wir erleben. Waren wir wirklich die Protagonisten dieses wunderbaren Geschehens? Wie lange hatten wir davon nur träumen können und nun trennten uns lediglich wenige Stunden bis zur Erfüllung dieses Traumes.

Die erste Einpflanzung ist immer etwas besonders Aufregendes, weil alles noch unbekannt ist. Wie wird mein Körper reagieren, wird es zur Einnistung kommen, wird sich der Embryo gut entwickeln können? Angst beschlich mich, gleichzeitig war ich voller Erwartung und etwas aufgekratzt.

Ich konnte nicht glauben, dass aus etwas so Schönem, wie der Entstehung neuen Lebens, etwas Schlechtes resultieren könnte. Egar und ich waren zuversichtlich und meinten, dass unsere kleine Familie jetzt zu existieren begann. Dass es rund um dieses erträumte Familienglück schon einige Kapitel gab, die ich bereits erzählt habe, verdrängte ich. Wir waren nicht am Beginn, sondern mitten im Prozess. In dieser Mischung aus Freude und Aufregung drängten sich mir Gedanken auf, die ich am liebsten verscheucht hätte: Wird die Einpflanzung schmerzhaft sein? Werde ich eine Schwangerschaft körperlich durchstehen? Werden wir gute Eltern sein? Werden wir die Wartezeit psychisch gut überstehen?

Ihr fragt euch vielleicht, welche Wartezeit? Lasst es mich erklären.

Egar umarmte mich in der Früh, ich spürte förmlich, dass er dasselbe dachte wie ich. Er trödelte herum, wollte sich gar nicht von mir lösen, bedeckte mich mit Küssen. Wir hatten in dieser Nacht kein Auge zugetan, ich fühlte mich emotional gebeutelt, die Nervosität steigerte sich. Ein Kuss noch, dann eilte ich unter die Dusche, denn sonst wären wir überhaupt nicht mehr voneinander losgekommen. In unserem Bad hängt ein großer Spiegel. Schon lange hatte ich mich nicht mehr nackt davor betrachtet, also bewusst, darum staunte ich, einen kleinen Bauch an mir zu entdecken. Wann ist der entstanden? Wie kam es, dass er so hart war, ohne dass ich ihn bisher bemerkt haben? Rein optisch könnte dieses Bäuchlein von einer etwa dreimonatigen Schwangerschaft herrühren. Ich betastete es, empfand Respekt, meine Lippen formten ein Lächeln. Ist *Hoffnung* schon bei mir eingezogen? War alles nur ein Traum? Wie kam diese Liebe zu einem Kind in mein Herz? Woher kam dieser Moment sicheren Glücks, allein beim Betasten meines Bauches? War es mütterliche Intuition? Ein Schauer durchrieselte meinen Körper. Er ließ Frieden in mir zurück, sodass ich fähig war, der Realität ins Auge zu blicken: Mein harter Bauch war durch die Medikamente entstanden, die ich nehmen musste. Man hatte meinen Uterus und den ganzen Hormonhaushalt auf die Einpflanzung vorbereitet. »Mach keine Höhenflüge, Elodie! Mache ganz ruhig einen Schritt nach dem anderen«, ermahnte ich mich.

Ich hatte strikte Anweisung meines Arztes, dass ich gleich nach dem Aufstehen anrufen solle, ob es mir auch wirklich gut ginge, denn erst dann würden unsere Embryonen aufgetaut werden. »Es ist wirklich wichtig, dass du nicht zu spät anrufst, aber danach auch nicht zu spät hier ankommst!« *Auftauen? Meine Küken waren eingefroren?!* Ich lachte überreizt auf und fühlte mich vollkommen desinformiert, hatte auch verwirrend viele Fragen im Kopf. Wie war es möglich, das Wunder neuen Lebens außerhalb des Körpers nachzustellen? Seit wann war die Wissenschaft dazu eigentlich schon fähig? War es ein Segen? Für mich bildete es die einzige Möglichkeit, etwas zu verwirklich, was so normal zu sein schien. Man hatte mir auch aufgetragen, mindestens einen Liter Wasser zwischen dem Aufstehen und der Einpflanzung zu trinken. Diese Anweisung verstand ich erst später.

Mit dem Wassertrinken begann ich im Auto, als wir noch zwei Stunden von Barcelona entfernt waren. Von unserem Ort Blanes bis zur Stadt Condal dauert es für gewöhnlich ungefähr fünfundvierzig Minuten, doch es war Stoßzeit, alle Eltern brachten ihre Kinder in die Schule, fuhren dann weiter zur Arbeit. Also beschlossen wir, mit einem ausreichenden Zeitpolster aufzubrechen, schließen waren ›meine Küken‹ dabei, sich für mich aufzutauen, wir durften sie auf keinen Fall warten lassen. Alle fünf Minuten ermahnte mich Egar, mehr zu trinken. Ich fuhr ihn an, keifte, dass er mich noch nervöser machte, als ich ohnehin schon war, und hatte das Gefühl, jeden Moment auszurasten. Das Schlimmste war, dass ich wusste, wie absurd mein Verhalten war, doch es ging einfach mit mir durch. Alles hing von mir und meiner Verfassung ab, doch mein Kopf schien gegen meinen Willen auf stur zu schalten. »Ich trinke, wenn ich trinken will!«, schrie ich ihn an und konnte wie aus einer entfernten Perspektive erkennen, wie ich mit meiner Zickigkeit auch seine Nerven bis zum Zerreißen anspannte. Meine Vernunft war in diesem Schauspiel eine machtlose Zuschauerin. Da, mitten in der Anspannung, die förmlich knisterte, bekam ich plötzlich einen unüberwindlichen Harndrang. Aber die ärztlichen Instruktionen waren klar: »Auch wenn du noch so großen Druck spürst, darfst du deine Blase auf keinen Fall entleeren, denn wir brauchen sie für die Einpflanzung prall gefüllt!« So genau hatte ich es Egar nicht erzählt, nur dass ich viel trinken solle, denn er war auch ohne medizinische Details angespannt genug. Außerdem hätte er meinen Wasserkonsum sonst womöglich noch mehr forciert.

Endlich kamen wir in der Klinik an, wo wir unsere Formulare erst mal abgeben mussten, auch unsere Personalausweise. Die Dame beim Empfang hörte nicht auf, Fragen zu stellen. Ich war kaum fähig zu antworten, schaffte nur mühsam die nötige Unterschrift und verstand nicht, warum dieses Prozedere so lange dauerte, wo ich doch vorgemerkte Patientin war. In einer Hand hielt ich die fast leere Wasserflasche, in der anderen die Tasche. Ohne es zu merken, tänzelte ich von einem Bein auf das andere. *Ich pinkle mir jeden Moment ins Höschen!* war alles, was ich denken konnte, sagte aber nichts, denn auch das verminderte meine Konzentration, die ich voll und ganz dazu benötigte, es nicht auf der Stelle fließen zu lassen. »Was sein muss, muss sein, ich stehe das durch!«, versuchte ich mich zu motivieren, um alles zu tun, was ›meinen Küken‹ dienlich wäre. Die junge Frau vom Empfang beobachtete mich. »Ist es euer erstes Mal?« Wir nickten gleichzeitig und Egar fragte, ob das so offensichtlich sei. Sie lächelte und holte noch ein paar Formulare hervor, die auszufüllen waren, dann streichelte sie mir sachte über die Hand und meinte leise: »Bis du drankommst, dauert es bestimmt noch eine Stunde. Solltest du den Harndrang wirklich nicht mehr halten können, dann geh zu den Toiletten einen Stock tiefer und versuche ein wenig Wasser zu lassen, stoppe den Strahl aber unbedingt, sobald du etwas Erleichterung spürst. Schaffst du das?« Ich starrte sie angestrengt an. Wie könnte ich den Strahl stoppen?! Er drängte so sehr, dass ich mir schon nicht mehr sicher war, ob ich es unbeschadet bis zu jenen Toiletten schaffen würde. »Danke, es geht noch«, antwortete ich und setzte mich mit überkreuzten fest gegeneinander gepressten Beinen. Ablenkung! Also surfte ich in den sozialen Netzwerken herum und verstand einfach nicht, warum ich diesen übermäßigen Harndrang verspürte, wo ich sonst oft viele Stunden nicht einmal ans Urinieren dachte. So ist es immer, kaum sollte man etwas nicht, drängt es sich einem zwingend auf. Eine halbe Stunde lang konnte mich mein Instagram-Account ablenken, die vielen Menschen, welche mich nicht persönlich kannten und ich sie nicht, waren für mich so etwas wie Familie geworden. Sie schenkten mir Vertrauen und begleiteten uns an diesem entscheidenden Tag, denn ich hatte ihnen als *Unbezwingbare Julieta* davon erzählt, hatte mich ihnen genauso preisgegeben, wie sie es mir gegenüber machten. Mehr als neunzig Nachrichten im privaten Chat bekundeten mir die besten Wünsche für den großen Schritt dieses Tages. Die Freude darüber wärmte mich. Ich antwortete:

»Zurzeit bin ich selten hier auf dieser Seite, ich weiß. Doch ich gestehe euch, vor Aufregung nässe ich mich fast ein! Der große Moment ist gekommen und ich sitze im Wartesaal, weiß, dass ›meine Küken‹ auf mich warten, und sterbe fast vor Angst, aber nicht um mich, sondern um sie, ob sie es denn schaffen, sich in diesem Leben zu verankern. Ich habe auch Angst, meine Familie wieder zu enttäuschen, die mich so unendlich liebevoll unterstützte, damit ich bis hierherkommen konnte. Auch um meine Freunde habe ich Angst. Werden sie mich denn noch immer verstehen nach all den Versuchen, wenn dieser womöglich wieder scheitert? Und ich habe Angst um Egar, der mir mit seiner Liebe und seiner Geduld das allerschönste Geschenk macht, nämlich sich selbst. Ich wünsche mir von ganzem Herzen, ihm diese Liebe und dieses wunderbare Leben zurückgeben zu können. Und noch etwas gestehe ich hier und jetzt: Ich habe Angst vor der Schwangerschaft. Könnt ihr euch das vorstellen? Nach all den Jahren, in denen ich mir nichts sehnlicher wünschte als diesen Zustand des werdenden Mutterglücks, habe ich plötzlich Angst davor, jetzt, wo es richtig losgehen soll. Werde ich es gut machen? Die üblichen Unsicherheiten der ersten Schwangerschaft, (siehe #mamanovata), sie scheinen mich mehr zu treffen als Frauen, die nicht Gott und die Welt in Bewegung setzen mussten, um diesen Zustand zu erlangen. Außerdem weiß ich, dass zwei Embryonen eingepflanzt werden, um die ganze medikamentöse Behandlung nicht zu oft wiederholen zu müssen, sollte einer der beiden absterben. Und wenn nicht? Werde ich dem gewachsen

sein? Doch man sagt ja, dass es selten beim ersten Mal klappt, was also, wenn es bei allen Embryonen nicht klappt? Müsste ich dann eine neue Entnahme über mich ergehen lassen? Mich schaudert bei dem Gedanken, wie schlecht es mir dabei ergangen ist. Und was, wenn alle Versuche fehlschlagen? Spiele ich nicht zu sehr mit dem Schicksal? All diese Gefühle sind vielleicht in einer Ausnahmesituation wie dieser normal und ich will mich bemühen, meinen Teil so gut wie möglich beizutragen. Doch ich bitte euch: Wünscht mir Glück, bitte wünscht es uns! Ich lese eure Nachrichten, wenn ich heimfahre.
#siexisteunmilagro, #llevanuestronombre, #hope, #transferenciadeembriones, #fecundacioninvitro, #fiv«

Es rinnt! Es rinnt! Schrittchen für Schrittchen verließ ich den Wartesaal, ohne auf die anderen zu achten, die hier ebenfalls warteten. Das einzige, worauf ich mich konzentrieren konnte, war, den richtigen Rhythmus meiner Schritte zu finden, um nicht durch eine kleine falsche Bewegung dem Druck nicht mehr standhalten zu können. Egar hatte etwas gemurmelt wie: »Kannst du nicht eine Sekunde ruhig sitzen, alle starren dich schon an.«

»Ich kann es nicht mehr zurückhalten!« Mein Gesicht war bestimmt schon tomatenrot vor Anstrengung, so eilte ich hinaus, hinunter zu den Toiletten. Wie eine Erlösung war für mich die Schüssel, ich nahm mir fest vor, nur ein wenig Urin hinauszulassen, doch es blieb ein Vorhaben. Kaum begann der enorme Strahl zu strömen, gab es keine Chance mehr, es zu kontrollieren, ich konnte es einfach nicht aufhalten. Was sollte ich tun? Wie viel Zeit blieb mir noch, um eventuell rasch einen Liter Wasser hinunterzukippen? Ich schaute am Handy nach und entdeckte fünf versäumte Anrufe von Egar, der mich überall suchte. Er vermutete, dass ich auf die Toilette geeilt war, doch konnte er sie nicht finden, suchte mich in verschiedenen Stockwerken. Im Nachhinein muss ich heute sagen, dass die ganze Szene fast ein kleiner Sketch war. Als er mich endlich fand, war er blass und übermäßig besorgt. »Geht es dir gut? Ist auch wirklich alles in Ordnung mit dir?« Seit den Komplikationen bei der Punktion hatte er sich mehr als ohnehin schon zum überbehütenden Beschützer entwickelt, auch die kleinste meiner Beschwerden alarmierte ihn. Manchmal erstickte mich seine Fürsorge fast, doch dann wieder empfand ich die Umarmungen, Küsse, seine ganze Aufmerksamkeit als Netz, das mich auffing, wenn ich fiel. Auch ohne die berühmten drei Worte wusste ich, wie sehr er mich liebte.

»Es geht mir gut, alles ist in Ordnung. Laut deiner Nachrichten bist du ja wie ein kopfloses Huhn treppauf, treppab gelaufen. Allerdings muss ich gestehen, dass ich dem Harndrang nicht standhalten konnte und dann schaffte ich es nicht einmal, den Strahl zu stoppen ...«

»Soll ich den Arzt oder die Empfangsdame verständigen? Moment, was hast du gesagt? Du hast gepinkelt?«

»Schatzi, es tut mir leid, doch ich konnte es wirklich nicht mehr zurückhalten, mir schmerzte die Blase, als würde sie jeden Moment platzen, der ganze Bauch tat weh und ich hätte mich fast schon vor aller Augen im Wartesaal angepinkelt. Ich wollte nur ganz wenig ablassen, doch dann hat sich alles verselbstständigt.« Meine Kleinmädchenstimme kam voll durch, was ich eigentlich nicht wollte, doch ich fühlte mich wie ein kleines Kind, das sich eingenässt hatte.

»Du hast noch eine halbe Stunde, setz dich wieder in den Wartesaal und trink mindestens einen Liter Wasser.« Seine Stimme klang überzeugend, beruhigend. Er reichte mir die Handtasche, welche ich vorhin bei ihm liegengelassen hatte, und ging, um meine Wasserflasche neu zu füllen. In wenigen Minuten hatte ich sie geleert, wonach der Harndrang gleich wieder einsetzte, diesmal aber kontrollierbarer. Die Tür zu den Behandlungsräumen öffnete sich, unser Arzt trat auf uns zu, er trug den grünen Operationskittel samt Kappe und schenkte uns ein aufmunterndes Lächeln und einen Wink, mit dem er uns einlud, ihm zu folgen.

»Wie geht es euch denn? Seid ihr bereit?« Anscheinend spürte er, was ich antworten wollte, denn er fuhr freundlich fort: »Ganz ruhig, Elodie, es tut nicht weh, du wirst nichts spüren. Bitte entkleide dich in dem angrenzenden Bad. Du findest dort in einer Tasche den grünen Kittel, den du anziehen sollst, er sieht aus wie meiner. Ich schwöre, es ist am Modehimmel zurzeit der letzte Schrei. Bestimmt steht er dir besser als mir«, grinsend zwinkerte er mir zu. »Wir erwarten hier deinen Auftritt.«

Danach legte ich mich auf dieselbe Behandlungsliege wie damals bei der Punktion. Dieser Gedanke gefiel mir gar nicht, doch dann dachte ich an meine Embryonen, die auf mich zählten, das beruhigte mich etwas. Egar hielt meine Hand, auch er trug den grünen Kittel samt Kappe und sah richtig verführerisch darin aus. Das Grün betonte seine Augenfarbe, sein liebevoller Blick stärkte mich. Der Arzt verständigte das Labor, die Embryonen zu bringen. Während wir warteten, erklärte der Arzt anhand des Ultraschalls die genaue Position für sie. Die Schwester drückte versehentlich mit dem Anzeiger zu fest auf meinen Bauch, der mit kaltem Gel bedeckt war. Ich scherzte, dass ich dem Druck nicht mehr lange standhalten könne und es womöglich bald eine warme unfreiwillige Dusche für sie oder den danebenstehenden Arzt gebe.

20. Die Magie des Lebens

Egar hatte tiefe Augenringe, war ständig an seinen Grenzen, schon bei der kleinsten Bewegung meinerseits sprang er auf, um mir zu helfen. Seine Fürsorge ging so weit, dass er mich absolut nichts machen ließ, nicht einmal kleine Hausarbeiten. Alles erledigte er selbst, unbeholfen zwar, aber mit seiner ganzen Liebe. Manchmal fühlte ich mich etwas verloren, weil ich ganz aus meiner Routine geworfen worden war. Ich bin ein unruhiger Geist, von den vierundzwanzig Stunden eines Tages verplane ich für gewöhnlich mindestens zwanzig und mehr. Nun auf ärztliche Anweisung zu so viel Ruhe gezwungen zu sein, fiel mir wirklich schwer und war bestimmt auch ein hartes Los für Egar, der mich ertragen musste.

»Ich langweile mich so sehr! Du lässt mich überhaupt nichts tun. Auch mit Embryos im Bauch kann ich doch eine Kleinigkeit erledigen!« Doch Egar bestand darauf, mir alle Annehmlichkeiten zu bieten, die man sich nur vorstellen kann. Was auch immer ich brauchte, erledigte er, damit ich mich so wenig wie möglich anstrengte. Ich vertraue euch jetzt etwas an, denn Egar ist noch nicht dazugekommen, dieses Kapitel zu lesen: Manchmal drehte ich fast durch. So viel Aufmerksamkeit! Das war ich nicht gewohnt, andererseits war er so lieb, ohne viel Aufhebens werkte er im Haus, ging in die Arbeit, kochte. In meinem Gehirn aktivierte sich nach und nach eine ruhige Innenansicht, die nicht unbedingt zu meinen charakterlichen Eigenschaften zählt. Ich wusste zwar, dass der Körper auch ohne mein gedankliches Zutun die Entwicklung meiner ›Küken‹ vorantrieb, auch der Arzt hatte mir keinerlei Anweisungen gegeben, mich auf sie zu konzentrieren, aber alles in mir bezog sich nur darauf, dass es ihnen gut gehen und alles gut verlaufen sollte.

Wir warteten mit kaum überspielter Anspannung auf die

erste Untersuchung nach der Einpflanzung. Viele nennen diese Zeit die ›berühmt gefürchtete Wartezeit‹, oder in Spanien auch Betaespera. Damit ist die Wartezeit zwischen der Einsetzung der Embryonen und dem Schwangerschaftstest durch den Arzt, dem sogenannten beta-hCG-Test, beschrieben. Ich erkläre euch, worin sie genau besteht: Sie zeigt an, ob sich die Embryonen einnisten konnten und der Körper nun selbstständig die nötigen Schwangerschaftshormone bildet. Wie ihr euch denken könnt, ist es eine sehr angespannte Zeit, die ungefähr zwölf bis fünfzehn Tage dauert, jeder Körper ist anders. Der Frau wird Blut für den sogenannten beta-hCG-Test abgenommen, bei dem Hormone gemessen werden, welche eine Schwangerschaft bestätigen. Ich recherchierte damals stundenlang, doch es gab darüber wenig Information im Internet. Dieser Test war im Rahmen der künstlichen Befruchtung ziemlich neu und das Thema kaum öffentlich dokumentiert.

Ich hatte täglich verschiedene Medikamente einzunehmen, auch solche, die meine Progesteron-Werte erhöhen sollten. Genaue Angaben der anderen Substanzen schildere ich hier nicht, weil jede Frau anders ist und anderes braucht. Jedenfalls musste ich wesentlich öfter urinieren als sonst, auch nachts musste ich deswegen oft ins Bad. Dabei spürte ich manchmal kleine Stiche im Unterbauch, allerdings nicht wirklich schmerzhaft. In meiner Überreaktion auf alles in diesem Zusammenhang dachte ich, es könnten Signale der Einnistung sein. Doch was soll ich euch sagen, es waren die üblichen Symptome der medikamentösen Progesteron-Zufuhr, sogenannter Gelbkörperüberschuss. Um sicherzugehen, kontaktierte ich bei jeder Unpässlichkeit oder ungewöhnlichen körperlichen Beobachtung ›meine‹ Krankenschwester der Klinik, bis wir bald schon wie Freundinnen miteinander plauderten.

In dieser Zeit wechselten meine Gefühle mitunter stündlich. Es gab Momente unbeschränkter Zuversicht und Freude, in denen Egar und ich den ausgeräumten Raum betraten und besprachen, wie wir ihn als Kinderzimmer einrichten würden. Wir ließen die Vorstellung zu, wie die Kleinen durch die ganze Wohnung liefen, mit Spielzeug um sich werfen und ständig lärmen würden. Er, der immer so kühl und reserviert wirkte, wurde ganz weich, wir fühlten uns gleichermaßen verbunden und verletzlich. Beim Schlafengehen legte er den Kopf auf meinen Bauch und sprach zu unseren Kleinen, nannte sie ›meine lieben Zecken‹. Ich empfand es jedes Mal als das schönste Wort der Welt. Er sagte Dinge wie: »Meine ›Zecklein‹, haltet euch gut fest in Mamis Bauch, es soll euch nur gut gehen. Und eines sollt ihr wissen, Papi erwartet euch.« Von außen betrachtet klingt das vielleicht ganz schön dumm, aber ich schwöre, diese Worte haben sich mir für immer in mein Herz eingraviert. Sein Blick strahlte nur so vor Glück, nichts trübte seine Zuversicht. Er kostete jeden Augenblick ganz aus, da auch noch von der Zukunft zu sprechen, wäre zu viel gewesen. Man konnte ja nicht wissen, ob unser erster Versuch bereits von Erfolg gekrönt sein würde, warum also sollte er nicht jeden Moment genießen. Später überlegte ich, ob uns diese Tage der Freude nicht emotional gerade so viel Kraft gegeben hatten, um einen weiteren Frust bei einem negativen Ergebnis ertragen zu können. Aber wie gesagt, ich dachte erst später darüber nach, denn solange meine ›Küken‹ noch in mir waren, wollte ich so positiv wie möglich sein. Ich war überzeugt davon, dass sie die Qualität meiner Gedanken spüren konnten und sie sollten nur Gutes spüren. So wie Egar sprach auch ich zu ihnen, jeden Morgen begrüßte ich sie und wünschte ihnen gutes Gedeihen. Ich streichelte über meinen Bauch, bat sie, für immer bei uns zu bleiben und – ich gebe es ganz offen zu – manchmal füllten sich meine Augen dabei mit Tränen. Ich wurde richtig abergläubisch, denn in solchen Fällen drückte ich schnell ein Tuch an meine Augen, trocknete die Tränen und ließ nicht zu, dass sie ein böses Omen seien. Vielmehr sandte ich mentale Kraft zu den kleinen Bewohnern in mir und bekundete ihnen meine Liebe, damit sie sich schon auf uns und diese wunderbare Welt freuen konnten.

Typisch für alle Schwangeren, die sich künstlich befruchten lassen, brannte ich schon bei der kleinsten Unsicherheit oder Unpässlichkeit auf eine Antwort. Wie schon erwähnt, rief ich lieber zu oft bei der Klinik an, als eventuell einmal zu wenig. Glaubt mir, fünfzehn Tage dehnen sich zu einer Ewigkeit, wenn es darum geht, auf die Liebe des Lebens zu warten. Alle erdenklichen Anzeichen einer Schwangerschaft machten sich deutlich bei mir bemerkbar, zumindest erlebte ich es so: Bauchkrämpfe ähnlich wie Regelschmerzen, kleine innere Stiche in der Region der Eierstöcke, etwas Ausfluss, teilweise transparent, teilweise gelblich, Blähungen und Verstopfung, Kopfschmerzen, schmerzhaft angeschwollene Brüste, schlechte Laune, ständige Müdigkeit und gleichzeitig Schlaflosigkeit in der Nacht. All das und noch mehr beobachtete ich in diesen Tagen an mir. Doch wir wollten realistisch bleiben, wollten uns nicht zu früh freuen, denn all diese Symptome waren die exakten Nebenwirkungen der Medikamente, welche ich nehmen musste, schließlich sollte sich der Körper durch sie auf eine Schwangerschaft einstellen. Ich bemühte mich so gut wie möglich um Ablenkung, schaute jede Menge Serien, ging viel spazieren, wobei mich immer jemand meiner Familie begleitete, und besuchte so oft es ging meine ›Küken‹. Mit Sevilla über Mutterschaft und die Kinder zu plaudern war reiner Balsam. So lange Zeit hatte ich mich von dieser Welt der Frauen in unserem Bekanntenkreis ausgeschlossen gefühlt, dass ich es nun mehr als genoss, endlich dazuzugehören, endlich eine künftige Mama zu sein. Thailand kam vorbei und borgte sich alle meine enganliegenden Kleider aus, denn sie meinte, dass ich sie in den nächsten Monaten mit meinem dicken Bauch ohnehin nicht brauchen würde. Frech und aufmunternd zugleich, das Gör. Abends spazierte ich gern allein am Strand entlang. Das Lied der Wellen ließ mich endlich zur Ruhe kommen, es entspannte mich, wenn ich meine herumwirbelnden Gedanken seinem rhythmischen Rauschen überließ. Meine Eltern ermahnten mich, alle zwei Stunden Obst zu essen und sehr viel Wasser zu trinken. Obwohl ich Obst sonst selten zu mir nahm, hielt ich mich für sie an diese Anweisung. Die Menschen in meinem Umfeld schienen überpräsent zu sein, ich konnte nicht anders, als sie mehr als sonst zu beobachten. Alle verhielten sich anders als sonst, sie waren in gewisser Weise so sehr auf mich und meine mögliche Schwangerschaft bezogen wie ich selbst. Mama lebte diese Rolle mehr als ohnehin schon, gab mir ununterbrochen Tipps und Anweisungen, umsorgte mich mehr denn je. Papa hielt sich zurück so gut er konnte. Er wollte keine Resultate vorwegnehmen, um sich und uns eine eventuelle Enttäuschung in letzter Sekunde zu ersparen. Doch einige Scherze konnte er sich nicht verkneifen: »Aus der Miniolive in deinem Bauch wird wohl bald schon ein Rucksack voller Wackersteine, den du auf deinen zarten Beinchen vor dir herschieben wirst.«

Nach und nach stellte sich aber ein gewisser Friede bei mir ein, eine positive Stimmung dem ganzen Prozess gegenüber, der vielleicht auch typisch ist für Schwangere. Ich wollte Ruhe und Geborgenheit für meine Kleinen ausstrahlen und das tat mir selbst gut. Man sagt ja, Mutterliebe könne übermenschliche Kräfte mobilisieren. Meine innere Unruhe und ständigen Ängste zu zügeln war für mich tatsächlich fast eine übermenschliche Leistung. Ich ließ es zu, dass die Hoffnung in mir wachsen konnte, im ganz persönlichen Schicksal genau das zu finden, was ich brauche, um meinen ganz individuellen Weg gehen zu können. Du kannst die Hoffnung nicht sehen, oft nicht einmal spüren, aber sie ist immer da, verlässt dich nie. Das zu wissen gibt Zuversicht und die nötige Kraft, dem zu begegnen, was auf dich zukommt, egal ob es deinen Wünschen entspricht oder nicht. In dieser Wartezeit erlebte ich wieder einmal Einheit und Liebe in meiner Familie. Ich erlebte es vor allem auch mit Egar, der Fürsorge und Wärme ausstrahlte. Wir sprachen viel miteinander, erlebten aneinander die ganze Zufriedenheit und Freude, die wir so dringend brauchten. Unausgesprochen wusste ich, egal wie dieser Prozess ausgehen mochte, wäre er stets mit all seiner Liebe an meiner Seite, ja, mehr denn je. Das Wichtigste für uns war zu wissen, dass wir diese ganzen Anstrengungen aus Liebe zueinander unternahmen und aus Liebe zum Leben. Jede Nacht empfing ich auch von euch, meiner neuen Familie in den sozialen Netzwerken, viel Unterstützung und Zuspruch. Es gab mir Energie, meine überbordende Mutterliebe mit euch zu teilen, sie in einen Freundschaftsdienst umzuwandeln und euch nicht nur all meine Gefühle und Gedanken mitzuteilen, sondern auch mit großer Anteilnahme eure Schicksale zu erfahren. Wenn ich niedergeschlagen war, schaffte es immer jemand von euch, mich ein wenig aufzuheitern. Genauso machte es mir Freude, wenn ich das Gleiche an anderer Stelle zurückgeben konnte. Viele von euch sind Teil meines Lebens geworden und zu sehen, wie sehr sich eure Erfahrungen mit meinen deckten, gab mir Kraft und Selbstsicherheit.

Eure Unterstützung half mir aber auch an anderer Stelle. Ich sah mich gezwungen, etwas aufzugeben, was mich von ganzem Herzen erfüllte und erfreute, nämlich die Fotografie. Nach dem Desaster bei meiner Punktion und meinem emotionalen Tief danach, sah ich mich außerstande, weiterhin Familien und Schwangere zu fotografieren. Andere Bereiche zogen mich aber auch nicht an, ich fühlte mich nicht in gleicher Weise inspiriert wie damals, als ich die Trauer wegen meiner Unfruchtbarkeit in Fotografien umwandelte. Eine ungewisse Zeit wollte ich nicht mehr an das Projekt Fotografie denken. So schloss ich die Seite *Julietas Lächeln* und behielt nur meinen Instagram-Account. All unsere Follower, ›die unbezwingbare Familie‹, unterstützten unsere Entscheidungen und damit uns. Es schmerzte, *Julietas Lächeln* aufzugeben, doch ich wollte meine ganze Konzentration und Energie diesem einen Ziel widmen, das Egar und mich antrieb, Eltern zu werden.

Die Tage des Wartens auf den beta-hCG-Test zogen sich dahin, ich kreuzte jeden einzelnen rot am Kalender an. Es half mir, meine Empfindungen auf meinem Account zu beschreiben, denn damit konnte ich sie klarer erkennen. Ich sollte ja vor allem Angenehmes tun, angenehme Gefühle der Entspannung erleben, darum besorgte ich mehrere schöne Filme mit erfreulichen Inhalten, las viel, natürlich nur Aufbauendes. Ein Buch, das mir schon beim ersten Mal sehr gut gefallen hatte, zog mich auch diesmal wieder ganz in seinen Bann: »El día que el cielo se caiga« von Megan Maxwell. Dieses Buch war für mich eine Markierung in meinem Leben, es enthielt Hinweise, die ich eins zu eins bei mir wiederfand. Die Spannung eines Buches besteht für mich nicht nur darin, seinen Ausgang erst am Ende zu erfahren, sondern vor allem darin, beim mehrmaligen Lesen immer mehr Details wahrzunehmen, die sozusagen zwischen den Zeilen zu finden sind, und das gewinnt man nur durchs mehrmalige Lesen. Aber auch bei Serien gehe ich mitunter unkonventionell vor. Ich schaue mir auf anderen Sendern gern das Staffelende an, weil ich einfach nicht die Geduld habe, von Folge zu Folge darauf zu warten. Wenn ich sie dann schaue, genieße ich es, kleine Hinweise auf den Handlungsverlauf in Dialogen zu entdecken, die mir bestimmt entgingen, wenn ich das Ende nicht schon wüsste.

An einem Abend, als wir gemeinsam das Abendessen herrichteten (ja, gemeinsam), wurde mir bewusst, dass mich Egar mittlerweile wieder viel mehr in die Haushaltstätigkeiten miteinbezog. Ich deckte gerade den Tisch, als genau das passierte, wovor er sich so sehr fürchtete. Etwas flotter, als ich mich sonst in jenen Tagen bewegte, eilte ich zwischen Küchenschränken und Tisch hin und her und bemerkte nicht, dass der Fliesenboden etwas nass war, wohl vom Waschen des Salates. Ich rutschte aus und klatschte auf den Boden. Eigentlich eine Sache, über die wir beide unter normalen Umständen schallend gelacht hätten, denn ich holte mir dabei nicht einmal einen blauen Fleck. Aber unter den gegebenen Umständen verhieß dieser Sturz nichts Gutes, jedenfalls erstarrten wir vor Schreck. Sofort rappelte ich mich wieder auf und bemühte mich zu betonen, dass gar nichts passiert war, doch Egar starrte mich fassungslos an. Ich umarmte ihn, hielt ihn fest und wiederholte: »Es ist überhaupt nichts passiert, alles ist gut!« Als er in seiner Schreckstarre verharrte, scherzte ich: »Wusstest du nicht, dass Schwangere ungeschickter sind als andere Frauen, sie fallen ständig hin.« Später konnte er vor Sorge lange nicht einschlafen, doch als er mich – scheinbar – friedlich schlafen sah, beruhigte ihn das endlich.

Dann kam der Tag des beta-hCG-Tests.

21. Und wenn es möglich wäre?

Der große Tag war gekommen. Die Bedeutung dieser Zeit lastete auf mir, es fiel mir täglich schwerer, in der Früh aufzustehen. Wegen der Medikamente war meine Energie gebremst, ich fühlte mich schlaff und müde, schlief täglich bis zu zehn Stunden und bekam dennoch morgens die Augen kaum auf, sondern schleppte mich schläfrig dahin. Alles lief wie in Zeitlupe ab. Dann war der Tag endlich gekommen, der beta-hCG-Test. Wir mussten zeitig in Girona sein und standen im Morgengrauen auf. Wie so oft begleitete mich mein Vater. Egar sollte keine weiteren Tage von der Arbeit fernbleiben, ich versprach ihm, mich sofort zu melden, sobald es Ergebnisse gebe. Zwar hätte er mich lieber selbst begleitet, aber natürlich wollte er in Bezug auf seine Arbeit verantwortungsvoll bleiben und ließ sich von mir überreden, nicht mitzukommen. Während ich mich anzog, läutete das Handy. Um diese Zeit konnte es nur Egar sein, der schon sehr früh gegangen war.

»Schatz, ich habe noch nicht mal gefrühstückt, aber sobald ich etwas weiß, rufe ich dich an!«, knurrte ich etwas gereizt, noch bevor er auch nur ein Wort sagen konnte. Dann legte ich das Handy zur Seite, um mir die Schuhe anzuziehen. Mit jeder weiteren Handlung wurde ich nervöser.

»Guten Morgen zunächst mal, Prinzessin, wie geht es dir?«, hörte ich ihn von der Ferne und seufzte.

»Was glaubst du denn, wie es mir geht? Gleich wie gestern, zum Umfallen müde. Was passiert mit mir? Ich fühle mich wie eine Mischung aus Winnie Puh und dem Krümelmonster, wie ein nasser schlapper Keks, der gerade in die Milch getunkt wurde.« Ich grinste über meinen eigenen Witz und bemühte mich, noch rasch einen Kaffee zu machen.

»Bist du nervös? Liebes, mache dir keine Gedanken darüber, wie es ausgehen mag. Ich will, dass du glücklich bist, will bei dir sein, zumindest am Telefon, sei es, um dich zu trösten oder mich mitfreuen zu dürfen. Und sollte das Ergebnis negativ sein, dann haben wir ja noch die anderen Embryonen. Bleib zuversichtlich und so entspannt wie möglich. Ach, und übrigens! Frühstücke auf keinen Fall, denn du musst für den Bluttest ja nüchtern sein!«

»Schatzi! Was belehrst du mich denn schon wieder? Der Arzt hat ausdrücklich gesagt, ich könne vor dieser Untersuchung frühstücken.« Vor lauter Hektik und Ärger verschüttete ich die Milch. »Scheiße!«

»Was ist passiert?! Bist du hingefallen?! Geht's dir gut?!« Egar war fix und fertig. »Bitte, Egar, beruhige dich! Du machst mich ja noch nervöser, als ich schon bin! Es ist alles gut, hab nur etwas Milch verschüttet. Ich leg jetzt auf, bis später!« »Nein! Liebes, bitte leg nicht gleich auf ...« Ich legte auf.

Das war eine meiner eher nicht so netten Gewohnheiten, mitten im Satz aufzulegen, wenn ich mich überfordert fühlte. Er hasste es, kaum etwas machte ihn so wütend, wie im Gespräch einfach so abgeschnitten zu werden, da er ohnehin kein Vielredner war. Ich weiß, sehr romantisch hatte ich mich gerade nicht verhalten, aber die Zeit drängte, ich fühlte mich wie gerädert, brauchte dringend einen Schluck Kaffee und unten wartete bereits mein Lieblingschauffeur im Auto. Papa redete auch nicht viel, auf den Fahrten zur Klinik sprachen wir oft kein Wort, dennoch war da eine Stimmung zwischen uns, die absolutes Verstehen spüren ließ. An diesem Tag aber hörte er nicht auf, mir sonderbare Fragen zu stellen. »Spürst du etwas in dir, neues Leben etwa? Hast du gut gefrühstückt? Steigt Übelkeit in dir hoch? Möchtest du dich übergeben, soll ich stehenbleiben?« Ich funkelte ihn wütend an. Das funktionierte, er gab bis zur Klinik keinen Laut mehr von sich.

Im Grunde fand ich die aufgeregten Fragen meines Vaters aber auch rührend, denn er verstand bis zum Schluss nicht ganz, worin die künstliche Befruchtung eigentlich bestand und wie ich dennoch als Mutter unser eigenes Kind austragen könnte, das heißt, wenn sich alles gut entwickelte. Für sein Verständnis vom Wunder Leben gab es nur einen Weg: zwei Menschen, die einander lieben, ineinander verschmelzen und dem Leben ihren Lauf ließen, bis die Frau einige Wochen später bemerkt, dass sich in ihrem Körper Veränderungen zeigen, geheimnisvoll und beglückend. Die Vereinigung von Ei- und Samenzellen außerhalb des Körpers überstieg seine Fantasie. Da dies aber offenbar bereits geschehen war und die Embryonen sogar in meinem Körper lebten, konnte er sich nicht vorstellen, warum noch irgendetwas schiefgehen könnte. Er meinte: »Mach dir keinen Kopf, die Minioliven sind in dir und haben deinen Bauch auch nicht verlassen, was also kann da noch passieren?« Obwohl ich ihm zu Hause alles aufgezeichnet und jeden Schritt in einfachen Worten erklärt hatte, schien es fremdartig für ihn, er wollte sich damit auch gar nicht auseinandersetzen. Nicht die Magie der Medizin liebte er, sondern seine Tochter samt den vielleicht zu erwartenden Enkeln. In den vorangegangenen Monaten hatten mich meine Eltern so oft verzweifelt, wütend, weinend erlebt, dass sie es kaum noch ertragen konnten. Mein Weinen als Kind, wenn mir etwas verboten worden war oder wenn ich eine Prüfung verpatzt hatte, war Teil meiner Entwicklung, darüber konnten sie oft sogar schmunzeln. Doch nun raubte mir jede Träne, jeder hoffnungslose Tag die Lebenskraft.

Es war für sie genauso schlimm wie für mich. Sie bemühten sich in jeder Hinsicht, mir aufzuzeigen, wie viel ich bereits gemeistert hatte und dass dieser schwere Weg gar nicht anders enden konnte, als in der Belohnung durch das ersehntes Kind. Mich beschlich manchmal das Gefühl, dass sie sich für meinen Schmerz und meine Hoffnungslosigkeit verantwortlich fühlten, schließlich hatten sie mich so ›gemacht‹, wie ich nun mal war, unfruchtbar. Was für eine weitere Ungerechtigkeit für uns alle! Wie konnte sich jemand für etwas schuldig fühlen, wofür niemand, wirklich niemand, etwas konnte? Meine Infertilität entsprang ganz einfach einer Laune der Natur. Das war schlimm, aber Fakt. Über meine Eltern zu schreiben, erfüllt mich mit unendlicher Dankbarkeit, aber auch mit Schmerz. Sie haben mich das Wichtigste gelehrt: zu lieben. Und zwar, indem sie einander und uns Kinder liebten und indem ihnen unser Wohl immer das Wichtigste war. Dass sie meinetwegen leiden mussten, empfand ich als ungerecht. Diese andere Seite der Liebe, nämlich das Leid mittragen zu wollen und zu müssen, hätte ihnen in diesem Fall erspart bleiben sollen. Wenn ich mir bewusst mache, welch großes Glück ich habe, diese Eltern, diese Familie zu haben, fühle ich eine Wärme durch mich strömen, die mir fast übermenschliche Kraft verleiht. Und nun meinen Vater an diesem so entscheidenden Tag neben mir zu wissen, gab mir die nötige Energie und etwas Ruhe, trotz meiner schon fast krankhaften Nervosität. Was konnte mir schon geschehen, wenn er da war?

Wir kamen bei der Klinik an. Bilder tauchten vor meinem inneren Auge auf, wie ich an Egars Seite das erste Mal durch dieses Eingangsportal schritt. Jedes Mal, wenn wir herkamen, musste ich zunächst sofort auf die Toilette, denn die Vorstellung der Blutabnahme ließ meinen Puls höherschlagen, jagte das Blut durch meine Adern und den Urin in meine Blase. An diesem Tag aber fühlte ich mich an Papas Seite erstaunlich ruhig, als ich den Arm zur Blutabnahme freimachte. Mit der Krankenschwester war ich mittlerweile, wie gesagt, sehr vertraut. Als sie hörte, dass es mein beta-hCG-Test war, zwinkerte sie mir wissend zu. »Entspanne dich und fahr nach Hause, hier zu warten ist bestimmt unbequemer. Ich werde mich bemühen, die Resultate so rasch wie möglich zu bekommen, danach wird dich dein Arzt sofort anrufen.« Ich nickte.

Zu Hause fiel ich sofort ins Bett. Egar hatte mich viermal angerufen, ich wusste, dass es ihm ohne Resultat und fern von mir schlecht ging. Hätte ich ihn nicht doch statt meines Vaters bitten sollen, mit mir in die Klinik zu fahren? Schließlich war es nicht irgendeine Untersuchung. Zwei Stunden vergingen, der Anruf konnte jeden Moment erfolgen. Ich brannte darauf, das Resultat zu erfahren, klar, andererseits aber wollte ich diese Momente der hoffenden Zuversicht hinauszögern. Doch mit jeder Minute steigerte sich die Angst vor einem negativen Befund. Mit festem Druck presste ich beide Hände auf meinen Bauch und bat die Kleinen da drinnen, doch bitte bei mir zu bleiben. Diese Unschuldigen! Als ob sie noch unsicher wären, wie sie sich entscheiden sollten, und als ob ich die Magie besäße, sie doch noch zu überzeugen, flehte ich: »Bleibt bei mir! Bitte bleibt!« Leise sang ich das Lied, welches ich so mochte und meinen zu erwartenden Kindern schon oft vorgesungen hatte. Meine Augen füllten sich mit Tränen, gleichzeitig tröstete es mich, den Kleinen dieses Lied darzubringen. Es ist von Paula Rojo und handelt eigentlich gar nicht von meinem aktuellen Thema, doch die Stimmung der Melodie berührte mich und schien genau das auszusagen, was ich empfand.

»Ich frage mich, wie es wohl wäre, dich mit Küsschen zu bedecken, dich zu rufen, dich an der Hand zu nehmen und mit dir zu unserem Park zu laufen. Und ich frage mich, ob du wohl auch mit ihm Fußball spielen wolltest, ob du mir ähnlich wärest und seine ganze Freundlichkeit auch annehmen könntest. Ich weiß es jetzt, sobald ich dich gesehen hatte, für wenige Sekunden nur, begann ich dich zu lieben ... Du nur schaffst es, mich lachend zum Weinen zu bringen und ich frage mich, wie ein kleiner Wicht, wie du, den Schrein meiner Erinnerungen so sehr ausfüllen kannst, denn gerade du fehlst in ihm, nur du.«

Paula Rojo schrieb und komponierte dieses Lied für ihren Bruder und ich singe es für meine Kleinen. Sie hat die Worte gefunden, die ich brauche, um zu den ›nahen Fernen‹ singen zu können. Weißt du was? Hör jetzt auf zu lesen und suche ihr Lied auf YouTube, es heißt »Solo tú«, wie gesagt von Paula Rojo. Wenn du es hörst, kannst du mit mir fühlen, wie ich es für ›meine Küken‹ singe.

Ganz in Gedanken ging ich auf die Toilette. Zum x-ten Mal schaute ich aufs Handy, ob ich vielleicht sogar den erwarteten Anruf überhört hatte. Aber noch immer nicht, verdammt! Als ich das Höschen hinunterzog, bemerkte ich einen rötlichen Fleck. Die Welt blieb stehen. Alles, was mich in den letzten Tagen innerlich begleitet hatte, die Freuden und Hoffnungen, es lag in Scherben, zerschnitt meine Seele. Ein Schmierfleck auf meinem Slip, das war kein gutes Zeichen. Im gleichen Moment, direkt auf der Toilette, vibrierte mein Handy. Ich konnte sehen, dass es der Arzt war.

»Elodie! Mein liebes Kind, wie geht es dir?« Seine Stimme klang mir wie bemüht fröhlich.

»Na ja, gerade im Augenblick geht es mir ziemlich schlecht.« Ich wollte gefasst wirken, doch ohne es kontrollieren zu können, heulte ich plötzlich los.

»Es geht dir schlecht?! Aber Liebes, warum denn? Du bist ja sowas von trächtig! Ich gratuliere dir von ganzem

Herzen! Die Resultate sind positiv, ich habe sie hier vor mir liegen!« Das Wort ›trächtig‹ aus dem Mund eines Arztes schien mir sonderbar. Angesichts meines Schocks wegen des Blutflecks ärgerte ich mich über seine aufgekratzte Fröhlichkeit.

»Aber Herr Doktor, das kann nicht sein, Sie müssen sich irren! Ich schaue gerade auf meinen Slip, ein Schmierfleck befindet sich darauf. Gerade hat meine verdammte Regel eingesetzt, ich kann gar nicht schwanger sein!« Ich schrie und heulte ins Telefon.

»Ach, du hast einen Fleck auf dem Slip? Beruhige dich, das passiert manchmal, da kommt es zu Beginn der Schwangerschaft zu Schmierblutungen, später gibt sich das. Kein Grund zur Sorge, deine Werte sind eindeutig, freu dich! Schau morgen bei mir vorbei, ich untersuche dich, aber du wirst sehen, es ist alles gut. Vergiss nicht die doppelte Dosis Progesteron zu nehmen und auch die anderen Medikamente, ja? Glaub mir, ich bin überglücklich, dir diese Nachricht zu überbringen! Ciao, Hübsche!«

»Warten Sie, Herr Doktor! Sagen Sie, dieses Resultat, welches jetzt positiv zu sein scheint, könnte es sich später in ein Negatives wandeln, ist mit dieser Sorge noch zu rechnen? Oder eher nicht?«

»Aber wie könnte es sich in ein Negatives wandeln?! Es ist ein großes eindeutiges Ergebnis, meine Liebe! Gönne dir diese ungetrübte Freude und pass auf dich auf!«

Ich schwöre euch, diesen Moment des positiven Resultats hatte ich mir so oft erträumt und ausgemalt, und dann kam es ganz anders als erwartet. Ich weinte nicht vor Freude und Erleichterung, ich sprach nicht, rief auch nicht Egar an. Ich saß nur da. Mittlerweile saß ich auf dem Bett in einer Art Trance, die wohl länger andauerte, als ich es empfand. Wie langsam schwebende Schleier umnebelten mich die Gedanken: Wenn ich blute, wie kann ich dann schwanger sein? Hat der Arzt wirklich gesagt, das Resultat sei positiv? Bin ich tatsächlich schwanger? ELODIE! DU BIST SCHWANGER! Schön langsam dämmerte die Freude. Am liebsten hätte ich meinen eigenen Bauch geküsst. Fast wie im Traum und sehr vorsichtig erhob ich mich und stieg langsam die Stufen hinab. Papa und Mama sahen mir erwartungsvoll entgegen. Sie wussten nicht recht, wie sie reagieren sollten, denn mein Gesicht war wie aus Stein, unbewegt, es zeigte weder Enttäuschung noch Freude. Ich konnte mir selbst nicht erklären, warum ich so starr war, die Nachricht hatte mich einfach überwältigt. Etwas ängstlich fragten sie gleichzeitig:

»Was ist denn? War es der Arzt am Handy?« Fast vorsichtig kamen sie auf mich zu. Ich nickte, konnte nicht einmal sprechen.

»Ja, und? Spuck's schon aus, Elodie, das macht mich total fertig!« Meine Mutter stand knapp vor mir. Papa plumpste enttäuscht wieder aufs Sofa, als er mich so sah.

»Sag was! Erzähle es ihnen!«, schrie es in mir, doch ich schaffte es nicht, mich aus dieser Starre zu befreien.

»Er sagte, dass ich schwanger sei«, nuschelte ich endlich leise. Noch bevor ich aufblicken konnte, war Papa bereits bei mir, presste mich fest an sich und bedeckte mein Gesicht und auch den Hals mit Küsschen. Ich würde euch gern ihre glücklichen Gesichter beschreiben, doch meine Augen, alles an mir, ließen nichts herein, ich war wie unter einem Bann. Nur so viel weiß ich, die Freude meiner Eltern war wie Wärme und Musik, sie erfüllte das ganze Haus. Mama rief immer wieder: »Sie ist schwanger! Sie ist schwanger!« Papa tanzte durchs Wohnzimmer und rief sofort Omi an. »Der Schutzengel hat es bewirkt! Elodie ist schwanger!«, rief er euphorisch. Ich hatte noch nicht die Möglichkeit zu sagen, dass sie bitte Egar nicht anrufen sollten, weil ich es ihm selbst mitteilen wollte. Doch Omi wählte seine Nummer, sobald Papa aufgelegt hatte. Zehn Jahre hatten wir auf diesen Moment gewartet.

Alles war so schnell gegangen, mein Kopf war wegen der großen Nachricht wie leergefegt. Ich konnte nicht planen, wann ich wem was sagte, konnte nicht planen, was ich eigentlich wollte, nämlich, dass ich es als Erstes Egar mitteile. Wie in Trance war ich die Treppe hinuntergegangen, eigentlich nur, weil ich jemanden brauchte, der mich in die Arme schloss, denn ich konnte es einfach nicht wirklich glauben. Ich brauchte jemanden, der mich in die wunderbare Realität zurückholte, aus der ich wie ein Schlafwandler entrückt war. Das brauchte ich, damit ich fähig gewesen wäre, die Nummer zu wählen, auf die es jetzt ankam, Egars Nummer. Mama schien zu erkennen, was in mir vorging. Sie wählte und reichte mir das Handy.

»Egar.« Meine Stimme versagte.

»Liebste! Geht es dir gut? Mach dir keine Gedanken, ich bin schon unterwegs zum Auto, in wenigen Minuten bin ich bei dir. Siehst du? Ich hätte heute doch bei dir bleiben sollen. Bin gleich bei dir!« Er wirkte zerknirscht.

»Egar«, versuchte ich es noch einmal, doch meine innere und äußere Starre löste sich noch immer nicht. Ich war wie wegradiert, nur ein fadenscheiniger Abdruck auf weißem Papier und konnte nicht verstehen, was mit mir los war, in dieser größten und so heiß ersehnten Freude plötzlich ausgeknipst und schattenhaft übrigzubleiben. Noch nie zuvor hatte ich auch nur Ähnliches erlebt, auch danach nicht.

»Liebes, sag, was hast du?« Ich spürte seine Angst, konnte sogar hören, dass er weinte.

»Du wirst Vater.« In diesem Augenblick brach etwas in mir wie Glas. Explosionsartig löste sich ein Knoten im Hals und ich brach in haltloses Schluchzen aus. Egar war es, der mir die Lebendigkeit wiedergab, ihn hatte ich gebraucht, um endlich, endlich empfinden zu können, was die Wahrheit war: eine so große Freude, dass sie mich durch und durch erschütterte. Weinend und lachend zugleich sprudelte ich plötzlich los, erzählte von meinem Schock, als ich den Fleck auf dem Slip gesehen hatte, wiederholte wörtlich, was der Arzt alles gesagt hatte und konnte gar nicht aufhören, zu ihm zu sprechen. Er verstand mich kaum, das war mir bewusst, aber auch, dass es darauf gar nicht ankam. Ich hörte seinen Atem und auch seine Schluchzer.

»Gib mir eine Minute.« Er schrie auf: »Scheiße! Oh mein Gott! Meine Allerliebste! Ich bin der glücklichste Mensch! Ich liebe dich! Warte, gleich schließe ich dich in meine Arme! Gleich, mein Schatz!«

Ich hätte mir nie träumen lassen, diese große Nachricht meinen Lieben in dieser Weise mitzuteilen. Ihr habt ohnehin schon gelesen, wie viele Szenarien ich mir ausgemalt hatte, in welcher Weise ich es Egar nahebringen wollte und später auch meiner Familie. Dann aber kam doch alles anders als geplant, vielleicht ist es auch gut so. Das Wesentliche sollte man auf sich zukommen lassen und nicht selbst formen. Das Ergebnis eines beta-hCG-Tests ist natürlich weit differenzierter als der gewöhnliche Schwangerschaftstest, auf den man einfach draufpinkelt. Es war von vorneherein unser Plan, zu dieser besonderen Untersuchung gemeinsam zu fahren, da Egar aber rund um meine Beschwerden nach der Punktion bereits mehrere Arbeitstage verloren hatte, entschied ich, mit meinem Vater zur Klinik zu fahren, wie ich bereits erzählte. Dass dadurch meine Eltern und somit auch Omi noch vor Egar das Ergebnis kannten, hatten wir so nicht gewollt, aber wie kann man solch eine Emotionsexplosion planen, sie hatte mich paralysiert, einfach überwältigt. Darum bin ich jetzt der Überzeugung, dass alles genauso war, wie es wohl sein sollte. Ich würde jetzt im Nachhinein nicht einen Moment jenes Tages ändern wollen, nicht einen.

Zu Mittag kam Thailand wie jeden Tag zum Essen heim. Sie sah sehr müde aus, warf ihre Tasche ins Eck und verfluchte die Arbeit, während sie die Schuhe auszog, also alles wie gewohnt. Um diese Zeit pflegte sie die ganze Welt zum Teufel zu schicken, um sie dann, nach dem Essen und einer kleinen Erholungspause, wieder fröhlich umarmen zu wollen. Daten und Termine waren noch nie ihres gewesen, so hatte sie auch vergessen, welch wichtiger Tag es für mich war. Als sie ins Wohnzimmer kam, blieb sie wie angewurzelt stehen und starrte uns an. Warten, warten, warten. Dann plötzlich hellte sich ihr müdes Gesicht wie eine blendende Sternschnuppe auf.

»Sag bloß! Scheiße nochmal! Ist er positiv?! Spuck's aus, ›Tata‹, ist er wirklich positiv?!«

Das Einzige, was ich tun konnte, war, sie so fest zu umarmen, dass meine Hände auf ihrem blauen Arbeitskittel zitterten. Ich konnte nicht aufhören zu weinen. Sie war meine Säule gewesen, mein Pfeiler des Trosts und meine Stütze in allen Zeiten meiner Niedergeschlagenheit. Auch wenn sie selbst schon am Ende ihrer Kräfte war, hatte sie mir immer noch Halt gegeben. Thailand ist meine zweite Hälfte und wenn sie könnte, würde sie ihren eigenen Bauch geben, um meinem Kind zum Leben zu verhelfen, doch das ist hier nicht legal.

»Er ist positiv.« Ich lockerte die Umarmung etwas, um ihr ins Gesicht zu blicken, murmelte auch, wie sehr ich erschrocken war, als ich den Fleck auf dem Slip bemerkt hatte. In diesem Augenblick hörten wir ein Auto vorfahren, Egar.

Wie oft hatte ich mir diesen Moment vorgestellt! Jetzt, da er gekommen war, verpuffte sofort alles Düstere. Frisches

Durchatmen war angesagt, nur noch Freude. Im Bruchteil einer Sekunde erkannte ich, dass es vor allem Schuldgefühle waren, die mich so viele Jahre niedergedrückt hatten, weil ich nicht wie andere Frauen war, weil ich nicht Mutter werden konnte. Diese Erkenntnis innerhalb einer Zehntelsekunde blitzte nur auf, um mir zu zeigen, dass dieses Schuldgefühl nicht mehr existierte. Mehr als je zuvor war mir bewusst: Elodie, du bist ganz echt schwanger! Doch in meinem Hirn war noch nicht komplett angekommen, dass da ein oder sogar zwei Leben in mir wohnten und heranwuchsen und später eigenständige Persönlichkeiten sein würden. Aufgelöst und fast schwebend vor Glück öffnete ich Egar die Tür. Wir fielen uns in die Arme und hielten einander. Wie eine einzige Figur standen wir da, ewig lang, ohne etwas zu sagen. Endlich ein: »Wir haben es geschafft.« Er sagte es oder ich, wir wiederholten es, ohne uns voneinander zu lösen.

Später bat Egar immer wieder, ich möge ihm wortwörtlich alles erzählen, was der Arzt gesagt hatte. Bei aller Freude konnte er kaum glauben, dass es bereits beim ersten Mal geklappt hatte. Für gewöhnlich brauchte es mehrere Versuche, man hatte uns gegenüber mehrmals betont, nicht zu verzweifeln, wenn es nicht gleich zu einer Schwangerschaft käme. Wir wussten von Paaren, die viele Jahre hindurch eine Einpflanzung nach der anderen versuchten und scheiterten, aber dennoch nicht aufgaben. Damit hatten wir uns viele Nächte in Gesprächen um die Ohren geschlagen, um für solche Tiefschläge gewappnet zu sein. Über unsere emotionale Achterbahn bei einem positiven Ergebnis hatten wir nie geredet. Plötzlich, mitten in der ganzen Euphorie, beschlich uns die Angst, ob denn die Kleinen auch überleben würden. Schließlich hatten wir auch von Fehlgeburten nach erfolgreicher Einnistung der Embryonen gehört. Diese kleinen nagenden Ängste und Zweifel krabbelten an uns hoch wie Ungeziefer, welches unser Glück gezielt unterwandern wollte. Und auch davon hatten wir gehört, dass Paare, die jahrelang alles dafür gegeben hatten, um Eltern zu werden, kurz vor dem Ziel plötzlich mental schlapp machten und dem Glück einfach nicht mehr vertrauen konnten. Mehr als zwei Stunden saßen wir zu zweit beisammen und planten unsere Zukunft, sprachen auch unsere Zweifel aus und ließen doch die Freude überwiegen. Sie war die Siegerin des Tages. Ich sehe Egars Gesicht noch ganz deutlich vor mir, wie er strahlte und doch nicht glauben konnte, was gerade geschehen war. In seinen Augen las ich Demut und Stolz gleichermaßen, vor allem aber unendliche Dankbarkeit.

Am späteren Nachmittag fuhren wir zu seinen Eltern. Um diese Zeit sollte sein Vater bereits von der Arbeit zu Hause sein. Wir wollten der ganzen Familie die gute Nachricht überbringen, doch es war nur seine Mutter da. Also erzählten wir ihr, dass ich nach all unseren Versuchen nun endlich schwanger sei. Sie reagierte fast wie ich: Starr vor Freude, doch ihre Augen sagten alles, drückten ihre ganze Liebe für uns aus. Dann kramte ich mein Handy heraus und rief Egars Vater an, was sehr selten vorkam. Er hingegen meldete sich regelmäßig einmal die Woche bei mir, um ein wenig zu plaudern und zu sehen, ob es mir auch wirklich gut ginge. Oft fragte er bei solchen Gelegenheiten nicht einmal nach seinem Sohn, er meinte mit diesen Anrufen wirklich mich. Seine Art wirkte kühl und distanziert wie bei Egar, wenn man ihn nicht näher kannte. Darum war es mir immer ein kleines Fest, wenn er mir manchmal spontan ausgesuchte Süßigkeiten oder besondere Delikatessen vorbeibrachte. Das war eher untypisch für ihn und dennoch machte er es mir zuliebe. Ich war beiden Schwiegereltern wohl die Tochter, die sie nie hatten, denn zu Beginn meiner

Beziehung mit Egar war ich gerade mal fünfzehn Jahre alt gewesen. Es meldete sich die tiefe ernste Stimme meines Schwiegervaters.

»Meine Kleine! Wie geht es dir?« Ich weiß nicht, warum er mich nach wie vor so nennt, jedenfalls kam ich sofort zum Punkt.

»Hey, ›Langer‹! Sag mal, hast du genug Geld, um Windeln zu bezahlen?« Wir scherzten oft miteinander, hatten inzwischen schon unsere eigenen Insider und nahmen uns immer wieder liebevoll auf die Schippe. Für eine Sekunde hatte ich ein echtes Déjà-vu, denn ich hörte nur leises Schluchzen und Atemzüge, die gleiche Reaktion wie bei Egar.

»Meine Kleine, ich kann jetzt nicht sprechen, wir sehen uns, ich komme sofort heim!« Seine Stimme war kaum vernehmbar, er legte auf. Ich wandte mich um und blickte in zwei erwartungsvolle Gesichter, Egar und seine Mutter lagen sich in den Armen.

»Er hat geweint. Jeden Moment wird er aber da sein.« Wir lächelten. Uns umgab eine Kraft der Zusammengehörigkeit, die auch jene miteinschloss, die gerade nicht anwesend waren. Ich hätte gar nicht sagen können, ob es mein Glück war, welches ich verkündete, oder jenes der Menschen, die so sehr mit uns fühlten. Sie hatten für eine lange Zeit unser Problem mitgetragen und mitempfunden. Unsere Freude war nun auch zu ihrer Freude geworden. Eingehüllt von der Liebe unserer Nächsten kamen wir nach Hause. Die Handys läuteten ununterbrochen. Inzwischen hatten alle Verwandten und Freunde von der frohen Kunde erfahren und wollten uns persönlich gratulieren und alles Gute wünschen. Bevor ich schlafen ging, postete ich etwas auf meiner Instagram-Seite. Die Freunde dort hatten mit ihren eigenen Schicksalen und ihrem Vertrauen viel dazu beigetragen, dass ich mich verstanden fühlte. Mit ihnen konnte ich mich über Ängste austauschen, welche vor allem Betroffene kennen. Ich fand, all jene, die man so leichtfertig Follower nannte, waren Teil meines Schicksals geworden. Sie sollten an diesem Freudentag ebenso teilhaben wie Freunde in meinem Umfeld.

Zwar hatte ich in meinen Planungen beschlossen, sehr vorsichtig und klug mit einem eventuellen positiven Befund umzugehen und mindestens ein paar Wochen zu warten, bis ich etwas poste, doch ich sagte mir, dass mein Post ja auch ein Hoffnungsschimmer für andere Betroffene sein könnte. Außerdem, ich gebe es zu, konnte ich nicht schweigen, die ganze Welt sollte sich mit uns freuen. Warum also mit der frohen Botschaft warten, nur um der Möglichkeit Raum zu geben, dass am Ende doch vielleicht alles schiefgehen könnte? Ein neuer Lebensabschnitt hatte begonnen und das teilte ich auf meiner Seite mit, teilte es mit den anderen. Ich fotografierte also mein leicht erkennbares Bäuchlein, welches zurzeit zwar nur wegen der Medikamente so hervorstand, aber es erzielte die gewollte Wirkung. Dann schrieb ich Folgendes:

»JULIETA HAT IHR LÄCHELN GEFUNDEN
Seit dreißig Minuten sitze ich nun vor dieser Überschrift und finde nicht die rechten Worte, euch zu sagen, was mein Herz überborden lässt: Beta positiv! Du Leben in mir, wir erwarten dich seit zehn Jahren. Und wir bitten dich: Bleib!
PS: Ich finde, es ist gut, euch gleich von unserer Freude zu erzählen, da ihr mir zur Familie geworden seid in all der Zeit, die ihr gemeinsam mit uns an den Traum geglaubt habt, Eltern zu werden. Manche von euch sind schon seit über sieben Jah-

ren hier dabei und kennen alle Schritte, aber auch Pannen dieses Prozesses der #fiv – auf Deutsch In-vitro-Fertilisation – (eventuelle Komplikationen, Fehlgeburten ... aber wir wollen darüber jetzt nicht sprechen). Wir haben es bis hierhergeschafft und sind überglücklich über unser oder unsere ›Küken‹, noch wissen wir es nicht genau, und wünschen uns aus tiefster Seele, dass es kein Abschied werden möge, sondern ein Bleiben. Öffentlich danken wir ganz besonders zwei Personen, welche die Behandlung ermöglicht haben. Wir lieben euch für immer!«

Unzählige Freunde likten diesen Post, um uns damit ihrer Freude über unser Glück zu versichern. Dann ging ich endlich schlafen nach diesem ereignisreichen Tag. Mitten in der Nacht musste ich auf die Toilette und bemerkte, dass ich noch immer etwas blutigen Ausfluss hatte. Doch mittlerweile beunruhigte es mich nicht mehr, außerdem erwartete mich ohnehin am folgenden Tag die Untersuchung bei meinem Arzt. Mit der Medikation sollte ich bis zur zwölften Woche fortfahren, danach würde man weitersehen.

22. Wenn die Seele ausbüxt

Ich fühlte mich großartig und löcherte meine Mutter mit Fragen, wann denn die ersten Schwangerschaftssymptome auftauchten, denn noch spürte ich nichts davon. Alle Facetten einer werdenden Mutter wollte ich durchleben, sogar die morgendliche Übelkeit, die Hitzewallungen, das Sodbrennen und die Schmerzen in den Beinen. Alles wollte ich original kennenlernen und durchstehen, denn so war es wohl, wenn die Kleinen im Bauch der Mutter heranwuchsen. Doch für mich fühlte sich alles genauso an wie immer mit einem einzigen Unterschied: Mein Geruchssinn wurde überempfindlich. Es erscheint vielleicht verrückt, dass ich mich nach Beschwerden sehnte, die Schwangeren sonst Mühe bereiten. Doch nach wie vor brauchte ich spürbare Beweise, um an die Tatsache glauben zu können, dass es endlich wahr geworden sein sollte: Wir würden Eltern werden. Es gab ein gleichbleibendes Ritual für mich: Ich sprach zu meinem Bauch und zum Universum, richtete mich auch an meine ›Küken‹ und erzählte, wie schön es bei uns werden würde. Immer sprach ich sie in der Mehrzahl an, denn noch war nicht klar, ob einer der beiden Embryos absterben würde oder vielleicht sogar beide bei uns bleiben könnten. Das sollten wir erst Wochen später erfahren.

Auch mit der Klinik hielt ich regen Kontakt und äußerte alle auch noch so kleinen Zweifel, die geduldig und ausführlich aufgegriffen wurden. So informierte ich mich umfassend und das beruhigte mich nach und nach; Unwissen fördert Unsicherheit, Wissen gibt Sicherheit. Die Tage verliefen immer normaler, keine übertriebene Vorsicht mehr, keine Ängste. Ich ernährte mich ausgewogen und gesund, machte lange entspannende Spaziergänge am Strand, kneippte dort sogar ein wenig, das heißt, ich ging mit nackten Beinen durch die Wellen und fühlte mich dabei wie in den Sommerferien. Allerdings begann mich Egars überbehütende Art zu nerven. Er rief mich stündlich an und wenn ich mal das Handy überhörte, meldete er sich sofort bei meiner Mutter, um zu erfahren, ob alles mit mir in Ordnung sei. Wieder begann er, mich im Haushalt nichts machen zu lassen, nicht einmal das Bett, bis ich ihm sagen musste, dass ich doch als Erwachsene selbst wisse, wie wichtig der Schutz für unsere Kleinen sei. Allerdings würde ich dafür ein normales Leben brauchen, normale Handlungen. In Watte gepackt zu werden steigerte jedenfalls mein Wohlbefinden kaum, ganz im Gegenteil, damit könnte ich den Kleinen in mir keine gute Atmosphäre schaffen. Er verstand mich. Natürlich war mir klar, dass in ihm der Schock noch tief saß, den er erlitten hatte, als ich nach der Punktion fast innerlich verblutet wäre. Und er war auch zu glücklich, um auch nur den geringsten Fehler zuzulassen, der unsere Kleinen gefährden könnte. Er verwöhnte mich mit allerlei kleinen Geschenken, nie kam er ohne ein Mitbringsel von der Arbeit und sei es nur ein Schokoriegel. Vor dem Schlafengehen legte er die Hände oder auch manchmal vorsichtig das Ohr auf meinen Bauch und erzählte den ›Küken‹, was er später alles mit ihnen unternehmen wollte. Wo waren die Zeiten, als ich nicht einmal seine Anwesenheit ertragen konnte? Sie existierten nicht mehr, wir fühlten uns eingehüllt in eine Wolke des Glücks.

Beim Mittagessen erzählte uns Thailand, dass sie sich für ein Casting bewerben wollte. Es ging um einen Gesangsauftritt im Fernsehen. Ja, wirklich, ich habe euch noch gar nichts von ihrem großen Gesangstalent und ihrer Freude an der Musik erzählt. Wie egoistisch von mir, entschuldigt! Doch ich kann nicht alles auf einmal erzählen. Wenn Thailand singt, bekommt man Gänsehaut. Es ist nicht nur ihre klare kräftige Stimme, die so beeindruckt, sie lässt einen auch jede Nuance des Textes spüren, sie lebt, was sie singt. Wir hatten sie schon oft aufgefordert, doch mal bei einem der zahlreichen Castings mitzumachen. Am folgenden Freitag also sollte wieder eines stattfinden, und zwar in Barcelona. Leider hatte gerade da niemand Zeit sie zu begleiten, und allein wollte sie auf keinen Fall hin. Also fragte sie mich. Ich war sofort begeistert. Mama regte sich fürchterlich auf, denn sie meinte, dass ich mich den Strapazen der Reise und dem Gedränge und womöglich langem Stehen bei der Show unmöglich aussetzen könnte, das wäre noch zu heikel für mich. Das war zu viel. Ich schrie sie an, dass sie mich als Erwachsene behandeln sollte und nicht ständig wie eine hauchdünne Glaskugel. Im gleichen Augenblick erkannte ich meine ungerechte Reaktion. Sofort umarmte ich sie und versprach, ganz vorsichtig zu sein. Endlich war alles geklärt, ich durfte Thailand begleiten, die Eltern kamen aber sicherheitshalber auch mit.

Wie gesagt, diese Castings bestehen vor allem aus stundenlangem Stehen in der prallen Sonne. Darum beschlossen wir, in einem Straßencafé unter einem Sonnenschirm eine Erfrischung zu uns zu nehmen, während die Sängerin hinter anderen Kandidaten Schlange stand. Wenn es soweit wäre, würde sie uns eine Nachricht schicken. Ich wollte unbedingt bei ihr sein, wollte sie hören und sie durch meine Gegenwart unterstützen. Die Musik und das Singen waren immer schon ihre größte Leidenschaft gewesen und ich ihre größte Bewunderin. Was sie tat, unterstützte ich, umgekehrt war es schließlich genauso. Gerade bei dieser großen Chance wollte ich an ihrer Seite sein. Auf der Terrasse wurde mir plötzlich übermäßig heiß und etwas schwindlig, dann spürte ich Feuchtigkeit in meinem Höschen. Doch ich wollte niemanden beunruhigen, ohne genau zu wissen, was los war, also sagte ich einfach, dass ich auf die Toilette müsste.

Ich gestehe euch, dass ich mich schon ein wenig geniere, euch immer wieder so intime Details über den Zustand meines Slips und dergleichen zu erzählen, aber das ist eben unsere Realität. Als ich, bereits reichlich nervös, das Höschen hinunterzog, bemerkte ich einen riesigen Blutklumpen darin. Das war längst kein simpler Schmierfleck mehr wie zu Beginn, etwas Schlimmes musste passiert sein. Ohne es zu wollen, brach ich in Tränen aus. Vielleicht hätte ich doch auf Mama hören und zu Hause bleiben sollen. Ich fühlte mich so schuldig. Unbeholfen versuchte ich, das Höschen so gut wie möglich zu reinigen, mir Taschentücher hineinzulegen, die eine weitere Blutung auffangen sollten. Dies alles wollte ich möglichst leise in dieser kleinen Toilette erledigen. Am liebsten aber wäre ich einfach auf dem Klo sitzen geblieben und hätte aus vollem Hals geschrien. Als ich ewig nicht zurückkam, suchte mich Mama etwas beunruhigt. Sobald sie mich blass und verzweifelt beim Waschbecken erblickte, wusste sie sofort, dass ich gerade eine Fehlgeburt erlitten hatte. Sie schloss mich in die Arme und wiegte mich ein wenig. »Schau, du hast zwei Embryos eingepflanzt bekommen. Offenbar war zu erwarten, dass einer absterben würde. Vielleicht ist es auch ein Hinweis darauf, dass der andere nun mehr Energie und Raum hat, sich entwickeln zu können. Bleib zuversichtlich.«

Thailand kam strahlend aus dem Casting zu uns, sie war für die nächste Ausscheidung aufgestiegen. Euphorisch kam sie auf mich zu, doch noch bevor sie mich umarmen konnte, bemerkte sie trotz meiner riesigen Sonnenbrille den Kummer in meinen Augen. »Was ist passiert?!« Es brauchte nicht viele Worte, auf dem Weg ins Krankenhaus sprachen wir gar nichts mehr, nicht einmal meine Schwester, die sonst unaufhörlich quasselte, wie man so schön sagt. Sie saß nur da und hielt meine Hand, ohne sie loszulassen, nicht einmal für einen Moment. Ich rief Egar an, sagte, was vorgefallen war, und wieder brach er in Panik aus.

Kurze Zeit später stürmte auch er in den Wartesaal und suchte uns wie ein Gehetzter, obwohl er genau vor uns stand. Dann kam er auf mich zu und schloss mich in seine Arme. Seine Augen waren gerötet, sein Gesicht fahl. Ich konnte es sehen, aber nichts spüren, konnte auch mich nicht spüren, keine Nervosität, keine Panik. Da war nur Leere. Die Angst, welche uns während der letzten Wochen ununterbrochen begleitet hatte, mal deutlicher, mal diskreter, sie war weit weg. Meine Wahrnehmung glich der Welt unter Wasser; alles hörte sich nur wie ein fernes Rauschen an, um mich und in mir war es totenstill. Ich habe über ähnliche Phänomene des Empfindens gelesen, doch nie hätte ich gedacht, es einmal selbst zu erleben. Wie von der Ferne rief mir meine eigene innere Stimme zu, dass es um die Babys ging, es möge ihnen gut gehen. Sie sollten nicht sterben. Der Gedanke, sie aus eigener Schuld zu verlieren, brach mir das Herz. Ich brauchte sofort klare Informationen, was da gerade in mir vor sich ging und wieweit ich daran Schuld trug.

Da Abortgefahr drohte, wurde ich sofort in einen Rollstuhl gesetzt. Allein dieses Wort gruselte uns. Mir wurde Blut abgenommen, dann schob man mich in die gynäkologische Abteilung, wo wir auf die Ärztin warten sollten. Als sie kam, fiel uns die Kinnlade runter, es war die Nachbarin vom Stockwerk unter uns. Wir wussten nicht einmal, dass sie Gynäkologin war. Auch sie wirkte irritiert, legte sofort meinen Krankenbericht weg, in dem sie gerade noch gelesen hatte, und widmete sich uns. Der Ultraschall ergab kein klares Bild, es war noch zu früh, etwas zu erkennen. Also warteten wir auf das Ergebnis der Blutuntersuchung.

Da lag ich nun auf einer Liege der Notaufnahme und wusste, dass es noch lange dauern würde, bis der Befund käme. Ich schaute mich um, alles erschien mir unwirklich. Egar neben mir hatte einen leeren Gesichtsausdruck mit fast gräulichem Teint. Nervös starrte er aufs Handy, bewegte den Daumen auf dem Display und nahm dabei offenbar nichts wahr. Ich bat ihn, mich auf die Toilette zu begleiten, obwohl ich gar nicht musste. Doch es ließ mir keine Ruhe, ich musste nachsehen, ob ich noch stark blutete oder ob alles gut und diese Erfahrung nur ein weiterer Schock auf unserem Weg sei. Bald, ja bald, mussten doch endlich jegliche Hürden überwunden sein. Irgendwann sollten auch wir unser Kind glücklich und problemlos erwarten dürfen. Er führte mich bei der Pädiatrie vorbei; Mütter mit verzweifelten Gesichtern, die Babys und Kleinkinder im Arm hatten. Da spürte ich tief in mir, dass ich noch nicht bereit war, womöglich das eigene Kind krank und leidend zu erleben. Nach über einer halben Stunde kam ich aus der Toilette zurück und wunderte mich, dass Egar kein Wort darüber verlor. Er hatte begriffen, dass jetzt nichts mehr in unserer Hand lag. Es würde geschehen wie es musste, so oder so.

Es war tatsächlich eine Fehlgeburt gewesen. Ich verlor beide Babys, die Einnistung hatte nicht geklappt. In mir blieb Leere, die Welt um mich herum verschwand, nichts hatte mehr Bedeutung. Mein Innerstes war mir entrissen worden, nichts konnte es ersetzen. Ich war eine Hülle, mehr nicht. Mit den beiden ›Küken‹ starb auch das Hoffen und die Zukunft. Ich starb mit ihnen. Eine Fehlgeburt in so frühem Stadium ist ein Verlust, den andere nicht verstehen können, es sei denn, sie haben das auch erlitten. Es ist eine Trauer, die keinen Namen und keine Tradition hat, an der man sich festhalten kann. Man kann die Trauer um etwas, das kaum mehr zu sein schien als eine stärkere Monatsblutung, nicht benennen. Darum bleibt sie in dir, sie bleibt als Tod in dir. Egar schob sich selbst und seinen Schmerz ganz beiseite, um sich nur mir und meinem Schmerz zu widmen. Ich wusste, dass er die Liebe meines Lebens war. Und heute, nach so langer Zeit, weiß ich es erst recht. In jenem Saal, da uns das Befürchtete mitgeteilt wurde, brauchten wir einander mehr denn je. Und während der Wochen und Monaten danach, als wir irgendwie lernen mussten, mit dem Verlust umzugehen, verstärkte sich diese gegenseitige Notwendigkeit. Man kann sich nicht auf Trauer vorbereiten, man kann sie nur irgendwie ertragen, sie soweit es geht ins Leben integrieren.

Ohne es zu merken, igelte ich mich ein, am liebsten schlief ich möglichst viel, das betäubte meinen Schmerz. In den sozialen Netzwerken teilte ich mit, was passiert war und wurde überschwemmt von Anteilnahme und aufmunternden Worten. Viele spornten uns an, es weiterhin zu versuchen. Die Paare, welche schon einige Erfahrung hatten, meinten, dass es fast nie beim ersten Mal klappte. Ich bat sie, mir Zeit zu geben, um mich erst mal wieder richtig zu erholen. Im Augenblick wollte ich niemanden sehen, mit niemandem sprechen. Das Einzige, was mir das Hirn zermarterte, war die Frage: Warum die anderen, warum wir nicht? Es störte mich, auf der Straße Schwangere zu sehen, sie weckten Frust und Neid in mir. Ich war nicht mehr fähig, meinen Verstand zu Wort kommen zu lassen, der mir sagte, dass Neid die falsche Reaktion sei. Mein Verstand konnte den inneren Verlust nicht wettmachen, er hatte keine Macht. Wir suchten mehrmals eine Psychologin auf, um mit unserer Trostlosigkeit fertig zu werden, das half tatsächlich ein wenig. Eines Nachts, als sich Egar an mich kuschelte und mir zuflüsterte, dass er immer an meiner Seite sein würde und nur wünschte, es möge mir gutgehen, fügte er auch hinzu: »Du bist so weit weg von mir. Ich kann dich gar nicht mehr erreichen.« Er hatte recht. Ich wusste, wie egoistisch es von mir war, mich in meiner Trauer zu vergraben und ihn damit ganz allein zu lassen. Die Babys waren schließlich Kinder von uns beiden gewesen. Doch ich fand aus meinem Schneckenhaus nicht heraus, konnte nur weinen, aber nicht wirklich mit ihm darüber reden. So weinten wir in jener Zeit recht viel gemeinsam. Auch das war eine Kommunikation, und sie half uns nach und nach, wieder ein wenig Lebendigkeit zu spüren, frische Luft in unsere verschlossenen Herzen zu lassen. Später fragten mich Leute, wie ich es schaffte, weiterhin zu lächeln und fröhlich zu sein, nach allem, was uns widerfahren war. Ich wusste nie recht, wie ich darauf antworten sollte, bis heute. Jetzt, da ich euch das alles schreibe, wird mir erst so richtig bewusst, dass unser gemeinsam getragener und geweinter Schmerz uns langsam wieder ins Leben zurückführte.

Es gibt eine übernatürliche Kraft, welche dich antreibt, selbst wenn du schon aufgeben willst. Du kannst sie menschliche Stärke nennen oder Durchhaltevermögen, wir nennen sie Hoffnung. Ich hätte mir nicht zugetraut, all das zu überstehen, doch es gibt diese innere Magie, sie setzt dir Stück für Stück deines gebrochenen Herzens wieder zusammen. Es ist die Liebe in dir. Sie ist dein Licht und dein Wegweiser. Sie ist mehr, als gemeinsam zu leben, denn ohne die Liebe ist die Zusammengehörigkeit bestenfalls Routine, schlimmstenfalls die gegenseitige Hölle. Vereint euch aber bedingungslose Liebe, dann kann man alles überwinden und in allem immer wieder aufs Neue Hoffnung sprießen lassen. Es gibt Paare, die wegen der Unfruchtbarkeit und dem vielfachen Schmerz und Scheitern rund um die künstliche Befruchtung ihre Liebe verloren haben und teilweise auch selbst als Person zerbrochen sind. Das wusste ich und konnte es nur zu gut nachvollziehen in der Isolation, in die ich mich zurückgezogen hatte. Doch das wollte ich Egar nicht antun. Darum, und nur darum, schaffte ich es, auch mir so etwas nicht antun zu können. Wir hatten zwei Möglichkeiten: entweder aufgeben und das Gefühl des Scheiterns in uns einzugravieren oder an die Zukunft glauben und alle Möglichkeiten auszuschöpfen, die uns noch blieben. Wir entschieden uns für die Zukunft.

Einmal sagte ich euch, dass sich die Gedanken und Einstellungen im Laufe der Jahre ändern. Aus unschuldigen und unbeschwerten Kindern werden nach langen Wegen Erwachsene mit reiferen Gedanken, mit mutigeren Einstellungen. Sich der Realität des Lebens zu stellen, ist wie der Schliff für den Diamanten. Hoffnung auch in scheinbarer Hoffnungslosigkeit zu finden, lässt das Leben funkeln und strahlen. So erfuhren wir es und wuchsen daran. Es machte uns stark wie eine Eiche, sowohl Egar als auch mich. Nach der Fehlgeburt musste ich einige Untersuchungen machen, um zu ergründen, warum mein Körper die Embryos wieder abgestoßen hatte. Mein Arzt erklärte mir, dass meine Begleitung zum Casting meiner Schwester auf keinen Fall der Grund gewesen war, ich sollte aufhören, mich deswegen fertig zu machen. Der menschliche Körper ist nicht in allem berechenbar. Es galt nun herauszufinden, was an mir die Ursache für die Fehlgeburt war und vor allem, wie das zu beheben sei.

Inzwischen war ein ganzes Jahr vergangen, seit ich diese Klinik das erste Mal betreten hatte. Als Kind hatte ich damals diesen Prozess begonnen, voller Angst und voller Fragen. Doch jetzt saß vor dem Arzt eine Frau, die ihre Vorstellungen darlegte und klare Aussagen tätigte. In diesem letzten Jahr hatte ich mir viele Gedanken gemacht, hatte meine

Erfahrungen mit denen meiner Follower verglichen und konnte so manche Zusammenhänge erkennen. Egar und ich wollten einen neuen Versuch starten, trotz der berechtigten Angst zu scheitern. Diesmal aber kalkulierten wir diese Möglichkeit ein, ließen uns davon aber nicht aufhalten.

Ich bat darum, so viele Untersuchungen wie möglich anzustellen, um den Grund herauszufinden, warum mein Körper die Embryonen abgestoßen hatte. Ich, Elodie, welche bereits vor dem Krankenhausgeruch Angst hatte, bat um die Nadel, damit mir so viel Blut wie nötig abgenommen werden konnte. Allerdings wäre es unnötig, hier in allem detailliert zu berichten, worauf es ankommt, denn, wie gesagt, jede Frau ist anders. Womöglich wären meine Blutproben für eine andere Frau nicht nötig, dafür aber andere. Doch es geht nicht primär um medizinische Details, sondern um die Erfahrung und darum, wie wir darauf reagiert haben, damit wir das Leben wieder als Geschenk erkennen konnten.

In den folgenden drei Monaten untersuchte man unser Immunsystem und meine Thrombosen-Anfälligkeit. Das sind nicht meine Vokabeln, sondern medizinische Ausdrücke, die hier nicht näher erläutert werden müssen.

Das Immunsystem bewahrt unseren Organismus vor fremden Zellen, die zerstörerisch wirken können. Bei manchen Paaren kann es vorkommen, dass der Rhesusfaktor im Blut des Mannes nicht mit dem der Partnerin kompatibel ist, dann wird der Embryo als Fremdkörper abgestoßen. Es kann aber auch andere Gründe der physischen Inkompatibilität zwischen den Partnern geben. Allerdings hatte man bereits vor der Punktion alle möglichen Formen einer fehlenden Übereinstimmung untersucht. Doch es konnte ja eine seltene Form davon übersehen worden sein. Das wollte man nun genauer unter die Lupe nehmen. Auch meine Gebärmutter wurde genau untersucht, denn die Schleimhäute darin sollten intakt sein, damit sich ein Embryo einnisten konnte. Ich fragte, ob wirklich alle nötigen Untersuchungen gemacht worden waren, *bevor* man mit der Behandlung begonnen hatte. Der Arzt erklärte sehr ausführlich, dass dies der Fall gewesen war, doch ein Restrisiko bleibe immer, was aber nicht heiße, dass es für uns gar keine Hoffnung gäbe. Unterm Strich: Man befand meinen Zustand für geeignet, in wenigen Wochen wieder den Versuch einer Einpflanzung zu wagen.

23. Eine Liebe namens Thailand

Ohne es zu merken, hatte ich mich in eine Person verwandelt, die ich nie sein wollte: Ich zog mich von Menschen und Aktivitäten zurück, lebte in einer eigenen inexistenten Welt, interessierte mich kaum noch für andere. All meine bisherigen Freunde hatte ich seit langem schon links liegen gelassen. Die Einzige, mit der ich noch Kontakt pflegte, war meine Schwester Thailand. Ich schlage vor, sie mal erzählen zu lassen, wie sie diese Zeit erlebte.

Thailand

»Nach all den Hochs und Tiefs wüsste ich gar nicht, wo zu beginnen. Am besten erzähle ich alles unverblümt aus meiner direkten Sicht:

Erster Tag, Herausnahme der Eizellen oder wie auch immer man das nennt – ich kenne mich da nicht aus. Um sechs Uhr abends erwache ich aus einer sehr langen Siesta und habe dreizehn versäumte Anrufe auf dem Handy. Mein erster Gedanke: Was soll das? Langweilt sich Elodie im Warteraum und wollte plaudern? Wenn sie etwas will, kann sie sehr, also wirklich sehr hartnäckig sein. Im nächsten Augenblick bemerke ich, dass es gar nicht ›Tata‹ war, sondern Egar, da wuchs in mir die Sorge. Er ruft praktisch nie bei mir an, außer etwas Gravierendes ist vorgefallen, und dann auch noch dreizehn Mal! Etwas Schlimmes musste passiert sein und ich schlief wie eine Idiotin. Ich rief ihn zurück und hörte nur fünf Worte: Deine Schwester ist im Krankenhaus.

Erschrocken fragte ich nach und erfuhr, dass bei der Punktion, so heißt das also, eine Vene verletzt wurde und Elodie stark blutet. In einer knappen halben Stunde war ich bei ihr in der Klinik und fand sie im Bett mit dem Gesichtsausdruck, der sagt: Wer hat mich verflucht, dass mir auch noch so was passieren muss! Schwächelnd jammerte sie: »Mir reicht's! Ich will nichts mehr mit Ärzten und Kliniken zu tun haben. Aus und vorbei! Wenn diese Prozedur schon so schlimm ist, wie soll ich dann überhaupt eine Geburt überstehen?! Aus! Aus! Aus! Ich mache da nicht mehr mit!«

Da könnt ihr mal die sonst so taffe und starke Elodie in ihrer Angst erleben. Ja, sie zeigt gern ihre unbeugsame, selbstbewusste Seite, aber es gibt auch jene des eingeschüchterten Mädchens, das sich das Leben durch allzu viele Sorgen schwer macht.

– »Aber, ›Tata‹! Ruhig, ruhig! Sag doch nicht sowas, nur weil du im Augenblick Angst hast. Natürlich hast du jetzt einen Schock, wer nicht, wenn etwas dermaßen scheiße läuft und man fast verblutet, aber du wusstest doch, dass es kein leichter Weg sein würde. Du wirst schon sehen, wenn das mal überstanden ist, dann wird dich nichts und niemand von deinem Ziel abhalten, ich kenne dich. Versuche jetzt so ruhig wie möglich zu bleiben. Du bist stärker als jeder andere Mensch, den ich kenne, und du wirst auch das überstehen und deinen Traum weiterverfolgen. Am Ende erlebst du dafür eine reiche Belohnung, wetten?«

Ich verfluche mein großspuriges Gerede. Vielleicht klingt es egoistisch, aber mit meinem heutigen Wissen tut es mir leid, sie nicht von weiteren Versuchen abgehalten zu haben. Bei dem Gedanken, dass sie weiterhin so viel durchmachen musste, sich immer wieder neue Hoffnung aufbaute, um immer wieder zu Boden geworfen zu werden, weil diese ganzen Strapazen ja doch nichts brachten, wird mir regelrecht übel. Aber nein, sie gab nicht auf. Sobald sie sich erholt hatte, wurden ihr die neuen Embryos eingepflanzt. Dann wieder zwei Wochen banges Warten, ob sie überlebten. Elodie war in dieser Zeit ans Haus gefesselt und ich erlebte, was für eine elendslange Ewigkeit vierzehn Tage sein konnten, wenn man auf solch ein Ergebnis wartete.

Während die werdende Mami also kaum das Bett verlassen konnte und jede Bewegung so behutsam wie möglich machen musste, war sie so was von unausstehlich: Alles langweilte sie, nichts passte ihr, ständige schlechte Laune! Verfluchte Hormone, die uns alle zu Affen machen! Aber gut, ich muss sagen, abgesehen davon war sie dann doch ganz okay. Wann immer ich zu Hause war, schauten wir gemeinsam Serien, kicherten und alberten herum wie kleine Schulmädchen und brachten damit beide Papas mitunter zur Weißglut, gemeint sind unser Papa und der werdende, Egar.

Dann kam der große Tag. Die gute Nachricht: *Schwanger!* Beta positiv! Das ganze Haus vibrierte vor Freude. Das musst du dir mal vorstellen: Nach der ganzen Prozedur und Aufregung *muss* die Welt, jedenfalls unser Umfeld, vor Freude fast platzen. Ein paar Tage später hatte ich ein sehr wichtiges Casting in Barcelona. Elodie begleitete mich natürlich, das machte sie immer bei solchen Gelegenheiten. Ich verfluche seitdem jeden Tag, dass ich sie nicht davon abgehalten habe. Für jeden, der sich damit nicht auskennt: Ein Casting bedeutet stundenlanges Stehen in der prallen Sonne für alle Begleiter und auch für uns Teilnehmerinnen. Es war drückend heiß, nirgends auch nur der kleinste Schatten. Ihr könnt euch ja vorstellen, wie das Ganze endete, oder?

Nachdem sie sechs oder sieben Stunden in einem Café auf der Terrasse gemeinsam mit unseren Eltern gewartet hatte, fühlte sie sich nicht besonders und eilte auf die Toilette. Als das Casting endlich vorbei war und ich zu ihnen kam, fand ich sie fahl im Gesicht, mit dem Ausdruck von Angst und Resignation in den Augen. Ich glaube, sie hat nur deswegen nicht geweint, um mich nicht noch mehr zu erschrecken. Sie hatte ihre beiden Babys verloren. Was soll ich euch sagen? Am Boden zerstört ist gar kein Ausdruck. Zwei Tage lang sprach sie mit niemandem. Nie hat sie mich etwas deswegen spüren lassen, doch ich glaube, sie verdrängt es, denn vielleicht wäre *Hoffnung* bei uns geblieben, wenn mich Elodie nicht zu diesem beschissenen Casting begleitet hätte. Gott! Ich kann euch gar nicht sagen, wie weh es tut, daran zu denken.

Die Fehlgeburt schmerzte uns alle, dennoch begegnet sie uns heute mit ihrem Lächeln. Immer ihr Lächeln, ein echtes, nicht nur mit den Lippen, auch die Augen strahlen. So ist Elodie. Sie fasziniert mich.

Sie hat euch auf ihrer Seite von diesem schlimmsten Verlust erzählt. Es hatte einige Tage gedauert, bis sie es mir mitteilte. Tage, die mir wie Wochen vorkamen. Ihr Lächeln, als ich ihr zuhörte, sollte wohl ausdrücken: Ich schaffe das schon. Aber wie, ich schaffe das schon?! Wie kann sie ihren sehnlichsten Traum verlieren, nur weil ich meinen unbedingt bei jenem Casting verwirklichen wollte? Ich schwor mir, alles, alles mir Mögliche zu tun, damit sie ihren Traum verwirklichen kann.

Elodie

Ihr versteht jetzt vielleicht, warum ich Thailand und mich als Zwillingsseelen bezeichne. Ich fühle wie sie, sie fühlt wie ich. Ihr allein konnte ich mich immer ganz und gar anvertrauen. Egar war am Boden zerstört und ich auch, obwohl wir immer nach außen ein Paar abgaben, dem nichts und niemand etwas anhaben kann. Wir versuchten uns damit zu trösten, dass wir ja noch eingefrorene Embryos hatten und weitere Versuche wagen konnten. So viele Paare auf meinem Instagram-Account unterstützten uns dabei, dranzubleiben. Unsere Hoffnung gab uns ein wenig Lebendigkeit zurück, wir glaubten daran, irgendwann das ersehnte Ziel zu erreichen. Wir wollten diesmal so klug und bewusst wie möglich vorgehen. So ließ ich mir nur einen Embryo einpflanzen, um zu sehen, ob mein Körper damit besser zurechtkam.

Es war September, als wir den neuen Versuch starteten. Ich beschreibe diesmal nicht jeden einzelnen Schritt, ihr kennt die Prozedur ja bereits, also nur kurz: Vorbereitung des Uterus, Einpflanzung, beta-hCG-Test; der neue Kreislauf. Diesmal war es anders, weil ich vorbelastet war. Meine Unkenntnis der möglichen Hürden hatte mich beim ersten Mal dem Ganzen zuversichtlicher begegnen lassen. Obwohl ich mich um eine positive Einstellung bemühte, überwog die Angst, meine Gedanken ließen sich kaum abwimmeln, sie hetzten mich regelrecht gegen mich auf. Und wenn es wieder schiefgeht? Sind wir denn überhaupt noch fähig, eine weitere Trauer zu verkraften? Bei jedem Gang auf die Toilette verstärkte sich eine Art Obsession, sofort mein Höschen auf Schmierflecken zu überprüfen. Der Schock, den ich in jener kleinen Toilette in Barcelona erlebt hatte, war für mich zum Trauma geworden. Ich lenkte mich mit allerlei Dingen ab, wirkliche Hilfe brachtet mir aber vor allem ihr, meine vertrauensvollen Freunde von Instagram, weil ihr dasselbe durchgemacht habt wie wir. Zu wissen, dass wir mit unserem nagenden Frust und der Angst vor einer weiteren Fehlgeburt nicht allein waren, fing uns wie ein Sicherheitsnetz auf. Zu wissen, dass manche von euch bis zu zehn Versuche gebraucht hatten, bis sie endlich ihr Kind erwarten durften, stärkte unsere Hoffnung. Wir versuchten jedenfalls, diesmal so gelassen wie möglich die Zeit des Wartens auf den beta-hCG-Test zu verbringen. Ich blieb ohne zu murren zu Hause und schonte mich, so gut ich konnte.

Trotz aller möglichen Vorhaben, zuversichtlich und positiv zu bleiben, fühlten wir uns wie in einer Endlosschleife, aus der wir nicht herauskamen. So viele Paare in unserem Umfeld heirateten, planten einiges bezüglich Wohnung und Beruf und wurden innerhalb kürzester Zeit Eltern, glücklich und unkompliziert, ja, oft sogar ungeplant. Fast alle unsere Freunde, um nicht zu sagen alle, hatten jetzt ganz andere Lebensumstände als wir, sie richteten sich nach Still- und Kindergartenzeiten, nach allem eben, was eine junge Familie ausmacht. Wir trafen uns nach wie vor, wenn auch nicht mehr so häufig wie in unserer Jugend, klar. Es lag dabei vorwiegend an uns, auf die Termine der anderen Rücksicht zu nehmen, denn wir hatten keine Verpflichtungen bezüglich Kinderbetreuung. Oft organisierten wir ein gemeinsames Grillen im Freien, wo die Kinder ausreichend Platz zum Spielen hatten.

In der Frauenrunde, ich nannte sie die »Mami-Runde«, verliefen die Gespräche meist so: »Hast du schon impfen lassen? Welche Windeln verwendest du denn? Wie war es bei dir, war deine zweite Geburt leichter als die erste? Wir wollen auch ein zweites Kind. Wie waren die ersten Tage für dein Kleines im Kindergarten?« Ich könnte noch stundenlang so weiterzitieren. Manchmal dachte ich, es fehlt ihnen einfach an Empathie, denn sie wussten ja, was Egar und ich gerade durchmachten. Gab es denn wirklich kein anderes Thema mehr für sie? Doch ich erkannte bald, dass meine Ressentiments egoistisch waren, denn für sie war das der Schwerpunkt ihrer momentanen Situation. Wäre es für mich ja auch gewesen, hätte ich das Glück gehabt, Mutter zu sein. Wer also bin ich, ihre Gesprächsinhalte ändern zu wollen? Ich schloss mich ihnen also möglichst an und versuchte, mein bisschen Wissen beizusteuern, das ich beim Babysitten von Sevillas ›Küken‹ erlangt hatte. Manchmal fragte mich eine von ihnen etwas angstvoll, wenn wir allein waren, etwa in der Küche, wie weit wir denn gerade bei unserem Prozess der künstlichen Befruchtung wären und wie es uns dabei ginge. Nie konnte ich verstehen, warum sie so vorgingen, als ob ich mit verbotenen Substanzen handelte und man darüber nur flüsternd sprechen könnte. Vielleicht lag es daran, dass dieses Thema nach wie vor ein Tabu war, vielleicht sogar noch ist. Oder sie wussten nicht, wie sie mich darauf ansprechen konnten, ohne meine Gefühle zu verletzen. Viel leichter und hilfreicher war hingegen der Austausch darüber auf Instagram, wo wir ja das gleiche Schicksal teilten und die Erfahrungen vertraut waren. Ich muss natürlich anmerken, dass ich meinen Freundinnen nie die genauen Umstände der künstlichen Befruchtung erklärt habe, doch mit diesem Buch hoffe ich, mehr Klarheit bringen zu können. Dass die Gespräche fast ausschließlich von Kindern und ihrer Mutterschaft handelten, raubte mir mitunter jegliche Freude an den Treffen. Aber es ist mir schon klar, dass sie nicht verstehen konnten, wie es mir dabei ging. Sie dachten sich einfach nichts dabei, wir haben schließlich immer über das geplaudert, was gerade Sache war. Es gibt Erfahrungen, die kann man nur verstehen, wenn man sie selbst durchlebt hat.

Für Egar waren diese Begegnungen mit alten Freunden, die inzwischen schon Familie hatten, auch nicht leicht. Ihm war es nicht möglich, fröhlich mit den Kindern herumzutollen, wie ich es machte, um ein wenig von dem versäumten

Glück zu kosten. Es schmerzte ihn zu sehr, selbst außen vor zu sein. Nach solchen Treffen fühlten wir uns leer. Den ganzen Tag mit Leuten zu verbringen, die den Lebensstil genossen, von dem wir nur träumen konnten, deprimierte uns noch mehr. Nach und nach zogen wir uns von ihnen zurück, lebten in unserer Welt und freuten uns aus der Distanz mehr über das Glück der anderen, als wenn wir es ständig vorgeführt bekamen. Unser Leben war eingefroren, wiederholte Abläufe brachten keinen Fortschritt. Der Alltag wurde zum Lauf im Hamsterrad. Wie konnten wir da herauskommen? Längst waren wir nicht mehr das junge Paar, welches jedes Wochenende mit den Freunden etwas unternahm. Wir waren er und ich allein, aber auch vereint. Mehr als zuvor drehten sich unsere Gespräche um Hoffnungen und Pläne als Familie, auch um Plan B und sogar C, denn wir konnten unmöglich sagen, wohin uns dieser Weg führen würde. Mit allem war zu rechnen, Sicherheit gab es nicht. Behutsam, aber klar und ohne ein Blatt vor den Mund zu nehmen, sprachen wir Themen an, die wir sonst vermieden, um den anderen nicht zu verletzen. Im Grunde war diese Phase eine Vorbereitung auf jede weitere mögliche Enttäuschung, wir wollten uns so gut wie möglich absichern. Sogar den Mut, über ein mögliches Absterben aller restlichen Embryos zu sprechen, brachten wir auf. Uns war bewusst, dass es manchen Paaren so ergangen war.

Egar stimmte mit mir überein, auf keinen Fall eine weitere Punktion zu wagen. Der Schock nach der ersten saß uns noch in den Knochen. Was für eine traurige Ausnahme ich in dem Fall abgab, denn dieser Eingriff verläuft für gewöhnlich harmlos. Für Egar stellte die Erinnerung nach wie vor ein Trauma dar, er würde niemals einer weiteren Entnahme zustimmen, selbst wenn ich es wollte. Eher dachte er daran, die Eizelle einer Spenderin zu akzeptieren, sollten wir wirklich bei allen weiteren Versuchen scheitern. Diese Möglichkeit erwähnte er mal wie nebenbei, was mich wunderte, denn er sprach für gewöhnlich nur dann etwas aus, wenn er es zuvor sehr genau durchdacht hatte. Außerdem war er es gewesen, dem unsere eigenen Gene für ein Kind immer so wichtig gewesen waren. Mir bedeutete das nicht so viel wie ihm. Erinnert ihr euch, in einem der Kapitel erwähnte ich, dass wir auf diese Welt kämen, um zu reifen. Zunächst wissen wir gar nichts, später glauben wir, etwas zu wissen, gerade weil uns noch verborgen ist, wie viel wir nicht wissen. Doch im Laufe des Lebens erkennen wir, was wesentlich ist und was nicht. Bewusst wird uns dieser Reifungsprozess meist erst in der ehrlichen Begegnung mit einem Menschen, den wir lieben. Solch eine Begegnung erlebten wir, als Egar zeigte, wie sehr er über seinen Schatten springen konnte.

Unsere Sehnsucht nach einem gemeinsamen Kind war so groß, dass es nebensächlich wurde, von wem die Eizelle käme. Wir besprachen Plan B, C und auch D, um nicht der Versuchung zu erliegen, womöglich den Weg zur Elternschaft ganz aufzugeben. Die eventuelle Spende einer Eizelle war eine dieser Optionen, natürlich auch eine Adoption. Wir recherchierten bereits, welche Hürden wir diesbezüglich zu nehmen hätten, doch das werde ich jetzt nicht vertiefen, denn das ist ein eigenes Thema und würde hier zu weit führen. Es ist ein sehr komplexer Vorgang, zu dem ich nur so viel sagen will: Wir stellten Erkundigungen an, welche Voraussetzungen wir denn für eine Adoption erfüllen müssten, doch bis jetzt haben wir dazu keine klare eindeutige Information bekommen können. Es ist noch sehr ungewiss, wie weit wir das verfolgen werden. Mir ist bewusst, dass ihr euch bestimmt fragt, warum wir so viel auf uns nahmen, um Eltern zu werden, wo es doch elternlose Kinder gibt, die glücklich wären, ein neues Zuhause erleben zu dürfen. Warum also adoptierten wir kein Kind? Natürlich zogen wir auch diese Möglichkeit in Erwägung, allerdings stießen wir dabei auf weitere schier unüberwindliche Hürden. Das aber wäre ein großes Thema für ein eigenes Buch.

Der beta-hCG-Test stand vor der Tür.

24. Das kann doch nicht passieren

Egar saß recht abwesend am Steuer, aus dem Radio erklang »La Llamada« (Der Anruf) von Leiva. Die Texte dieses Künstlers und sein Gesang versetzten mich immer in genau die Stimmung, welche er beschrieb. Wir sangen leise mit. Nach außen schien jeder von uns in seiner eigenen Welt versunken, doch unsere Hände lagen aufeinander, seine rechte auf meiner linken. Egars streichelte meine sanft. Alles wirkte vertraut, vor kurzem hatte ich Ähnliches erlebt mit meinem Vater als Chauffeur. Egar wollte damals unbedingt mitkommen, allein der Gedanke, bei dem beta-hCG-Test nicht dabei zu sein, machte ihn unruhig. Ich hatte ihn gebeten, nicht noch einen freien Tag zu nehmen, und war mit Papa gefahren. Diesmal bestand er darauf, mich zur Klinik zu begleiten. Immer wieder seufzte er, streichelte mich fast wie gehetzt am Unterarm und an der Hand. Ich fühlte mich etwas benebelt, müde vielleicht, und schaute aus dem Fenster. Mir war, als wüsste ich, wie das Ergebnis aussehen würde, sagte aber nichts. Innerlich fühlte ich mich leer, alles war anders als beim letzten Mal. Dann brauchten wir ewig, um einen Parkplatz zu finden. Girona ist wirklich eine hübsche Stadt, aber dort mit dem Auto unterwegs zu sein, kostet dich den letzten Nerv. Oft schon hatte ich deswegen herumgeflucht, aber diesmal vernahm ich diese zarte innere Stimme, die mir sagte, wir hätten überhaupt keine Eile. Das deutliche Gefühl, den Ausgang der Untersuchung bereits zu kennen, ließ mich schaudern.

Wieder einmal betrat ich den Behandlungsraum zur Blutabnahme und stellte erfreut fest, dass meine Lieblingsschwester Dienst hatte. Als ich wieder ging, umarmte sie mich herzlich, baute mich auf, wie so oft schon. Ich konnte es brauchen und auch dankbar annehmen. Um die Wartezeit zu überbrücken, frühstückten wir eine Kleinigkeit in der Stadt. Wir wollten einfach nicht nach Hause fahren, bis wir das Ergebnis kannten. Falls es negativ wäre, könnten wir sofort zu unserem behandelnden Arzt, damit er uns mögliche Ursachen erklären könnte. Dann rief er an, seine Stimme wirkte vorsichtig.

»Wie geht es dir denn, mein Kind?« Offenbar wollte er so vertraut wie möglich auf mich wirken.

»Sag es schon. Es ist negativ, nicht wahr?«, erwiderte ich leise, insgeheim hoffend, dass er mir widersprechen würde.

»Ach, meine Kleine, ich kann dir gar nicht sagen, wie schwer es mir fällt, dir keine bessere Botschaft bringen zu können. Ja, die Blutwerte zeigen, dass du nicht schwanger bist. Wenn du möchtest, könntest du gleich nochmal in die Klinik kommen, damit wir alles in Ruhe miteinander besprechen. Was meinst du?« Sein Bedauern war deutlich zu spüren, nicht der Arzt sprach zu mir, sondern der Mensch, welcher mich mit all seinen Fähigkeiten dabei unterstützen wollte, meinen Traum zu erfüllen.

»Im Augenblick könnte ich vielleicht einiges äußern, was ich später bestimmt bereuen würde. Ich glaube, es ist besser, ich nehme mir eine kleine Auszeit, um mich zu beruhigen und wieder etwas Mut zu fassen. Dann werde ich gern wiederkommen, um mit dir alles zu besprechen.« Ohne ein Grußwort legte ich auf.

Ich war so unsagbar wütend! Doch da war niemand, dem ich die Schuld für mein Unglück anlasten konnte. Natürlich kam mir als Erstes in den Sinn, der Arzt hätte es vermasselt, denn die Alternative wäre gewesen, meinem eigenen Körper die Schuld zuzuweisen. Diese sinnlosen Gedanken wollten nur eines: dem Schmerz ein Ausweichventil bieten, wissend, dass die Schuld hier kein realer Faktor und eine Anschuldigung ungerecht war. Das Schicksal hatte mich betrogen, wem konnte ich diesen Umstand anlasten? Wir lagen einander weinend in den Armen, verfluchten die Klinik, um unserem Frust irgendwie Luft zu machen. Eine normale Reaktion für ein Paar mitten in einer fremden Stadt und niedergeschmettert von der schlechten Nachricht. Als wir uns etwas beruhigt hatten, setzten wir uns auf eine Parkbank und starrten vor uns hin. Zwei Stunden schweigend beisammenzusitzen, die Gefühle abzukühlen, es linderte nicht den Schmerz, aber die Gedanken kamen wieder in etwas geordneteren Bahnen. Sich so machtlos zu fühlen, raubte uns alle Energien, wir wollten niemandem begegnen, uns auf keinen Fall jemandem mitteilen, das einzig Hilfreiche war der jeweils andere. So igelten wir uns ein, gaben unseren Wunden Raum, versuchten zu heilen, damit wir uns der Realität stellen und unser gemeinsames Leben darauf ausrichten konnten. Auf Instagram postete ich ein hübsches Foto mit folgendem Text:

»Gern würde ich behaupten, selbst zu entscheiden, wie oft ich gegen unsichtbare Wände laufe, doch es wäre eine Lüge. Es würde mir auch gefallen zu behaupten, dass ich mir zum wiederholten Male den Kopf an diesen Wänden blutig schlug, weil mich niemand davor gewarnt hätte, doch auch das wäre eine Lüge.
Jemand sagte mir mal, man könne nicht mit der Schuld leben, die uns wie ein schwerer Rucksack niederdrückt, denn sie drückt nicht auf die Schultern. Man kann sie nicht sehen, riechen oder anfassen, man kann sie nur innerlich spüren. Und wehe, wenn das Herz sie spürt. Sie macht uns blind für alles, bindet uns an das Ich, nimmt uns jegliche Freiheit. Die Vergangenheit ist kein Ort zum Leben,

sie lässt keine Zukunft gelten. Schuld aber ist ein Relikt aus der Vergangenheit, etwas, das wir bewusst oder unbewusst begangen haben oder vielleicht ist es uns einfach begegnet und wir haben darauf schuldhaft reagiert, ahnend, dass es an uns haften bleiben wird wie ein schmerzender Splitter, der in unserem Fuß steckt.
Das Geschehene kann man nicht mehr ungeschehen machen, man kann nur lernen damit zu leben. Es hat keinen Sinn, sich vorwiegend auf das Schmerzliche zu konzentrieren, vielmehr sollte man nach vorne blicken und möglichst keine Mauern um sich herum errichten. Die Mauern schirmen dich ja doch nicht vom Verlustschmerz ab. Neue Wege zu beschreiten zwar auch nicht, aber damit kannst du zumindest erkennen, dass es neben dem Verlust auch vieles gibt, das dich beschenkt. Wähle die Wege leichtfüßig, wenn sie sich vor dir auftun und überlasse abschüssiges Gelände lieber den Feiglingen.«

Etwas später kamen wir zur Befundbesprechung dran. Wir traten als Eisblöcke ein, umgeben von Beton, ohne auch nur irgendetwas von außen auf uns wirken lassen zu können. Die Augen gaben uns Orientierung, aber keinen Blickkontakt, mit wem auch immer. Wir grüßten nicht einmal, der Arzt erkannte unseren seelischen Zustand sofort.

»Kinder, was ich hier sagen möchte, hat für euch jetzt bestimmt überhaupt keinen Wert, aber ihr seid noch sehr jung und steht erst am Beginn eines langen schweren Weges, auf dem ihr immer mit meiner Hilfe rechnen könnt. Ich schlage euch Folgendes vor ...«

Ich warf ihm einen vernichtenden Blick zu. »Erkläre uns einfach, was passiert ist und warum, mir scheint, dass mein

Körper nicht für all das geschaffen ist. Ich muss verstehen, was es damit auf sich hat! Wenn die Proben und Bluttests stimmen, warum klappt es dann dennoch nicht bei mir?«

»Ich verstehe gut, dass du klare Antworten brauchst, Elodie, aber leider gibt es diese nicht. Wir haben alles untersucht, was im Rahmen unserer Möglichkeiten lag. Das Einzige, was uns bleibt, ist, es weiterhin zu versuchen und dabei verschiedene Reaktionen deines Organismus zu ergründen. Glaubt mir, es wäre meine größte Freude, allen Paaren, die bei mir Hilfe suchen, nur positive Ergebnisse liefern zu können, doch das liegt nicht in meiner Hand und es schmerzt mich, euch so niedergeschlagen zu erleben.«

Egar begann zu schwitzen; kein gutes Zeichen! »Herr Doktor! Wir sind ein ganz normales Paar. Verstehen Sie doch, dass uns diese Prozesse und dann auch noch ihr negativer Ausgang enorm fordern. Weitere Einpflanzungen mit den nötigen Medikamenten für Elodie und dem vielleicht zu erwartenden negativen Ergebnis sind absolut unzumutbar! Das Mindeste, was uns nach all dem zusteht, sind klare Antworten, mögliche Ursachen. Die simple Phrase ›versuchen wir es weiter‹ bringt gar nichts!«

»Egar, ihr habt noch eingefrorene Embryonen von sehr hoher Qualität. Wir haben Elodie in jeglicher Hinsicht untersucht, sie wäre körperlich bereit, den begonnenen Weg weiter zu verfolgen. Mehr Antworten kann ich nicht geben, es tut mir leid. Natürlich könnten wir noch viele weitere Untersuchungen anstellen, aber jene für eine mögliche Schwangerschaft sind gemacht worden. Ich sage auch nicht, dass ihr den nächsten Versuch umgehend starten sollt, nein! Ihr habt in wenigen Monaten schon zu viel erlitten und braucht dringend eine Auszeit, Erholung, Entspannung. Genießt das Leben als Paar, lenkt euch von dem Kinderwunsch ab, es gibt ja so viel, woran man sich erfreuen kann. In einigen Monaten fühlt ihr euch vielleicht schon wieder gestärkt genug, das Abenteuer erneut zu wagen. Es kann ja sein, dass Elodie, ohne es natürlich zu wollen, blockiert ist. So etwas löst sich am besten, wenn man vom Thema selbst Abstand nimmt. Nehmt mir meine Worte bitte nicht übel, aber, Elodie, vielleicht hast du unbewusst Angst, ich betone, unbewusst. Der Körper reagiert auf solche inneren Stimmungen und wehrt sich.«

»Vielleicht hast du damit recht. Ich weiß gar nicht, wie es passiert ist, aber je mehr ich im Sinne einer Schwangerschaft unternehme, desto ängstlicher werde ich. Jeder Besuch hier in der Klinik ist eine noch größere Überwindung. Die Möglichkeiten erschöpfen sich nach und nach und der Gedanke, unseren letzten Embryo verbraucht zu haben und am Ende womöglich mit Nichts dazustehen, versetzt mich regelrecht in Panik. Alles wirkt sinnlos auf mich.«

»Das kann ich gut verstehen. Mein Rat an euch: Gönnt euch eine ordentliche Auszeit, erholt euch von all dem und kommt erst dann wieder, wenn ihr innerlich wirklich soweit seid. Ich wünsche euch Freude, Entspannung und dann viel Kraft!«

Ich fühlte mich unsagbar erschöpft. Trotz aller Kenntnisse bezüglich Schwangerschaft und künstlicher Befruchtung, die ich mir in den vergangenen Monaten angeeignet hatte, gewann ich den Eindruck, nichts zu wissen, benebelt durch die Welt zu gehen, keinen klaren Gedanken fassen zu können. Die Antworten, nach denen ich suchte, konnten nicht durch Kompetenz erhalten werden. Unser Arzt wusste das, er kannte mich. Was war Ursache, was Auswirkung? Meine schleichende Depression konnte beides sein. Meine konfusen Gefühle, die undefinierbaren Ängste, sie konnten Ursachen meiner Unfruchtbarkeit sein, trotz aller medizinischen Raffinessen. Auf alle Fälle waren sie aber auch meine psychische Reaktion auf die erlittenen Fehlschläge. Für den Moment kam mir der Gedanke, dass uns nur eine klare definitive Entscheidung helfen könnte, aber welche? Und würden wir sie durchziehen?

Die Gespräche mit der Familie verliefen ins Leere. Nirgends fand ich Antworten, nirgends einen Ausweg. Doch eines formulierten Egar und ich ganz klar füreinander: Dieser ganze Frust möge nie wieder unsere Liebe erschüttern. Sie war das Einzige, was uns aufrecht hielt, alles andere war vollkommen aus dem Gleichgewicht geraten. Wir nahmen unsere Mahlzeiten so gut es ging gemeinsam ein, es waren stets Begegnungen, die uns Kraft schenkten. Egar hatte es gelernt, über Gefühle zu sprechen, sich mir vollkommen offen mitzuteilen. Wir waren zu einer Person geworden, zu einer Einheit. So teilte er mir einmal beim Abendessen mit, dass er keine zweite Punktion aushalten könnte, selbst wenn alles glatt liefe. Der Schock über meinen Zusammenbruch, das viele Blut und seine Unfähigkeit mir zu helfen, saß noch tief in ihm. Diese Erfahrung hatte ihn für immer geprägt. Ich selbst konnte mir eine weitere Entnahme aber ohnehin auch nicht vorstellen.

Zu Beginn dieses langen, schweren Weges wussten wir ganz klar, was wir wollten. Nun aber waren wir nicht mehr so unbefangen. Jedoch hatten uns die Erfahrungen reifen lassen und uns als Paar zusammengeschweißt. Wir begannen, Überlegungen anzustellen, was wir unternehmen wollten, sollten alle Embryonen erfolglos aufgebraucht sein und kamen zu dem Schluss, dass wir danach auf eine Eizellenspenderin zurückgreifen müssten. Vielleicht waren unsere Zellen nicht kompatibel. Man hatte uns auch diesbezüglich informiert, doch wir ignorierten damals diese Möglichkeit. Da wir aber keine weitere Punktion vornehmen lassen wollten, erinnerten wir uns jetzt an diese Alternative.

Zwar fiel es uns schwer, darüber zu reden, doch es war eine weitere Chance. Wir wussten von Paaren, die immer wieder eine neue Entnahme vorgenommen hatten, wenn alle Versuche zuvor fehlgeschlagen waren. Für uns kam das aber nicht in Frage. Warum sollten wir nicht Eltern eines Kindes sein, das meine DNA nicht in sich trug? Das Kind sollte unsere Liebe erfahren, wir wollten es lehren, die Schönheit dieser Welt zu erkennen, das Leben zu genießen und glücklich zu werden. Es war uns nicht mehr so wichtig, wem es äußerlich ähnlich sehen würde, es sollte sich einfach zu einem selbstbewussten Menschen entwickeln können, den wir ein Stück des Weges begleiten dürften.

Wenn du miterlebst, wie ein Embryo nach dem anderen in dir abstirbt, willst du nur eines: dass alles zu einem Ende kommt und dass dieses Ende ein möglichst glückliches ist. In dem Prozess der künstlichen Befruchtung kann es passieren, dass du dich davor scheust, je wieder einen Embryo in dir zu tragen, weil dich die Angst, ihn zu verlieren, verrückt macht. Gleichzeitig aber sehnst du dich ununterbrochen nach dieser besonderen Nähe, die du als werdende Mutter deinem Kind geben kannst. Die Hoffnung lässt dich nicht aufgeben. Jedes Mal denkst du: jetzt! Jetzt wird es gut sein! Seit der letzten Fehlgeburt war Zeit vergangen. Ich fühlte mich wieder bereit und stark genug, den Weg weiter zu gehen und eine weitere Einpflanzung zu wagen. Es half mir sehr, dass ich mittlerweile ruhiger geworden war, was wohl auch an unserem Plan B lag, das verringerte den inneren Druck. Auch zu wissen, dass es keine weitere Entnahme geben würde, beruhigte mich. Zuversichtlich meldete ich mich bei unserem Arzt.

25. Die wärmende Nähe des ›Langen‹

Laub bedeckte die Gehsteige, kühle Luft wehte zum Fenster herein, es roch nach Bergwiesen. Herbst. Ich liebte es, beim Frühstück den Sonnenaufgang hinter der Burg San Juan zu bewundern. Dass wir fast im Zentrum des Ortes wohnten, empfanden wir als Glücksfall. Wegen der Medikamente musste ich täglich sehr früh aufstehen, was nicht zu mir passte. So lange im Bett zu bleiben, bis der Körper nach Bewegung verlangte, war schon eher nach meinem Geschmack, vor allem seit ich zu fotografieren begonnen hatte und oft bis in die Morgenstunden an den Bearbeitungen saß. Damals war ich ja selbstständig tätig und organisierte mich nicht nach einem geordneten Plan, sondern nach Auftragslage. Die Zeit selbst einteilen zu können, war purer Luxus. Mich jetzt wegen der Medikamente an Regelmäßigkeiten halten zu müssen, fiel mir nicht leicht, aber da ich ja wusste wofür, machte ich es gern. Zehn Minuten noch, dann würde Egars Vater vorbeikommen, den ich den ›Langen‹ nannte. Er half mir bei den Spritzen. Ich weiß, es mutet sonderbar an, dass ich es noch immer nicht allein schaffte, doch was sollte ich machen, es ging einfach nicht. Der ›Lange‹ musste sich zwar genauso überwinden, doch mir zuliebe raffte er sich dazu auf. Es gelang aber nur, weil er mir Stärke demonstrieren wollte, um mir bei diesem neuerlichen Prozess Mut zu machen. Die Injektionen gab er mir mit bemüht ruhiger Miene in den Bauch.

Er war immer sehr pünktlich. Wenn wir zum Beispiel neun Uhr morgens vereinbart hatten, konnte ich sicher sein, dass es zehn vor neun bei mir läutete. So auch diesmal. Da stand er, kräftig, seine grünen Augen wirkten sanft, zurückhaltend. Egar hatte alles Gute von seinem Vater geerbt, die Ernsthaftigkeit, gewürzt mit verstecktem Humor, der hin und wieder aus seinen Augen blitzte, mich manchmal auch überraschte, weil er ihn trocken vorbrachte, unerwartet, dafür aber umso wirkungsvoller. Ich wusste, wie schwer es ›dem Langen‹ fiel, mir Spritzen zu geben, umso mehr bewunderte ich ihn dafür. Bei den vorangegangenen Einpflanzungen, die ja auch die Vorbereitungszeit mit Spritzen und Medikamenten benötigt hatten, hatte er sich immer weggedreht, wenn mich jemand in seiner Gegenwart spritzte.

»Da bin ich, dein Krankenpfleger des Tages«, begrüßte er mich, eilte ins Wohnzimmer und griff nach dem ›Überlebensköfferchen‹ mit den nötigen Utensilien darin.

»Aber, ein ›guten Morgen‹ wirst du doch wohl für mich übrig haben und einen kleinen Kaffee kann ich dir auch anbieten, bevor der Kampf losgeht? Oder möchtest du lieber Tee?«, rief ich scherzend aus der Küche, schloss die Augen und hoffte, er möge mir noch etwas Zeit geben. Jedes Mal dasselbe Spiel. Ich führte mich auf wie ein kleines Kind.

»Komm schon, Mädchen, sonst ziehe ich dich an den Ohren herbei«, scherzte er zurück. Ich äffte ihn nach, wir lachten. Diese kleine Spielerei entspannte mich etwas.

»Wenn du Faxen machst, bringe ich dir morgen keinen Kuchen mehr fürs Frühstück mit. Sag, warum machen die das so winzig klein? Da kennt sich ja niemand aus!« Tatsächlich schienen seine Hände riesig angesichts der zarten kleinen Nadeln, die ihm manchmal sogar auf den Boden fielen, während er sie vorbereitete.

»Da habe ich mir ja einen besonders geschickten Krankenpfleger ausgesucht«, lachte ich, als er sich wieder einmal bückte, um nach der Nadel am Boden zu suchen. »Weißt du denn, was zu tun ist? Am besten gebe ich mir die Spritze selbst und du bist dann da, um mich aufzufangen, wenn ich umkippe.« Er lachte laut auf. »Genauso stelle ich es mir vor, wenn du dich selbst spritzt.« Mit dem Gesicht nah an den Utensilien zog er die Spritze auf, hielt sie dann in die Höhe, um die Luft durch einen kleinen Spritzer hinauszulassen, dann brummte er: »Na komm schon, wird schon nicht wehtun.« Es dauerte dann doch ein Weilchen, bis alles erledigt war. Ich eilte noch rasch auf die Toilette, er verdrehte die Augen, dann suchte ich eine bestimmte Stelle an meinem Bauch, weil ich mir jedes Mal dachte, dass es doch weniger schmerzhaft gehen müsste. Ich weiß, vollkommen kindisch, aber das war mein Ritual.

»Mir fallen die Spritzen nur deswegen so oft runter, weil du mich mit deinem nervösen Gezappel ansteckst«, scherzte er weiter und zwinkerte mir zu.

Die Scherze, mein kindisches Getue, teils spaßhaft übertrieben, teils real, entspannten die Situation. Mit ›dem Langen‹ fühlte ich mich wie ein unbeschwertes Kind, er tat alles, um mir die Situation zu erleichtern. Ich war für ihn wie eine Tochter. Oft nannte er mich ›Kleine‹, das machte mich aber nicht zum unreifen Ding, sondern zu seinem Schützling, auf ihn konnte ich mich immer verlassen. Er litt mit Egar und mir wegen unserer Kinderlosigkeit, nie äußerte er sich dazu, war aber stets da, wenn wir ihn brauchten. Es genügte ein Blick und er wusste, wie es Egar oder mir gerade ging. Meine kurze Schwangerschaft mit den ersten Embryos erwähnte er nie, doch er trauerte wie wir. Wie glücklich ich für ein paar Tage sein konnte! Und ich assoziierte dieses Glück auch mit ihm, ›dem Langen‹, weil er mich damals in seiner unaufdringlichen Art sehr unterstützte.

»Ich bin soweit!« Entschlossen legte ich mich aufs Sofa, streifte das T-Shirt hoch und zeigte ihm die gewünschte Stichstelle. Wir nahmen täglich eine von der vorigen entfernte, um möglichst blaue Flecken zu vermeiden.

»Schließ die Augen, es geht los!« Ich presste die Augen zu, die Lippen aufeinander und hielt den Atem an. Als nichts geschah, blinzelte ich vorsichtig in Richtung Schwiegervater. Der legte gerade die leere Nadel auf das kleine Tablett mit den Utensilien. Ich hatte kaum etwas gespürt, vor allem nicht den erwarteten Stich.

»Du kannst zaubern.« Ich lächelte ihn dankbar an.

»Wie oft hast du es denn schon gemacht?«

»Was? Mich spritzen lassen?«

»Nein, die Babys in dich hineinpflanzen, oder wie man das nennt – ich kenne mich da nicht so aus.« Er wirkte beschämt.

»Zwei Mal, heute das dritte Mal. Und in zwei Wochen fahren wir wieder in die Klinik, um zu erfahren, wie es gelaufen ist.«

»Wollt ihr nicht mal eine Pause einlegen, euch von diesem ganzen Stress eine Auszeit nehmen? Diese Prozedur und die Anspannung belastet doch sehr, nicht wahr? Aber weißt du was? Ich bin zwar überhaupt kein Fan von Krankenhäusern, doch wenn all das der einzige Weg ist, um meinem Enkel näher zu kommen, dann soll mir alles recht sein. Ihr beide wisst, dass ich immer für euch da bin. Mein Enkel möge diesmal den Weg in unsere Welt finden, schließlich habe ich seiner Mami die Spritze verpasst und sie hat es gar nicht gespürt. Gib's zu, ich kann das besser als meine Frau.« Er grinste. Zwischen Schwermut und Humor passte bei ihm höchstens ein dünnes Blatt Papier. Ich lachte, das tat unerwartet gut, denn ich lachte kaum in jener Zeit.

»Ja, du hast deine Sache prima gemacht. Du bist schon für die nächsten Spritzen engagiert.« Nach einer kurzen Pause fügte ich leise hinzu: »Ich weiß genau, wie schwer es dir fällt. Danke! Und noch etwas: Egar und ich würden gern mal pausieren, aber es geht nicht. Bei dem Gedanken, dass meine Embryos eingefroren auf mich warten, krampft sich mir der Magen zusammen. Wir werden das schon schaffen. Außerdem legt der Opa gerade alle Liebe in die Waagschale, da muss es doch diesmal klappen.«

»Pass gut auf dich auf und überanstrenge dich nicht. Morgen um diese Zeit sehen wir uns wieder.«

Möglicherweise seid ihr jetzt irritiert, denn meine letzte Nachricht an euch lautete, dass wir uns etwas Zeit nehmen wollten, bevor wir einen neuen Versuch starteten. Der Oktober kam und mit ihm unser Wunsch, es wieder zu versuchen. Diesmal anders, ein drittes Mal anders. Beim ersten Versuch lebte ich nach der Einpflanzung relativ normal, weil Schwangerschaft in meinen Augen keine Krankheit ist. Dann, nach der traumatisierenden Fehlgeburt, hielt ich beim zweiten Mal strenge Bettruhe, um nur ja nichts zu gefährden. Und nun, wie sollte ich mich beim dritten Mal verhalten? Die Wahrheit ist, dass es da keine klaren Regeln gibt. Ein positives Ergebnis kann man nicht erzwingen, auch wenn man sämtliche Regeln und Vorsichtsmaßnahmen erfüllt. Diesmal ließ ich mich regelmäßig akupunktieren, um meine Nerven zu beruhigen. Ich bemühte mich um positive Energie und um eine zuversichtliche Stimmung. Die vierzehn Tage des Wartens verbrachte ich tatsächlich recht entspannt, ich erlebte andere Symptome als sonst. Der Gedanke, dass es diesmal klappen würde, ließ sich nicht abschütteln. Mein Appetit war enorm, ständig musste ich urinieren, nachts litt ich an Schlaflosigkeit, tagsüber an Kopfschmerzen. Außerdem spürte ich manchmal kleine Stiche im Unterleib und auch so etwas wie Regelschmerzen. Was soll ich euch sagen, wenn du im Internet nach ersten Symptomen einer Schwangerschaft suchst, ich hatte sie alle. Und nicht alles konnte man den Medikamenten zuschreiben.

Aber dann, es tut mir leid, es euch sagen zu müssen, das Ergebnis war doch wieder negativ. Vielleicht fragt ihr euch, warum ich das jetzt so hinknalle, nachdem ich lang und breit von meiner Hoffnung geschrieben hatte, dass es diesmal klappen könnte. Meine Intention ist es, hier jeden unserer Erfahrungsschritte nach und nach so zu schildern, wie wir es erlebt haben, mehr oder weniger als ›Tagebuch einer künstlichen Befruchtung‹. Um euch aber jetzt nicht länger durcheinanderzubringen, möchte ich zusammenfassen:

Es gab den Abort der beiden ersten Embryos, anschließend zwei negative beta-hCG-Testbefunde innerhalb weniger Monate und noch einen Embryo, der bereits beim Auftauen starb. Es blieb am Ende nur noch einer übrig, wir nannten ihn den ›Überlebenden‹.

26. Ein Hauch Realität

Ein Fehlversuch schmerzt. Auch wenn du dir einreden willst, dass ja nichts passiert ist, es gibt schließlich neue Versuche, tut es doch sehr weh. Beim zweiten Scheitern könnte man meinen, man sei bereits etwas gewappneter, man fühlt sich zunächst leer, es verletzt nicht so unmittelbar wie das erste. Dann aber, nach wenigen Tagen, schmettert dich dieser Verlust noch mehr zu Boden. Beim dritten Mal müsste man doch fast schon routiniert sein. So ist es aber nicht, du bist jedes Mal am Anfang deiner Hoffnung. Und diese Hoffnung stirbt jedes Mal mit deinem Embryo ein Stück mit. Bei jeder neuen Einpflanzung ist dir, als hätte man alles Bisherige aus deinem Hirn gelöscht. Du erwartest das Wunder wie beim ersten Mal und bist dann gebrochen wie beim ersten Mal. Das Einzige, was sich ändert, ist die Reaktion deines Umfelds. Irgendwann kann dir niemand mehr alle Aufmerksamkeit und Trauer schenken, denn jeder hat sein eigenes Päckchen zu tragen. Deinen wiederholten Schmerz kannst nur du allein so tief empfinden. Andere können ihn bestenfalls verstehen, doch es ist nicht möglich, dass sie mit ins Boot der wiederkehrenden Trauer kommen.

Die Nächte sind gefüllt mit Fragen, die du nicht beantworten kannst, und du bemühst dich, dass der Mann deines Lebens, welcher neben dir liegt, nichts von deiner Schlaflosigkeit bemerkt, um ihn nicht noch mehr als ohnehin schon zu beunruhigen. Du verwandelst dich in eine Meisterin darin, Gefühle zu verbergen und hoffst, sie damit auch für dich selbst zum Schweigen zu bringen, aber das ist Illusion. Mit Egar verlief der Alltag unterschiedlich, manchmal fühlten wir uns wie zusammengeschweißt, als würden wir Gedanken miteinander austauschen und alles voneinander begreifen. Dann aber mehrten sich die Tage, an denen jeder für sich lebte, wie in einer schalldichten Kapsel, als gäbe es den anderen gar nicht. Die Stimmung vor der Trennung schien sich zu wiederholen, davor hatten wir Angst und taten alles, um versäumte Zeiten mit Freude zu füllen. Doch das Bemühen entfernte uns nur noch mehr voneinander. Wie einen Schalter drehten wir das Licht der Zuneigung immer wieder aufs Neue auf, wenn es von selbst ausgegangen war. Anscheinend hatte die Suche nach der *Hoffnung* unsere Liebe auf eine Zeitschaltuhr umgepolt, sie hielt nicht mehr von selbst stand.

In den sozialen Netzwerken zeigte ich mein fröhliches Gesicht der Zuversicht. Ich wusste, wie viele mir in der *Hoffnung* folgten, in ihrer eigenen Suche nach Hoffnung bestärkt zu werden, während sie Informationen und Aufmunterung erhielten. Wie also hätte ich sie enttäuschen können? Sie hatten selbst genug zu tragen und würden ihren Weg fortführen, auch wenn ich ihnen alle dunkelgrauen Aspekte davon vor Augen hielte. Aber es würde ihnen Kraft rauben, das bei mir zu lesen, jedenfalls empfand ich es so. Und ich gestehe, dass mir das zuversichtliche Schreiben auf meiner Seite auch selbst Kraft schenkte, es diente mir ein wenig zur Therapie.

Diesen Eintrag machte ich in jener Zeit:

»Ich könnte euch die Supernachricht posten: Mich kann nichts in die Knie zwingen! Aber wem sollte ich meine innere Stärke beweisen müssen? Jeder Mensch fällt viel öfter, als ihm lieb ist, aber worauf es ankommt, ist, sich danach wieder aufzurichten. Dazu braucht es Willensstärke. Ich habe nur dieses Schicksal, kann mir kein leichteres aussuchen und muss auf die Stolpersteine, die mir den Weg er-

schweren, reagieren, so gut ich kann. Als würde ein anderer die Fäden ziehen, ist mir ein Schicksal beschieden, das ich mir nicht ausgesucht habe. Was ich aber frei entscheide, ist die Art, wie ich darauf reagiere. Eines ist sicher: Ich habe nicht vor, auf der Schattenseite zu verweilen. Es steht mir zu, laut zu schreien, zu weinen, zu kämpfen und aufzubegehren, doch wenn all das seine Wirkung erzielt hat, muss und will ich meinen Platz im Leben wieder einnehmen. Elodie lenkt ihr Schiff als Kapitänin und nicht als Spielball der Wellen. Es gibt nicht nur eine Form glücklich zu werden, selbst wenn dir deine größte Sehnsucht verwehrt bleibt. Ich werde bereit sein, bis zur letzten Möglichkeit das Meine zu geben, um Mutter werden zu können, aber wenn am Ende dieses Weges noch immer Enttäuschung mein Lohn sein sollte, wird mir das Schicksal zeigen, welche Tore sich mir noch öffnen können. Dann, und erst dann, werde ich fähig sein, sie zu finden und zu durchschreiten. Das Unmögliche dauert einfach nur ein wenig länger.
#siempreHope #terceratransferenciadeembriones«

So ganz verstand ich mich selbst nicht. In jenen Tagen verlangte es mich sehr danach, mit Sevillas Kindern zusammen zu sein. Ihre kindliche Unbeschwertheit löste mich von meiner Schwere und meinen Enttäuschungen. Mit ihnen lachte und lächelte ich ununterbrochen, ohne mich darum bemühen zu müssen. Ich fühlte mich in eine Welt versetzt, in der ich leben wollte, und gewann den Eindruck, sie damit vorwegnehmen zu können. Sevilla wusste das und sagte nichts dazu. Wie oft rief sie mich noch spät nachts an und bat mich, ihre Kleinen von der Schule abzuholen und zu betreuen, bis sie von der Arbeit kam. Sie gab vor, niemand anderen dafür zu finden, doch mir war klar, dass sie mir das Beisammensein mit ihren Kindern gönnte, weil sie sah, wie gut es mir tat und die ›Küken‹ hatten erst recht Spaß daran. Einmal sagte sie: »Am liebsten würde ich dir meine ganze restliche Fruchtbarkeit schenken, denn du weißt wirklich, was es heißt, als Mutter mit den Kindern beisammen zu sein.«

Ich würde euch gern sagen können, dass jene Zeit eine Phase war und unser weiterer Weg nicht mehr so kompliziert verlief. So gern würde ich euch eine Geschichte voller Liebe und Glück erzählen, in der plötzlich für einen Moment die Zeit stillsteht, um uns erkennen zu lassen, dass es die wahre, bedingungslose Liebe gibt. Aber die Realität, welche ich hier schildern möchte, schaut anders aus. Egar und ich blieben allein, vollkommen allein. Das Leben unserer Freunde hatte sich unweigerlich verändert und wir konnten da nicht mithalten. Unser Leben kam mir manchmal wie ein Irrgarten vor, dessen Ausgang uns einfach verborgen blieb. Eines Nachts, wir lagen müde beisammen, beschlossen wir, unser Leben in vollen Zügen zu genießen, wenn wir vor der allerletzten Einpflanzung stünden. Noch nie hatten wir größere Reisen unternommen, die weitesten waren unser Besuch im Herkunftsdorf von Egars Eltern und ein Abstecher nach Frankreich, wo ich entfernte Verwandte von mir besuchte, gewesen. Während ich das gerade schreibe, höre ich »The Scientist« und es lenkt mich etwas ab, ich summe mit, es ist ein so schönes Lied. Wisst ihr was, in dieser Sekunde spüre ich es und ich erzähle es euch: Die Welt hat mich wieder. Ich bin wieder da. Raus aus dem Irrgarten!

Von meinen Verwandten in Frankreich habe ich euch, glaube ich, noch nichts erzählt. Als Jugendliche lebte meine

Mutter noch dort bei ihren Eltern. Mein Vater leistete seinen Militärdienst, sie schickten einander Briefe und Fotos, um die Distanz zwischen Spanien und Frankreich zu überbrücken. Ich finde das romantisch! Als mein Vater gerade an einem freien Wochenende beim Streichen in der Wohnung seiner Schwiegereltern in spe aushalf (sein Vater war Malermeister und meiner erlernte den gleichen Beruf), wollte ihm meine Mutter nahebringen, dass sie schwanger sei, mit knapp siebzehn Jahren. »Ich fühle mich gar nicht wohl, in letzter Zeit ist mir oft übel und ich fühle mich unsagbar müde.« Mein Vater, als korrekter Arbeiter, antwortete: »Setz dich erstmal hin, ich male diese Wand noch zu Ende, dann können wir in Ruhe reden.« Im nächsten Moment traf ihn ihr Hausschuh am Rücken. »Du Holzklotz! Entweder du kommst jetzt mit mir zu einer Untersuchung oder ich gehe allein, um zu sehen, wie es unserem Kind geht, das ich erwarte!« Mein Vater war mehr als verdattert. So wurde ich in Frankreich geboren und kann die Sprache überhaupt nicht. Schade. Meine Mutter zog später zu meinem Vater nach Spanien, wo ich aufwuchs.

So, nach diesem kleinen Ausflug in die Vergangenheit erzähle ich weiter. Ohne jemandem Bescheid zu sagen, packten wir die Koffer. Wir stellten uns vor, wie gut uns ein paar Tage an dem Ort tun würden, an dem wir einmal so glücklich gewesen waren. Zwar hätte es mir auch sehr gefallen, in ein Flugzeug zu steigen und noch weiter weg zu reisen, aber Egar hatte recht, dorthin zurückzukehren war der Schlüssel zu allem. Wir fuhren über vierzehn Stunden mit dem Auto, genossen unsere Lieblingsmusik, das Beisammensein Seite an Seite, Stunden der Gemeinsamkeit ohne Unterhaltungen, ohne Termin, nur mit dem Weg und dem Ziel, an dem wir abschalten wollten, eine Auszeit nehmen von allem. Valdeverdeja, ein kleines Dorf in der Provinz Toledo. Hierher waren wir immer gefahren, wenn uns sozusagen die Decke auf den Kopf gefallen war. Alles hier ist von einer besonderen Magie durchflutet. Die kleinen Gassen, in denen keine Autos durchkommen, die alten Bänke vor den Häusern, Kinder, die unbeschwert auf den Wiesen neben Schafherden spielen. Überall riecht es frisch, Natur pur. Wir besaßen ein altes, sehr gemütliches Haus. Es ist Eigentum der ganzen Familie und wir nutzten oft die Gelegenheit, wenn gerade niemand anderer im Haus war. Das Esszimmer ist so klein wie meine Küche in der Wohnung. Es passen eigentlich nur das Sofa, ein Tischchen und der Kamin hinein. Wir kamen um zehn Uhr abends an, ich ging mit den Koffern nach oben und räumte alles in den Schrank im Schlafzimmer. Dieses Haus war zwar klein, aber es stand mitten in der Natur, strahlte Ruhe und Weite aus. Man konnte richtig durchatmen. Jeder von uns hatte seinen eigenen kleinen Raum und wir hielten dieses kleine Anwesen als Familie immer instand. Egar kam herein, lächelte mich schmeichelnd an, lehnte sich an meinen Rücken und legte die Arme um mich. Seine Nase streifte zärtlich meinen Hals entlang. Dort zu sein, bedeutete, das Beste zum Strahlen zu bringen, es bedeutete, einander wahrhaft begegnen zu können.

»Lass die Koffer, ich habe eine Überraschung für dich«, flüsterte er mir ins Ohr.

»Kommt jetzt der Augenblick, an dem du mir die Augen verbindest und mich zu einem Haus führst, das du mir schenken willst? Du weißt aber schon, dass ich hier auf Dauer nicht leben könnte, so fern vom Strand«, witzelte ich und wandte mich zu ihm um, als er mit seiner Liebkosung bei meinen Lippen angelangt war. Ich gab ihm einen kleinen Kuss.

»Einen Strand gibt es hier nicht, aber soweit ich mich erinnere, hast du dich letztes Jahr in den natürlichen

Schwimmanlagen von Candeleda sehr wohlgefühlt.« Seine Hände lagen an meinen Hüften, er schmiegte sich an mich.

»Wie kannst du mich daran erinnern, so eine Schande! Der Mann dort wird uns wohl sein Leben lang nicht vergessen!« Ich verbarg mein Gesicht hinter den Händen.

»Du wirst schon sehen, wie gut du hier leben kannst. Komm!«

»Willst du nicht zuvor eine Kleinigkeit essen?« Ich legte eine Hand auf meinen flachen Bauch, signalisierte Hunger. Wir hatten seit mittags nichts gegessen und das Brot in dieser Gegend war unwiderstehlich.

»Ich habe an alles gedacht, stell keine Fragen, komm einfach mit.«

»Aber wohin gehen wir denn? Du weißt genau, dass ich Überraschungen nicht mag.« Meine Kleinmädchenstimme gewann wieder mal Oberhand. Ich brauche eine gewisse Kontrolle über meine Handlungen, Überraschungen irritieren mich wirklich. Aber natürlich platzte ich auch vor Neugierde, was Egar denn so Geheimnisvolles zu präsentieren hatte. Also stiegen wir wieder ins Auto und fuhren allein auf der stockdunklen Straße, niemand sonst war um diese Zeit unterwegs. Er fuhr sehr langsam, durch die geöffneten Fenster hörten wir Zikaden, ab und zu den Ruf eines Nachtvogels, das Säuseln des Windes. Obwohl ich schon oft hier gewesen war, hatte ich mich bis dahin noch nie nachts im Dorf aufgehalten. Das eine oder andere Haus schien mir im Scheinwerferlicht bekannt, doch orientieren konnte ich mich nicht. Endlich hielt er vor einem abseitsstehenden Haus. Es war inmitten einer überwachsenen Wiese im Finstern kaum zu erkennen, auch tagsüber nahm man es nicht wahr, weil davor Sträucher standen. Sofort erinnerte ich mich daran, wie wir das erste Mal dagewesen waren und er mir dieses abgelegene Haus gezeigt hatte. Damals war ich erst sechzehn gewesen. Ich fühlte mich sofort in jene Zeit zurückversetzt. Wir waren frisch verliebt und überzeugt davon, dass uns nichts und niemand je trennen und unsere Liebe trüben könnte. Von den Hürden des Lebens wussten wir beide damals nichts. Nun standen wir wieder da, nach wie vor vereint, trotz allem. Ich konnte mich nicht von diesem Blick in die Dunkelheit lösen, in der ich schemenhaft das Haus wahrnahm. Egar nahm mich bei der Hand.

»Es ist die Zeit der Perseiden, der Himmel wird von Sternschnuppen übersät sein. Das wollte ich unbedingt genau hier mit dir erleben. Warte kurz.« Er holte aus dem Auto eine Decke, Brot aus der Region und eine Flasche Rotwein. Wir lagen auf der Wiese, freuten uns wie Kinder über die Gaben dieses Abendessens, über die milde Nacht und den überwältigenden Sternenhimmel. Vor allem freuten wir uns über die stille Einheit zwischen uns. Da gab es keine Barrieren mehr, die Stille war nichts Trennendes, es war vertrauende Liebe.

»Hast du Angst?«, fragte ich ihn und starrte zum Himmel empor.

»Und du?« Er streichelte liebevoll meinen Unterarm.

»Mir entgleitet alles. Nichts ist, wie ich es mir vorgestellt hatte. Das Leben ist mir fremd geworden. Das Schlimme von gestern wird von Hiobsbotschaften des Heute übertroffen, und das nimmt kein Ende. Bald scheint meine Fähigkeit am Ende, all das zu fassen, ich glaube, noch mehr Enttäuschungen kann ich nicht ertragen. So geht es mir. Ich kenne mich selbst nicht mehr, das macht mir am meisten Angst.«

Er schwieg. Dann drehte er mein Gesicht sanft zu sich, damit ich ihn ansah. Eine entfernte Straßenlampe gab gerade so viel Licht, dass ich seine traurigen Augen erkennen konnte.

»Es tut mir so leid, dir nicht geben zu können, was du dir ersehnst. Ich denke daran, was du alles ertragen musstest, um unseren Traum zu verfolgen. Und nichts half bisher.«

»Mach dir bitte keine Vorwürfe!« Er schaute mich eindringlich an.

»Noch haben wir nicht aufgegeben, Elodie. Wir sind noch auf dem Weg in Richtung Ziel. Aber wenn unser ›Überlebender‹, unser letzter Embryo, auch nicht bei uns bleiben will, dann greifen wir auf Plan B zurück, auf eine fremde Eizellenspende, und versuchen es so lange wie nötig, so lange, wie du es willst. Ich werde dir zur Seite stehen und deine Entscheidungen unterstützen, welche auch immer. Doch du sollst unbedingt wissen, Elodie, wenn du sagst, dass es dir reicht, dass dir alles zu viel wird, dann soll unser Leben kinderlos bleiben. Wichtig ist, dass wir beisammen sind und zueinanderstehen. Wir sind ja schon eine Familie. Natürlich wäre es wunderbar, wenn ein Kind unsere Zweierfamilie bereicherte, aber wenn nicht, dann brennt meine Liebe für dich nicht weniger. Darauf kommt es doch an, nur darauf.«

»Vielleicht müssen wir tatsächlich akzeptieren, dass unser Leben anders verläuft als üblich, anders als geplant verläuft es bereits. Ich dachte immer, wir sind da, um eine Familie zu gründen, um Kindern das Leben zu schenken, doch das Schicksal hat wohl andere Pläne. Unser Leben als kinderloses Paar verläuft so bequem, wie geschmiert. Schatzi, wir können jederzeit machen, was wir wollen, haben keinerlei Verpflichtungen, können jeden Abend gemeinsam baden und stundenlang Blödsinn treiben, niemanden stören wir damit. Eltern haben all diese Freiheiten nicht.« Ich spürte das Bittere in meinem Lächeln.

»Stimmt. Sevilla und Finnland regen sich ständig über den Stress auf, sie kommen neben den Kindern kaum zu sich. Wir sollten unser Problem wirklich mal von dieser Warte betrachten. Seit über zwei Jahren dreht sich unser ganzes Leben um Embryos, um Schwangerschaftserwartung, um Medikamente, die du deswegen einnehmen musst. Das macht uns fertig, es nimmt uns die Sicht auf Schönes, Angenehmes. Wir schlafen ja sogar nach Plan miteinander, um nur ja deinen Eisprung nicht ungenützt zu lassen. So langsam bin ich es müde. Soll ich dir was sagen? Manchmal möchte ich am liebsten nach der Arbeit gar nicht erst nach Hause kommen, wenn ich weiß, dass ich an diesem Abend funktionieren soll, weil du gerade deinen Eisprung hast.«

Ich brach mitten auf dieser Wiese, inmitten dieser sternenklaren Stille in schallendes Gelächter aus. »Ja, du hast recht, mir geht es genauso, doch ich schämte mich, es zu sagen. Manchmal fürchte ich mich vor diesen Pflichtübungen. Eine gefährliche Schlange scheint unser Bett zu bewohnen und keine willkommene ...« Ich ahmte scherzhaft Iker Jíménez' Stimme aus der Mystery-Fernsehsendung »Cuarto milenio« nach:

– Früher gefiel dir diese Schlange.

– Ich vermisse den Sex aus purer Lust.

Die Worte »Sex aus purer Lust« waren wie ein Auslöser. Er beugte sich über mich, bedeckte meinen Hals mit süßen Küsschen.

»Vielleicht hat das Leben etwas anderes Großes mit uns vor, wer weiß?«, flüsterte er. Sein Atem an meinem Ohr durchrieselte mich wohlig. »So wird es wohl sein«, hauchte ich, verlor ganz die Kontrolle über mich und das war befreiend schön. Der Duft des Menschen, den ich auf der ganzen Welt am meisten liebte, seine Haut an meiner, erfüllte mich mit feuriger Energie. Wie ein kurzer Blitz durchzuckte mich die Erkenntnis, dass ich die ganze Zeit übersehen hatte, wie reich ich war, denn ich lebte und erlebte bedingungslose Liebe. Sternenregen über uns und in uns, ich verging vor Glück und Lust.

27. Das Versprechen

Ich mag es, morgens im Bett noch zu dösen, nach Egar zu tasten, doch wenn er frei hat, ist er meist schon aufgestanden. Er mag es nämlich, morgens allein rund ums Haus zu schlendern, auf der Terrassenseite ein wenig Unkraut zu zupfen und die Stille zu genießen. Die Zeit in Valdeverdeja war wunderbar, wir ernteten das reife Obst und fanden jede Menge Gemüse im Garten. Das Landleben, der direkte Kontakt mit der Erde und ihren Früchten, faszinierte Egar. Die grüne Pracht, das Ernten waren für ihn Kostbarkeiten. Wir pflanzten mit eigenen Händen einen Mandelbaum, der neben dem Haus wuchs, ich konnte mich gar nicht daran sattsehen. Er stand da wie ein Friedensbote, am liebsten hätte ich ihn den ganzen Tag lang betrachtet.

Egar ist ein wunderbarer Mensch und das sage nicht nur ich als seine Frau. Jeder, der das Glück hat, ihn zu kennen, findet das. Er ist immer für einen da. Wenn jemand Hilfe braucht, lässt er alles stehen und liegen und bemüht sich, als sei es sein eigenes Problem, das behoben werden soll. Sogar wenn er als Autofahrer unterwegs ist und beobachtet, wie jemand Hilfe braucht, sei es eine gebrechliche Person, die sich abschleppt, oder was auch immer, kann es vorkommen, dass er parkt und zur Hilfe eilt. Es gibt Menschen mit einer reinen Seele und er ist definitiv einer davon. In jeder Geste, jedem Blick ist er für mich da. Viele sagen, dass die Faszination für einen Partner im Laufe einer Beziehung nachlässt, doch für Egar gilt das nicht, mein Glück ist ihm wichtiger als sein eigenes. Diesen Mann würde jeder gern in seinem Leben wissen, glaubt es mir, ich habe es euch schon mal in einem Post gesagt, weiß nicht mehr genau wann, aber es war in etwa Folgendes: »Er ist verrückt und zwar auf eine Weise, die mich begeistert. Seine Verrücktheit geht mit großer Reife einher, die das Kindsein seiner reinen Seele erst so richtig zur Geltung bringt. Er weckt in mir das Gefühl der Freiheit.«

»Hast du gut geschlafen? Du wirkst wie ein kleiner Vogel, der um Nahrung bittet. Und was betrachtest du da so eindringlich?«

Er wusch und schnitt einige Früchte für mich zum Frühstück.

»Seit wann hast du denn bemerkt, dass ich dich beobachte, ich war doch vollkommen leise? Oh! Sind die für mich? Danke!« Ich versuchte mich zu verbergen, um ihm nicht zu zeigen, dass ich nichts anhatte.

»Ich habe die Rollos gehört und dachte mir schon, dass du gleich aus dem Nest steigen wirst, wird auch Zeit. Hast du keinen Hunger? In der Küche findest du frischen Kaffee, ich hoffe, er ist mir halbwegs gelungen. Diese Kaffeemaschine ist anscheinend älter als wir beide zusammen. Kommst du zum Frühstück runter? Zieh dir aber etwas über.« Er zwinkerte mir zu.

»Es ist gar nicht so spät!« Ich suchte nach dem Handy und fand es zwischen den Laken.

»Nein! Es ist tatsächlich zwölf Uhr vorbei, ich komme sofort runter!« Nachdem ich mir ein Hemd übergeworfen hatte, kam ich, um mit Egar vor dem Haus in der Sonne zu frühstücken. Es war wunderbar, die freien Tage in dieser kleinen Parzelle zu verbringen, schlicht, mitten im Grünen, ruhig. Hier war unser Liebesnest. Für Egar bedeutete es immer schon pure Entspannung und Freude, die nach und nach auch mich überzeugte. Hier hatten wir, seitdem wir zusammen waren, Beziehungspläne geschmiedet, hier ließen wir alles Laute und Verwirrende der Stadt hinter uns. Auch wenn wir früher die Freizeit meist in Gruppen verbracht hatten, war der Ort hier für uns immer schon eine besondere Oase. Mittlerweile brauchten wir so eine Auszeit dringender denn je. Aus welchem Grund auch immer, entwirrten sich hier in der Stille der Natur und in der Zweisamkeit so manche Knoten unserer Sorgen und Ängste.

In diesem kleinen Haus schafften wir es, angstfrei über Änderungen unserer Lebenspläne zu sprechen. Wir fanden wieder zueinander, denn im Hamsterrad des Alltags in der Stadt wurde aus unserer Liebe manchmal simple Routine. Meine Augen, vielmehr mein Herz, erkannte wieder neu, warum ich mich in Egar verliebt hatte. Diese wenigen Tage in Valdeverdeja bedeuteten für uns beide eine Erneuerung unserer Liebe und unseres Vertrauens. Ich fühlte mich sicher, jung und lebendig, denn längst hatte ich vergessen, wie sich der Rausch des Begehrens anfühlte, das Prickeln auf der Haut, allein durch seine zarte Berührung. Alles, sogar die Lust, war zum Zweck für unser Ziel geworden. Es hätte uns fast das Wesentliche gekostet, die Liebe zueinander. Wenn uns jemand hier beobachtet hätte, wären wir ihm bestimmt wie zwei frisch verliebte Jugendliche vorgekommen. Doch diese Unbeschwertheit war vielmehr das Resultat schwerer Zeiten, an denen wir gereift waren.

Ein paar Stunden bevor wir wieder aufbrachen, besuchten wir als Abschiedsritual den Stausee. Mich erfüllte Melancholie bei dem Gedanken, in jenen Alltag zurückzukehren, den wir hier so glücklich ausgeklammert hatten. Würden uns die alten Ängste wieder einholen? Hier war etwas Neues in uns entstanden, das wir gern mit in die Stadt nehmen wollten, es sollte nicht wieder absterben. Wir lebten hier mit jeder Faser unseres Seins. Würde uns später das nackte Überleben einholen, wie wir es so lange Zeit zugelassen hatten?

»Ich möchte nicht zurück in die Stadt«, murmelte ich, als wir auf dem Rasen saßen und bestaunten, wie sich der Berg im Stausee spiegelte. Dieses Jahr wirkte die Landschaft grüner und fruchtbarer als je zuvor.

»Das sagst du immer, wenn wir aufbrechen. Ich glaube, ein Teil des Zaubers hier liegt daran, dass wir ihn nur selten genießen können. Bestimmt würde die Faszination verblassen, wenn wir hier leben würden, glaubst du nicht auch?« Ich vergrub meine Finger in seinen Haaren und drehte ihm Locken. Das hasste er.

»Diesmal ist es anders«, verteidigte ich mich. »Ich werde den Egar, den ich hier erleben durfte, in der Stadt vermissen.«

»Hast du nichts bemerkt? Hier bist du anders, du erinnerst mich an das verrückte Mädchen, das ich vor langer Zeit kannte.«

»Ach, wie auch immer, wir konnten hier das finden, was Urlaubstage bieten sollten, nämlich Erholung und eine Auszeit vom Alltagsstress. Du arbeitest täglich sehr viel und mir ging es in den letzten Monaten alles andere als gut. Dieser Ort konnte uns wieder die Ausgeglichenheit und Freude zurückbringen, die wir verloren hatten. Möge es lange anhalten!«

»Ich glaube, es ist nicht nur das. Wie wir in letzter Zeit gelebt haben, machte mich krank und verunsicherte mich. Nichts gelang uns, nichts baute uns auf. Und dann gibt es Leute, die von Karma reden oder so einer Scheiße. Was soll denn das sein, Karma?! Was habe ich denn verbrochen, dass mir das Karma eins auswischt? Ich bemühe mich, ehrlich zu leben, mir geht es zu Herzen, wenn es jemandem schlecht geht, und ich freue mich, wenn ich ihm helfen kann. Wie, frage ich dich, wie könnte ich ein sogenanntes schlechtes Karma verdienen?!« Sein aufgestauter Groll, all seine unterdrückten Enttäuschungen schienen ihn wieder in ihre Gewalt zu bringen. Es war, als meldete sich in ihm der Schmerz wieder, der in der Stadt geblieben war, um uns diese Urlaubstage nicht zu verderben.

»Ich weiß, dass du genauso wie ich leidest. Ich sehe, wie du die Kinder anschaust, sehe deinen Frust und es bricht mir das Herz. Mein Vater hat es mir auch einmal gesagt.«

»Was hat dir dein Vater gesagt?«

»Er meinte, dass er deinen Schmerz erkennt und mit dir fühlt, wenn du uns beobachtest, mich und Sevillas Kinder, wenn wir miteinander spielen. Er sagte, dass er dich nie so unglücklich erlebt hat, wie in diesen Momenten und wie ungerecht es sei, dass wir keine Kinder bekommen könnten.«

»Ja, es ist ungerecht, wirklich. Aber diese Tage haben mir etwas gezeigt. Wir haben uns auffressen lassen von unserem Wunsch, Eltern zu werden, und das will ich nicht mehr. Ich will endlich wieder leben, mich freuen, das genießen, was uns jeder Tag bringt.«

»Mir geht es genauso. Wenn ich an die letzten Monate denke, glaube ich, dass es nichts Gutes in diesem Leben gibt, alles nur Mühe für nichts und wieder nichts. Ich will nicht weiterkämpfen, will diese ganzen Prozeduren nicht mehr über mich ergehen lassen, schließlich bin ich über zweiunddreißig, mir scheint, die Zeit ist mir zwischen den Händen weggeronnen, ich fühle mich älter, als ich bin. Ich vermisse dich, so wie du bist, und du mich offenbar auch. Was hat uns von uns selbst entfremdet und was voneinander?«

»Heißt das, du willst auch den letzten Embryo nicht mehr einpflanzen lassen? Ist es jetzt wirklich definitiv vorbei?«

»Nein, dem ›Überlebenden‹ geben wir noch eine Chance, das sind wir ihm schuldig, aber wenn es nicht klappt, geben wir das Projekt einer Schwangerschaft auf, was meinst du?«

»Um wieder leben zu können?«

»Um das zu leben, was immer du willst.«

»Ich finde es gut. Aber bevor wir nun aufbrechen, küss mich noch einmal, damit sich unsere Entscheidung gut in mir verankert.«

Wir fühlten uns wie von einer schweren Last befreit. So leicht, wie es hier vielleicht klingt, war die Entscheidung zwar nicht, aber es war höchste Zeit, um endlich wieder normal zu leben. Mit einem neuen Gefühl der Gelassenheit fuhren wir kurze Zeit später zur letzten Einpflanzung.

28. Letzte Möglichkeit

Unser Plan war klar. Wir wollten unserem letzten Embryo mit aller Liebe eine Chance geben, doch wenn er uns ebenfalls verlassen sollte, wollten wir unser Leben als kinderloses Paar einrichten. Sagt sich leicht, nicht wahr? War es aber nicht. Nicht nur mein Körper, auch meine Psyche hatte alle möglichen hormonellen und emotionalen Schwankungen erlebt, ich fühlte mich ausgelaugt, vollkommen erschöpft. In mir tobten die Gedanken wie ein Wespenschwarm, ich war kaum fähig, klar und ruhig den Alltag zu bewältigen. Ich konnte mir keine Auszeit nehmen, um etwa mit Freunden was trinken zu gehen. Die Medikamente mussten pünktlich eingenommen werden, ihre Auswirkungen spürte ich, auch wenn ich wusste, dass ich noch gar nicht schwanger war. Mein Kopf konnte kaum zwischen Müdigkeit und Nebenwirkungen unterscheiden, konnte auch Freude und Hoffnung nicht mehr zulassen, weil in mir bereits ein Chaos an Gefühlen herrschte und über all dem der Gedanke, dass ja doch alles umsonst sei. Und ich gestehe es, ständig nur alkoholfreie Getränke zu bestellen, wenn ich endlich wieder mal mit Freundinnen unterwegs war, ging mir auf die Nerven, denn es musste ja nur wegen der Medikamente sein und nicht, weil ich damit mein Baby schützen wollte, das ja noch gar nicht da war. Und dann kam noch etwas hinzu: In meinem Kopf existierte so etwas wie eine Programmierung aufs Muttersein. Gleichzeitig wusste ich aber, dass es damit vielleicht bald zu Ende war. Ich erlebte ein Phänomen in mir, drei Personen: Eine wollte Mutter sein, eine hatte sich von diesem Wunsch verabschiedet und eine dritte beobachtete die beiden irritiert.

Wieder fuhren wir nach Girona. In diesem einen Jahr waren wir öfter dort gewesen als in unserem ganzen bisherigen Leben. Ich trat mit einer Selbstverständlichkeit in die Klinik ein, als sei es ein Familien-Besuch, auch die Frauen dort wirkten auf mich vertraut, wie Freundinnen aus den sozialen Netzwerken. Es tat mir gut, mich bereits wie ein Teil dieser Institution zu fühlen. Als ich das erste Mal hierherkam, fühlte ich mich nicht wie in einer Klinik, es war vielmehr der Ort, welcher mich ans Ziel führen sollte, zu *Hoffnung*. Diesmal erlebte ich unseren Arzt mehr als sonst auf den Computer konzentriert, er suchte darin, als sei er bereits seit Tagen und Nächten damit beschäftigt. Auch während wir sprachen, huschte sein Blick immer wieder auf den Bildschirm. Das irritierte mich, denn ich war es gewohnt, dass er sich mir ganz und gar widmete, nie hatte ich ihn nur als Mediziner erlebt. Er ließ unsere gesamte bisherige Behandlung Revue passieren, erklärte jeden Schritt und jede meiner Reaktionen aus anatomischer Sicht, als wolle er sich vergewissern, dass er auch nicht die kleinste Kleinigkeit bisher übersehen hatte. Nein, er hatte nichts übersehen. Er bat uns um neue Analysen, Blutproben für die Einpflanzung des Embryos. Wie so oft beschlichen uns Angst und Bedenken. Es war der letzte Verbliebene, somit jener mit der geringsten Qualität, denn natürlich hatte man mir zunächst die besten Embryonen eingepflanzt. Ich äußerte mich dazu. Unser Arzt bemühte sich, mich zu beruhigen. Er versicherte, dass schon oft gerade mit einem Embryo minderer Qualität Erfolge erzielt worden wären. Das Wesentliche für eine Schwangerschaft sei außerdem die Harmonie zwischen dem Organismus der Mutter und dem des Embryos, damit die Einnistung und das Wachstum in gesunder Weise erfolgen könnte. Das war also mein Problem ... Ich war mir nicht sicher, ob ich bereit war, mich mit diesem Embryo zu verbinden. Ich hatte zu viel Angst, um ihm die Chance zu geben, zu bleiben. Ich hätte nie gedacht, dass eine Fehlgeburt so viel psychischen Schaden anrichten kann. Es ist etwas, das überwunden wird, aber es nistet sich in deinen Gedanken ein und lässt Angst zu. Ich war frustriert, weil ich so dachte. Ich fühlte mich dafür verantwortlich, dass mein Körper das Wunder der Schwangerschaft nicht alleine vollbringen konnte. Wie kann man den Geist vom Körper trennen? Trotz allem, was ihr gelesen habt, konnte ich es schaffen.

Eines Tages erzählte mir jemand, dass Babys Seelen sind, die um uns herumfliegen und nach einem Zuhause suchen. Sie warteten auf ein Heim, um hier ein Leben zu starten. Dieses Bild holte mich ein, als ich mich bereitmachte, unseren letzten Embryo zu empfangen. Jede Nacht hatte ich das Gefühl, als kreiste er rund ums Haus, klopfte ans Fenster und könnte nicht herein, denn ich war nicht wirklich die richtige Mutter. Ein Zuhause, in dem man ein Leben gestalten kann. In diesem Moment stellte ich mir eine Seele vor, die jede Nacht durch die Fenster des Hauses flatterte, und ich sah nie den Moment, sie hereinzulassen. Ich war mir nicht sicher, ob ich eine gute Mutter sein würde. Vielleicht hatte *Hoffnung* schon lange versucht einzusteigen und ich ließ sie nicht. Vielleicht ging es nur darum, loszulassen; vielleicht habe ich mich für so viele Jahre des Leidens bestraft, dass ich mich versehentlich davon überzeugt hatte, dass ich niemals Mutter werden könnte, und ich habe es geglaubt. Vielleicht war es Zeit, ihm die Tür zu öffnen. Fragt mich nicht wie, aber diesen Monat verband ich mich mit meinem intimsten Ich, mit dem wütenden Mädchen, das dort lebte, wütend auf die Welt, weil es keine Mutter sein konnte, und ich schüttelte ihr die Hand. Ich sagte ihr, sie solle sich keine Sorgen mehr machen, weil ich mit ihr zusammen war sie. Es war Zeit aufzuhören, alleine zu kämpfen und jetzt musste ich mir helfen, den Kampf zu gewinnen, ich brauchte sie bei mir, ich brauchte sie sehr. Es mag so aussehen, als ob du nur ein Fragment eines Selbsthilfebuches gelesen hast, aber nein, ich habe es wirklich getan. Ich habe aufgehört, mich selbst zu bemitleiden. Ich habe das ganze Leiden verschwinden lassen und mir selbst versprochen, nicht aufzugeben, solange ich weiter atme. Ich lasse Hoffnung in mein Leben.

In allen Prozessen gibt es verschiedene Stadien. Einerseits ist der Wunsch in dir verankert, Mutter sein zu wollen, andererseits fragst du dich, ob dieser Aufwand wirklich der richtige Weg ist. Wenn du dich unter normalen Umständen dazu entschließt, Mutter zu sein, denkst du nicht weiter darüber nach, du wirst es und die Natur hilft dir dabei, dein eigener Körper weiß, was zu tun ist. Nie würdest du dir überlegen, wann du welche Qualität von Eizellen produzierst, welche Beschaffenheit die Spermien deines Partners haben, und du überlegst dir bestimmt nicht tagelang, ob sich die befruchtete Eizelle auch wirklich stabil in der Gebärmutter einnistet.

Bei der künstlichen Befruchtung bekommst du vielleicht viele Informationen, die du gar nicht unbedingt wolltest, doch sie formen dein Bewusstsein, nehmen dir jegliche Unbefangenheit. Während du dir Gedanken über deinen Uterus machst, über deinen Hormonspiegel, deine Blutwerte und über so vieles mehr, kannst du kaum verhindern, damit auch Bedenken und Ängste zu erzeugen. Allein der Hinweis, deine Emotionen möglichst entspannt zu halten, bewirkt unweigerlich Anspannung. Alles basiert auf deinem Bemühen und dabei solltest du so gelassen wie möglich bleiben. Was für ein Widerspruch! Als ich den Kontakt zu euch in den sozialen Netzwerken begann, war ich zuversichtlich und bestärkte euch mit den Worten: Der Wille schafft alles. Das stimmt nicht. Es stimmt vor allem nicht, dass es einen einzigen gültigen Weg gibt, denn unzählige Paare haben sich auf meiner Seite vertrauensvoll geöffnet und jedes hatte einen eigenen, ganz individuellen Weg zu gehen, und jeder Erfolg, jede Freude unterschied sich von der der anderen Paare, aber auch jeder Schmerz und jede Trauer. Dennoch spiegelte euer Bemühen das meine und so fand ich durch euch Unterstützung. Es grenzt für mich nach wie vor an ein Wunder, wie hilfreich ihr mir wart. Sowohl euer Vertrauen als auch euer Interesse an meinen Posts halfen mir, mich selbst immer besser kennenzulernen. Und dann die frohen Botschaften; unter hunderten immer wieder mal eine: die glückliche stabile Schwangerschaft durch künstliche Befruchtung. Ich sage euch, ihr wart mir Therapie und Zuversicht. Wenn ich auf meiner Seite las und schrieb, fühlte ich mich auf dem richtigen Weg hin zur *Hoffnung*.

Mit diesem Buch möchte ich zeigen, wie viel hinter der ominösen Bezeichnung ›künstliche Befruchtung‹ steckt, nämlich immer ein Schicksal und ein langer, schwerer Weg. Jeder mag anders sein, das ist klar, aber jeder entspringt aus der Sehnsucht heraus, Liebe zu schenken, eine Familie zu sein. Auf diesem Weg geht es gar nicht anders, als auch sich selbst wahrhaft zu begegnen, und das ist eigentlich Aufgabe jedes Lebensweges. Verliert nicht eure Träume aus den Augen, glaubt an euch und lasst es zu, dass euer Glück vielleicht auf einem Seitenpfad zu finden ist, den ihr bislang noch gar nicht in Erwägung gezogen habt. Ein Wegweiser ist wohl, wie viel Liebe du auf deinem Weg geben und empfangen kannst, denn Liebe ist unser eigentlicher Lebensantrieb. Sie lebt in jedem Menschen, auch wenn sie sich nicht in jedem als Nachkommen verwirklicht. Was mir während dieses Prozesses auch gehäuft begegnete, waren Ratschläge in Form von Sprüchen wie zum Beispiel: »Wenn du es am wenigsten erwartest, kommt es auf dich zu«, oder »Wenn du etwas krampfhaft willst, blockierst du dich« und viele mehr. Ich für meinen Teil kann euch sagen, nichts davon traf zu und ich möchte wiederholen, dass jeder Weg anders ist. Was für den einen stimmt, kann für den anderen genau das Falsche sein.

Die Einpflanzung unseres letzten Embryos, des ›Überlebenden‹, war vollzogen. Abgesehen von unserer Entscheidung aus psychischen Gründen konnten wir uns dieses letzte Prozedere auch finanziell kaum noch leisten. Egars letztes Monatsgehalt ging dafür drauf, doch wir hatten ohnehin seit langem am Monatsende nichts mehr auf dem Konto. Einmal fragte mich jemand: »Was war das Verrückteste, das du aus Liebe getan hast?« Ich glaube, auf meiner langen Liste diesbezüglich stünde die letzte Einpflanzung an oberster Stelle. Unvernünftig, aber noch immer voller Hoffnung, ließen wir uns darauf ein und der Embryo starb. Meine Liebe für dieses letzte meiner ›Küken‹ war wohl nicht ausreichend, um es zum Bleiben zu bewegen. Ich könnte euch jetzt erzählen, dass es an diesem Abschnitt des Weges bereits leichter zu ertragen war, weil man es ja gelernt hat, mit Misserfolgen umzugehen, dem ist aber nicht so. Als wir zur Besprechung des beta-hCG-Tests fuhren, dachte ich an alle Varianten einer Diagnose, die ich von euren Berichten kannte, um mich innerlich zu wappnen. Doch wie schon gesagt, jeder Mensch ist anders und auch jeder Weg. Man sagt, für alles gebe es einen richtigen Zeitpunkt, doch auf den konnten wir nicht mehr warten. Wir waren am Ende unserer Kräfte. Wir hatten alles gegeben, ich hatte meine Leidenschaft für die Fotografie aufgegeben, mein Leben war nur noch diesem einen Ziel gewidmet gewesen, meine Freundschaften hatte ich vernachlässigt und auch meine Begeisterungsfähigkeit beinahe verloren. Alles war der einen Sehnsucht untergeordnet, Mutter zu werden. Diesen Kampf verlor ich. Wir beide verloren unsagbar viel.

Es ist wie eine Überdosis Realität, als würde jemand die Blase durchstechen, die dein Leben war, und dich damit ins Nichts stürzen. Du stehst vor der schwarzen Leere. Du willst es nicht, aber alles, was dein bisheriges Leben ausgemacht hat, ergibt plötzlich überhaupt keinen Sinn mehr. All deine Erinnerungen sind farblos und schal geworden. Vor dir liegt die Ruine deines Lebens. Du bist die Ruine. Bis dahin galt die Existenz dieses Embryos trotz alledem als Hoffnungszeichen. Nun aber bist du kein Ganzes mehr, du verteilst dich wie ein zerstörtes Puzzle auf dem ganzen Boden und weißt, dass es längst nicht mehr komplett ist. Ich weinte die ganze Nacht lang, wie ich noch nie geweint hatte. Wie konnte seelischer Schmerz sogar körperliche Schmerzen verursachen, die kaum zu ertragen sind? All diese übertriebenen Szenen in Filmen, wenn jemand aus Verzweiflung schreit und sich einfach nicht beruhigen kann, jetzt verstand ich sie. Als ich leergeweint war und dennoch keine Ruhe finden konnte, schrieb ich:

»Ich muss weinen, um all die Scheiße loszulassen, die meine Seele verrotten ließ. Ich weine, um zu Atem zu kommen, damit ich weitermachen kann, denn wenn ich es nicht täte, würde die Angst triumphieren.

Ich habe gelernt, dass Weinen nicht feige ist, weil nur der Mutige, der es wagt, vor einem Spiegel allein zu sein, von Angesicht zu Angesicht mit der Angst konfrontiert ist, es tun kann. Wenn der einzige Ausweg darin besteht, sie zuerst zu verarschen, sonst bleibt diese Scheiße immer bei dir, wie ein verdammter Schatten, der dir überallhin folgt, dessen Gegenwart du dir bewusst bist, aber du nicht weißt, wie du sie überwinden sollst. Mein Herz tut mir vor Kummer so weh, dass ich kaum atmen kann, meine Eingeweide ziehen sich zusammen, etwas frisst mich von innen her auf, raubt mir alle Energie. Ich will dieses Monster in mir durch meine Seufzer bezwingen, jeden Tag soll es ein wenig kleiner werden, verätzt durch meine Tränen. Nur die Tränen spülen mich ans Ufer der Freiheit. Sie waschen den Angstschmutz ab und beweisen meinem inneren Widersacher, dass ich über Hürden hinwegplätschern werde, eines Tages. Ich brauche meine Schreie, um dem Leben zuzubrüllen, dass ich schreiend in diese Welt gekommen bin und damit fortfahren werde. Ich lebe. Ich schreie dem Leben ins Gesicht, dass ich diese Schlacht zwar verloren habe, aber dennoch als Gewinnerin daraus hervorzugehen gedenke. Erhobenen Hauptes und mit eiskaltem Lächeln schreite ich an der Hürde vorüber. Ich lebe.«

29. Stärke

28. August 2018

Es ist zehn Monate her, seit ich euch das vorige Kapitel geschrieben habe. Nach alldem fragt ihr euch bestimmt, was wohl aus der »unbezwingbaren Frau« und ihrem Partner geworden ist. Ich brauchte Zeit, um zu beschreiben, wie sich die Situation entwickelt hat, dann dauerte es Monate, bis meine Niederschrift für jedermann verständlich wurde. Gleich vorwegnehmen möchte ich, dass es trotz Trauer auch positive Momente gab. Doch ist es nicht immer so, vordergründig wirkt manches düster, doch bei näherem Hinschauen entdeckt man viele Details, die das Leben lebenswert machen. Es bedurfte aber Gott und der Hilfe unendlich vieler Menschen, meine Sichtweise dafür zu schärfen. Heute kann ich sagen, ich bin glücklich. Mein Lebensglück sieht zwar anders aus, als ich es so lange Zeit angestrebt hatte, aber wer kann seine Ziele schon genauso verwirklichen wie geplant? Ich erkenne, dass die Essenz meines Wunsches nach Familie und Mutterschaft nicht wirklich aufgegeben wurde, doch wie sie gelebt werden kann, ist vielfältig. Eines weiß ich mit Sicherheit: Die *Hoffnung* lebt in mir.

Es war wichtig, das Leben wieder ohne Hintergedanken an Ziele, Hormone und eine eventuelle Schwangerschaft zu genießen. Diese Umstellung kostete mich vor allem emotional und mental viel, ich musste lernen, einfach wieder ich zu sein. Es tut mir nach wie vor weh zuzugeben, dass ich unfruchtbar bin, aber es braucht genau diese Überwindung. Darum war das Projekt dieses Buches für mich eine der schwierigsten Aufgaben meines Lebens, aber auch eine unbeschreiblich lohnende. Mit jeder Zeile, die ich hier von

Egar und mir preisgebe, sage ich ja zu der, die ich bin. Darum glaube ich, dass es sich gelohnt hat, und es wäre schön, wenn es jemandem helfen würde, Zusammenhänge zu verstehen, die wir erst nach und nach lernen mussten. Noch etwas bekenne ich hier: Vor meinem geistigen Auge sehe ich eine ganz besondere Person, die entschieden hat, das Wagnis dieses Lebens einzugehen. Und dieses Buch ist ihr in die Hände gefallen, welches ihr erzählt, wie wertvoll jeder einzelne Moment war, den ihre Eltern auf sich genommen hatten, um ihr ein Willkommen zu ermöglichen und alle Liebe zu schenken. Und da bin ich schon beim entscheidenden Punkt. Erinnert ihr euch, ich sagte doch, dass ich keine weiteren Versuche einer künstlichen Befruchtung unternehmen wollte. Im Augenblick bin ich mir da gar nicht mehr so sicher. Ich fühle mich stabil und sehne mich danach zu leben. Alle möglichen Chancen zu ergreifen, ist vielleicht so ähnlich wie eine Droge. Wenn man von einem Fehlschlag nach dem anderen am Boden zerstört ist, will man nur noch weg. Wenn dann aber Zeit vergangen ist und man sich wieder einigermaßen erholt hat, kehrt der Eifer wieder zurück, doch etwas für das Lebensziel zu unternehmen.

Aber im Augenblick leben wir als Paar und genießen unsere Unabhängigkeit. Was mich nicht ganz zur Ruhe kommen lässt, ist die Tatsache, dass wir noch keine klare Antwort darüber haben, warum es bei mir nicht geklappt hat. Eine Ärztin erklärte mir mal, dass es ein ganzes Spektrum an Ursachen geben könnte und die verschiedensten Wechselwirkungen davon, darum sei kein klares Urteil möglich. Außerdem verändere sich der Körper, wenn man also auf eine Ursache stoßen würde, könnte es sein, dass sich woanders eine weitere entwickelte. Manchmal rede ich mir ein, dass für uns vielleicht der Zeitpunkt nicht gepasst hat. Wie oft hört man davon, dass einem Paar diagnostiziert wurde, es könnte keine Kinder bekommen, und nach einer geraumen Zeit wurde die Frau dennoch auf natürlichem Wege schwanger. Oder auch, dass ein Paar alles Mögliche unternimmt, um endlich durch künstliche Befruchtung zu einem Kind zu kommen, und danach erlebt es eine unerwartete Schwangerschaft ohne medizinisches Zutun. Auch davon hört man immer wieder: Ein Paar gibt endlich die Hoffnung auf eine Schwangerschaft auf, adoptiert ein Kind und bald darauf erwartet die Frau ihr eigenes.

Und wenn ich eines Tages davon überrascht werde, dass die *Hoffnung* entscheidet, zu uns zu kommen? Ich weiß weder, was die Zukunft für uns bereithält, noch planen wir diesbezüglich. Wir leben im Jetzt. Das Einzige, was wir mittlerweile wissen, ist, dass es vollkommen egal ist, ob das Kind unsere DNA hat oder nicht. Auch die Vorstellung, dass es in mir heranwachsen möge, ist nicht mehr von Bedeutung. Sollten wir je Eltern eines Kindes sein dürfen, zählt nur eines, nämlich dass unsere Herzen sein Bestes wollen, und dadurch, allein dadurch wäre es Teil unseres Lebens. Es gibt ja mehrere Möglichkeiten der Adoption, wenn sie auch sehr kompliziert und mit langen Wartezeiten verbunden sind, aber immerhin ist dies eine Option.

Noch etwas habe ich gelernt. Die Zeit hält den richtigen Entwicklungsplan bereit. Je weniger wir ihr ins Handwerk pfuschen, desto besser wird das Ergebnis. Das zu beobachten und abwarten zu können lehrt auch, das Leben in jeder Phase dankbar als Geschenk zu betrachten. Nicht auf ein Ziel kommt es an, sondern auf jeden Augenblick. Der Weg ist das Ziel, wie man so schön sagt. Eine gewisse Gelassenheit bezüglich alltäglicher Probleme durfte ich aus unseren Erfahrungen auch mitnehmen. Vielleicht gelingt es mir jetzt besser, anderen zuzuhören und auf ihre individuellen

Sorgen einzugehen. Wie gesagt, das Spannende ist nicht ein angestrebter Wunsch, sondern die vielen Abenteuer auf dem Weg dorthin.

Es wäre gelogen, wenn ich behaupten würde, dass mich meine Unfruchtbarkeit nicht mehr schmerzte, doch sie zu akzeptieren, macht sie erträglich. Es gibt Zukunftsvorstellungen für mich, aber ich verfolge sie nicht mehr verbissen. Früher hatte ich Angst vor Alterungsprozessen, denn sie verminderten meine Hoffnung auf eine Schwangerschaft. Heute gibt es dafür allerdings Gefriermethoden, um junge gesunde Eizellen zu bewahren. Ich verfolge nach wie vor solche Informationen, bleibe dabei aber gelassen. Mein Leben hat sich verändert, ich bin sensibler, bewusster geworden. Es heißt, dass Menschen, die Schlimmes durchmachen mussten, davon reifen und ein sogenanntes gutes Herz entwickelten, denn sie wissen zu schätzen, was sie haben. Eigentlich wäre das Umgekehrte logischer, aber wer seine Not überwindet und reflektiert, erlangt womöglich Weisheit.

Nach wie vor empfinde ich die Elternschaft als eine Krönung des Lebens, doch der erfolglose Weg, das zu erlangen, hat mich gelehrt, jeden Augenblick dankbar anzunehmen. Wer ein Ziel verfolgt, beachtet meist die kleinen wunderschönen Blumen am Wegrand nicht. Doch wer dafür einen Blick entwickeln kann, hat viel gewonnen. Ich sage von Herzen: Das Leben ist schön! Rückblickend erkenne ich, wie sehr ich mich in einer ausweglosen Situation gefangen gehalten hatte. Nicht die Zeit und auch nicht die Umstände hatten uns jegliche Energie und Freude geraubt, sondern die Fixierung auf etwas Unerreichbares. Ich kann euch kein Rezept liefern, wie man eine solche Obsession vermeiden kann oder das verzweifelte Rennen im Hamsterrad, ohne sich dabei weiterentwickeln zu können. Wir haben auf diese

Weise etwas über zwölf Jahre verbracht, mir kommt es vor, als seien es hundert gewesen. Jetzt bin ich zweiunddreißig Jahre alt und fühle mich lebendig, frei und leicht. Ja, die vergangenen Jahre lasten nicht mehr auf mir, die Erinnerung an sie, leicht wie der Atem. Niemand trägt Schuld an meinem Schicksal, manchmal hat man Glück, manchmal hat man sogenanntes Pech, was letztlich als Erfahrung dient. Schuldzuweisungen sind ein Grundübel, wie klebrige Masse, die dich nicht voranschreiten lässt.

Ich habe hier von Trauer erzählt, aber nicht vom Tod meines Opas. Er hat einen besonderen Platz in meinem Herzen, aber trotz aller Offenheit fand ich keine Möglichkeit, ihn in diesen Bericht einzubauen. Eine Geschichte möchte ich euch aber nicht vorenthalten. Vielleicht kennt ihr den Spruch: Wenn einer geht, kommt ein anderer. Opa ging von uns, kurz bevor ich meine erste Einpflanzung hatte, und ich stellte mir vor, wie er uns von ›drüben‹ ein Kind schickt, weil wir in seinem Herzen einen ebenso wichtigen Platz einnahmen wie er in unseren. Doch wie ihr wisst, hielt die Schwangerschaft nicht lange an. Ich ließ das Kindliche in mir zu und sagte mir, vielleicht auch, um mich scherzend aufzumuntern, der alte Herr im Jenseits hat sich wohl vertan. Und diesen Gedanken wiederholte ich, aber mit ehrlicher Freude, denn mein Cousin Santo Domingo und seine Frau erwarteten kurz darauf tatsächlich ihr Kind durch künstliche Befruchtung. Erinnert ihr euch, wie ich erzählte, dass sie mir Mut zusprachen und sich mir anvertrauten, den gleichen Weg zu gehen wie Egar und ich?

Mittlerweile ist es so, dass ich dort häufig zu Besuch bin. Ihr Kind ist mir ganz besonders ans Herz gewachsen, denn ich kann jeden einzelnen Schritt so gut nachvollziehen, bis es endlich das Licht der Welt erblicken konnte. Bei der Gelegenheit: Ich glaube eigentlich nicht an etwas Göttliches, obwohl das vielleicht hilfreich wäre, und erwarte mir auch nichts von einem höheren Sein oder so. Woran ich glaube, ist, dass jeder von uns auf einen bestimmten Platz gestellt wurde und damit die Chance erhalten hat, daraus das Bestmögliche zu machen. Ich glaube fest daran, dass es ein Schaden für uns selbst ist, auch nur einen Moment dieses Lebens zu vergeuden, indem man sich nur auf die sogenannten Schattenseiten fokussiert.

Wie sieht unser Leben zurzeit aus? Egar und ich sind Menschen mit starken Persönlichkeiten. Seit einiger Zeit treffen wir uns wieder so wie früher mit Freunden, was immer auch einen ganzen Kindergarten samt mittlerweile auch Schulkindern bedeutet. Das Besondere ist, dass wir uns längst nicht mehr anders als die anderen fühlen, und vor allem haben wir beide enorm viel Spaß mit den Kindern. Es kommt gar nicht so selten vor, dass wir es auch genießen, danach einfach in unser ruhiges Haus zurückzukehren und uns darüber zu freuen, keine weiteren Verpflichtungen zu haben und unsere zärtliche Zweisamkeit ausgiebig und unbeschwert genießen zu können. Es zählt nur die süße Lust, die sanfte körperliche Zuwendung ohne jeglichen Hintergedanken. Je länger wir beisammen sind, desto mehr erleben wir, dass kein anderer Partner, keine andere Partnerin in Frage gekommen wäre, wir sind füreinander geschaffen. Es kommt vor, dass Schicksalsschläge eine Liebe zerstören können, doch auch das Gegenteil kann der Fall sein, und so war es bei uns. Die gemeinsame Not hat uns noch mehr zusammengeschweißt, als es Verliebtheit je könnte. Als Paar sind wir ein Fels in der Brandung, erfüllt von reiner Liebe. Dass wir mit unseren Freunden, aber auch hier im Buch und in den sozialen Netzwerken über unsere Kinderlosigkeit offen sprachen, hat uns befreit. Auf diese Weise konnten wir unsere Entwicklung klar erkennen und überrascht feststellen, wie verbohrt wir vor wenigen Jahren noch gewesen waren und dass unsere Fixierung und die darauffolgende Isolation unser Leid verstärkt hatten. Wir haben unsere Familie in unserer Zweisamkeit gefunden und dadurch eine neue Form entdeckt, anderen Menschen, vor allem unseren Angehörigen und Freunden, zu begegnen. In gewisser Weise stimmt es, dass die künstliche Befruchtung eine Liebe des Lebens ermöglichen kann. Mut und innere Stärke braucht es dazu auf alle Fälle.

Das Leben erneuert sich selbst, wenn man es lässt. Erst im Rückblick erkennt man, wie viel dir geschenkt wurde. Jeder möge seinen eigenen Weg finden, seine eigenen Sehnsüchte verfolgen, niemand soll dabei aufgehalten oder zu etwas genötigt werden. Sein Leben bewusst zu gestalten mit den Möglichkeiten, die man hat, ist der Sinn des Hierseins, so sehe ich es jedenfalls. Es ist ein langer, aber meist guter Prozess, zu erkennen, wie man es gestalten möchte.

Ich werde nicht aufgeben, nach den Freuden dieses Lebens zu suchen, niemand soll diese Suche je aufgeben. Nicht unsere Pläne haben uns diese Welt geschenkt, sondern wir reagieren auf ebendies, daraus erst entsteht ein Plan, im Einklang mit dem persönlichen Los, den individuellen Gegebenheiten und der Natur. Alles bewegt und verändert sich, was heute gut war, passt morgen vielleicht nicht mehr. Starre Pläne sind meist Fehlentscheidungen, flexibel und geschmeidig zu antworten, bringt Erfolg. Und noch etwas: Oft denkt man, es ginge nur einem selbst schlecht, während alle anderen das Glück gepachtet haben. Meine Seite auf Instagram hat mir bewiesen, dass jeder seine Last zu tragen hat, aber wie heißt es so schön? Geteiltes Leid ist halbes Leid. Sich einander anzuvertrauen und einander zuzuhören sind Gaben des Lebens, die wahrhaft bereichern. Am Ende ist zwar jeder für sich selbst verantwortlich, niemand kann und soll einem die Eigenverantwortung abnehmen, aber sich darüber auszutauschen erleichtert die Sache erheblich.

Und wenn du Nächte durchweinst, wenn du glaubst, dass dir das Leben vieles schuldig geblieben ist und die Angst dir jeden Antrieb nimmt, dann schrei es hinaus, spüle es mit Bächen von Tränen aus deiner Seele, damit es dich nicht von innen verdreckt. Schmerzen und Enttäuschungen gehören zum Leben, aber sie gehören dann wieder ordentlich entsorgt. Dazu braucht es Mut und Ehrlichkeit zu sich selbst. Sei nicht der Feind deines Spiegelbildes, erkenne dich, denn du selbst bist dein wichtigstes Geschenk. Wenn du innehältst und dein Leben genau unter die Lupe nimmst, kann es sein, dass dir nicht alles gefällt, was du da entdeckst. Aber sei gewiss, es bleibt nicht so. Die Welt dreht sich weiter, dein Leben entwickelt sich weiter und du wirst staunen, was sich dir noch alles auftun wird. Nur kein Stillstand, nur keine starren Fixierungen, das ist der Code.

Vor einiger Zeit las ich folgenden Satz von Nekane González, und er prägte sich mir tief ein:

»Was jene nicht wissen, welche von Macht sprechen, ist die Tatsache, dass Liebe Berge versetzt. So gesehen kann eine Frau die ganze Welt bewegen, wenn sie an sich glaubt. Ihre eigene Welt ... und die aller anderen.«

Wajima Safi

Denn wir waren Krieger

272 Seiten
Taschenbuch
Bookspot Verlag
ISBN 978-3-95669-114-0
14,80 € (Print)
7,99 € (E-Book)

Winter 1980: Im Trubel eines Novembermorgens kommen die schwangere Layla und ihr Mann Jamal mit ihrer kleinen Tochter am Münchner Hauptbahnhof an. Hinter ihnen liegt die Flucht aus dem von Kriegen gebeutelten Afghanistan, vor ihnen eine ungewisse Zukunft in Deutschland. Im Gepäck hat die junge Familie nur ihre Erinnerungen an vergangene Tage – und die Hoffnungen auf die Jahre, die kommen mögen.
Während der Kalte Krieg und dessen Ausläufer die Welt in Atem halten, wird Laylas erster Sohn in Deutschland geboren. Schon sehr bald muss Layla sich die Frage stellen, was Heimat in Zeiten des Krieges tatsächlich bedeutet, und erkennen, dass der Krieg sie und ihre Familie bis über die Grenzen Deutschlands auf Schritt und Tritt begleitet hat.

Wajima Safi verzaubert den Leser mit jeder Zeile auf jeder Seite. Eine außergewöhnliche Erzählung, die ihresgleichen sucht: Melancholisch, opulent, gewaltig!

Bitte beachten Sie die Leseprobe auf den folgenden Seiten!

Die Eidechsen

Als die Sonnenstrahlen der Morgendämmerung irgendwann Ende 1980 durch die hohen, schmutzigen Glasfenster des Hauptbahnhofs in München in Laylas verschlafene Augen fielen und sie blendeten, da wusste sie mit einem Mal, dass der Krieg soeben geendet hatte.

Der Frieden der morgendlichen Sonne, der sich auf dem Gesicht ihrer kleinen, schlafenden Tochter auf ihrem Schoß spiegelte, markierte eine Zäsur in der Zeit. Die Zeit war soeben für sie, ihre Tochter und ihren Mann Jamal stehengeblieben. Jahrzehnte später sollte ihre Tochter *Anna Karenina* lesen und Anna Karenina würde sich in ihrer Fantasie an eben diesem Bahnhof vor den Zug werfen. Aber heute starb niemand. Heute begann an diesem Bahnhof ein neues Leben.

Jamal hatte sich das Jackett seines Anzugs wie ein Kissen unter den Kopf geschoben und schlief über drei Sitze ausgestreckt auf einer Bank, auf der üblicherweise wartende Reisende Platz nahmen. Ihre Tochter Mina ruhte auf ihrem Schoß und klammerte sich dabei an ihren großen, schwangeren Bauch, während sie selbst kurz zuvor im Sitzen auf der Bank neben ihrem Mann eingeschlafen war.

Der Bahnhof schien langsam zusammen mit ihr und ihrer Familie zu erwachen. Laylas Blick glitt sachte über das bewegte Bild vor ihren Augen, das wie ein flüssiges Tableau voll bunter, unbekannter Farben an ihr, der Außenstehenden, vorbeizog. Die Schritte all der genauso verschlafenen Fahrgäste, deren Betrachtung ihre erste Lektion eines ewigen Lernprozesses werden würde, schienen gleichsam mit der Intensität der Morgensonne an Geschwindigkeit zuzunehmen. Die Menschen, die an ihr vorbeiliefen, waren weiß, hatten helle Augen und nur manchmal dunkle Haare oder dunkle Augen. Sie wirkten unbeschädigt und unverletzt, stellte sie erstaunt fest. Sie waren angekommen an einem Ort, wie er fremder nicht sein konnte. Den Gedanken, dass sie mit ihren langen, glatten schwarzen Haaren und den dunklen Augen das absolut Fremde in einer Welt, an der alles Fremde zu zerbrechen drohte, sein könnte, konnte sie damals noch nicht haben. Die mächtige und übergroße Fremdheit des Deutschen an diesem Morgen an jenem Hauptbahnhof in München sollte sich für den Rest ihres Lebens in ihr Gedächtnis prägen und für lange Zeit jede andere Einsicht im Keim ersticken. Viele Jahre später sollte sie immer noch beim Anblick großer Ansammlungen von Deutschen denken, dass sie ihr fremd waren und dann würde ihr die erste Wahrheit, die ihr in ihrer ersten Stunde in einem neuen Land entgangen war, irgendwann vielleicht doch offenbar: Fremdheit beruht auf dem Winkel ihrer Betrachtung. Doch das spielte keine Rolle, denn in jenem Moment bot die Fremde ihr ein warmes Nest, ein Versteck, in dem sie niemand vermutete. Sie lächelte bei dem Gedanken an ein Nest aus hellhäutigen Deutschen. Das staubige Kabul war Welten, ja Planeten entfernt, obwohl es wahrscheinlich nur wenige Stunden von hier gelegen sein musste. Das Fremde ängstigte sie damals nicht, weil das Vertraute zu jenem Zeitpunkt viel bedrohlicher war. Sie war sich sicher, dass sie von nun an jedes Mal in ihrem Leben in einer Menge fremder Menschen untertauchen würde, so wie sie es an jenem frühen Morgen in München tat. Das am Anfang wohlige Gefühl des Fremden würde sie selbst wieder spüren und vieles andere vergessen lassen. All die Angst, die die Eidechsen Jahrzehnte zuvor in ihrer Kindheit in Form eines kleinen unbedeutenden Keims in ihr Herz gesät hatten und die sie ihr Leben lang verspürt hatte, vergaß sie für einen Moment. Sie bemerkte nicht, wie der Keim eines schwachen Gefühls der Angst in ihr über die Zeit in genau dieser Fremde einen nicht versiegenden Nährstoff finden würde. Die Angst würde größer werden, sie würde aufblühen, sie würde sich erheben, eines Tages würde sie zu einem Monster heranreifen. Aber nicht heute.

Nicht heute, dachte sie und strich ihrer Tochter gedankenverloren über den Kopf. Keiner beachtete sie oder ihre kleine Familie. Manche Menschen liefen an ihnen vorbei, während andere mit einem warmen, braunen Getränk in der Hand, dessen beißenden, unangenehmen Duft sie noch nie zuvor gerochen hatte, an Tischen saßen oder standen. Sie sah in der Bahnhofshalle kleine Stände, die belegte Brote und Gebäck verkauften. Die schräg von oben einfallende Sonne duplizierte all die eilenden Leute und unschuldigen Gegenstände, indem sie ihnen einen beweglichen, langen Schatten verlieh. Die laut einfahrenden Züge hielten geräuschvoll und wirkten wie grobe Pinselstriche in dem Bild vor ihr, wenn sie all die kleinen, menschlichen Schatten an den Bahnsteigen mit ihrem großen verschluckten. Dieser Bahnhof war frei von den Dämonen, der Mystik, dem Zauber und der Magie Afghanistans, wo sich Tore zu Himmel und Hölle öffnen konnten. Hier wären die Fabelwesen und Geister Afghanistans auf der Straße verhungert.

Wir sind entkommen, dachte Layla.

Wir sind angekommen, träumte ihr neben ihr liegender Mann. Sie betrachtete ein Stück von dem Boden, der von nun an der Boden unter ihren und Jamals Füßen werden würde. Vorsichtig strich sie mit ihren Fußspitzen über einen Boden, auf dem sie vielleicht alt und in dem sie eines Tages gar begraben werden würden. Aber nun würde sie zuallererst leben. Vorwurfsvoll würden die Toten der zahlreichen folgenden Kriege sie dafür über das deutsche Kabelfernsehen zwischen Werbung für Tütensuppen und einem neuen Kleinwagen anklagen, denn Layla und ihre Familie waren entkommen.

Afghanistan, oh, Afghanistan, das du einen niemals loslassen wirst. Dein Schreien, dein Wimmern, dein Aufbäumen, dein nicht enden wollender Untergang, deine Qualen werden für immer die meinen und die meiner Kinder sein. Layla zog ihr Kind fester an sich.

Eine kleine, deutsche Frau mit graublondem Haar brachte ihnen einen Teller mit drei Scheiben Brot. Sie lächelte dabei. Layla kam nicht umhin zurückzulächeln. Nur lag in ihrem Lächeln keine aufmunternde Freundlichkeit, sondern all ihre Hoffnungen, ihre Wünsche und ihre Schwermut, die sie in diesem Moment niemand anderem als dieser kleinen Frau zu zeigen vermochte. Sie vermochte in jenem Moment nicht zu sprechen und oder zu weinen, also lächelte sie mit ihrem Unbehagen um die Wette. Die Erwartung in ihrem Lächeln dehnte den Moment in die Unendlichkeit. An deren Ende wartete ein freundliches Nicken der deutschen Frau, bevor diese sich abwandte und Layla eine Türe zufallen hörte.

In Deutschland fallen Türen zu, stellte sie nüchtern fest. Afghanistan klang anders. Sie konnte sich nicht erinnern, jemals das Zufallen einer Türe gehört zu haben. Afghanische Türen waren immer offen oder sie machten keine Geräusche, wenn sie leise verschlossen wurden. Deutsche Türen, sie schlugen zu mit einem Klang wie er deutscher nicht sein konnte. Sie mochte den Klang. Er war absolut, er war gebietend, hier gab es verschlossene Räume.

Sie blickte auf die Brote hinab. Sie waren bestrichen mit einer dunklen und weißen zuckersüßen Creme. Die Creme war akribisch abwechselnd hell und dunkel auf das Brot in Streifen aufgetragen, die genau gleich dick waren. Sie hatte noch nie zuvor etwas Derartiges gesehen. Ihr Lächeln erlosch allmählich, denn ihr Herz gab eine kurze Sekunde der Schwere, die es angesichts all der Dinge empfand, die sie noch nie zuvor gehört, gesehen oder gerochen hatte.

In Afghanistan verschwand Essen in großen Töpfen, wurde darin aufgeweicht und dann in überdimensionalen Schüsseln in die Mitte des Raumes gestellt. Jeder setzte sich um die Schüssel und griff hinein, bis sie leer war. Brot beachtete niemand, es war eine Beilage, die sättigte, und auch das nur vornehmlich die Armen. Beim Anblick der bestrichenen Brote auf ihrem Schoß fühlte sie sich das erste Mal seit Monaten sicher. Sie war in einem Land, in dem Menschen einer Scheibe Brot solch eine Aufmerksamkeit zukommen ließen, als handelte es sich um den nächsten Präsidentenpalast. In diesem Land war das Herrichten von Essen eine Disziplin der Architektur, es war Kunst. Es war nicht einfach nur Essen.

»Sie können nicht schlecht sein«, hörte sie sich selbst zu Jamal sagen. Er hob kurz seinen müden Kopf und sah sie an. In seinen tiefschwarzen Augen lag all die Melancholie eines Afghanen. Eine Melancholie, aus der sich eine Unterscheidung zwischen gut und schlecht nicht ablesen ließ. Er blickte schweigend und erschöpft herunter auf seine kleine Tochter.

»Ich glaube, die Welt hier ist besser. Ich habe mir Afghanistan nie ausgesucht«, flüsterte sie.

»Wir werden nie ein Teil von ihnen sein. Afghanistan hat uns ausgesucht. Es wird immer nach uns rufen«, seufzte Jamal, bevor er wieder einschlief. Ja, dreiundzwanzig Jahre würde es dauern. Genau dreiundzwanzig Jahre, bevor sie aufgeben würde, eine von ihnen sein zu wollen. Sie würde in einem schwarzen, schmerzenden Moment erkennen, dass sie nicht eine von ihnen sein konnte. Sie würde nicht eine von ihnen werden können, wenn ihr Kind das nicht konnte.

Die an ihr vorbeilaufenden Menschen hatten es sich auch nicht aussuchen können, aber sie hatten das bessere Los gezogen. Sie kannten jenes ferne Land nicht, das staubte und schmerzte. Jenes Land, in dem Brot lediglich hungrige Mägen füllte. Jenes Land, das sich wie ein dreckiger Dorn in das Fleisch seiner Einwohner krallte. Ja, ihr Afghanistan würde sterben. Es würde verblassen in ihrer Erinnerung und mit dem Moment, mit dem sie ihren letzten Atemzug tat, würde das Afghanistan, das sie gekannt hatte, mitsterben.

Sie gab Mina eines der Brote zu essen und ließ derweil ihren Blick weiter schweifen. An einer der gegenüberliegenden Wände war eine Leuchtreklame angebracht, die eine rote, blinkende Eidechse zeigte. Verwundert fragte sie sich, wie nur jemand ernsthaft das Bildnis einer Eidechse zur Dekoration einer Wand hatte verwenden können. Eidechsen in Afghanistan waren schmutzig, lästig und niemand hätte sie in seinem Haus haben wollen. Es war das eine Ding in ihrem Herzen, das noch von dessen kindlichen Anteilen umschlossen war. Sie stellte sich immer vor, wie ihr Kinderherz alle Bilder in sich verschlossen hatte und das Herz, das sie jetzt besaß nur um das alte herum gewachsen war. Ihr Kinderherz umschloss eine Eidechse und in dieser Eidechse den Keim all ihrer Ängste. Verwundert stellte sie fest, dass sie eben jene Ängste, ihre Urangst, gerade nicht empfand. In diesem Moment setzte sich unbemerkt von all den Menschen, ihrem Mann, ihrer Tochter, den Lauten und Zügen, eine Erinnerung neben sie auf die Bank.

Tränen stiegen ihr in die Augen. Es war so weit weg. Es war so unglaublich weit weg.

Das faltige Gesicht ihrer kranken Mutter, auf das die Strahlen einer afghanischen Sonne durch das Fenster in ihrem Wohnzimmer gefallen waren. Sie hatte ihr vorsichtig eine Strähne aus dem Gesicht gestrichen und leise geflüstert:

»Bleib ganz ruhig, hab keine Angst, da ist etwas in deinen Haaren, ich werde es entfernen. Beweg dich nicht, Liebes.«

Layla war hysterisch von ihrem Stuhl aufgesprungen und hatte geschrien: »Lüg mich nicht an, lüg mich nicht an, ich weiß, es sind Eidechsen! Es sind Eidechsen!« Sie hatte sich die Kleider vom Leib und sogar ein paar Haare vom Kopf gerissen inmitten des Wohnzimmers, in das ihr tiefgläubiger, muslimischer Vater trat, der vor Scham beim Anblick seiner nackten, zwölfjährigen Tochter, die ihre Haare büschelweise in den Händen hielt und schrie, das Gefühl hatte, erblinden zu müssen. Er war derart sprachlos gewesen, dass er sie noch nicht einmal schelten konnte; stattdessen machte er gelähmt vor Schreck auf dem Absatz kehrt und verschwand für zwei Tage. Ihre Mutter nahm einen Gürtel und schlug ihr damit so heftig auf den Kopf, dass sie plötzlich schwach auf den Boden sank. Sie erinnerte sich nicht mehr, was danach passierte, aber als sie wieder aufwachte, gab ihr ihre Schwester Fausia zu trinken. »Hast du den Verstand verloren? Wie kannst du dich in deinem Alter mitten im Wohnzimmer ausziehen?« Sie hörte die Stimme, die so fern war, jetzt so deutlich wie nie zuvor. Die Räume, in denen die Stimme erklungen war, sie waren ebenfalls fern. Nichts von alledem war mehr nah. Das Schlimmste und Schmerzhafteste an dieser Erinnerung jedoch war die Frage, wer sie jetzt noch *Liebes* nennen würde. Niemand würde sie mehr *Liebes* nennen und sie dabei so ansehen, wie nur ihre Mutter sie hatte ansehen können. Ihre Mutter war längst zu dem Staub Afghanistans geworden. Das faltige Gesicht, die Hände mit den vielen Ringen, deren Abdrücke sie nur allzu oft in dem Gesicht eines ihrer Geschwister gesehen hatte, fehlten. Ihre Mutter schlug nur mit der Rückhand, sodass jede Facette der geschliffenen Steine sich in dem Fleisch eines jeden abbildete, der ihren

Missmut auf sich gezogen hatte. Die Finger in diesen Ringen waren zu Staub geworden. Ja, ihre Mutter, die sie liebte, so sehr nur ein Mensch lieben konnte, hatte eine feste Rückhand. Sie und ihre Geschwister pflegten darüber zu lachen und auch jetzt lächelte sie, als sie an ihre geschwollene Backe dachte, die sie im Spiegel als Neunjährige betrachtet hatte.

Layla hatte als kleines Mädchen ihrer Schwester Fausia, die sich für ihre Hochzeit herrichtete, beim Zupfen ihrer Augenbrauen zugesehen. Ihre älteren Schwestern waren vom Friseursalon mit hochgesteckten Frisuren, die in der Mittagssonne von den Litern von versprühtem Haarspray glänzten, zurückgekommen und zupften feierlich der Braut gemeinsam die Augenbrauen. Sie lachten und kicherten und jedes Mal, wenn sie lachend den Kopf in den Nacken warfen, schwangen ihre durch Haarlack wie einbetoniert aussehenden schwarzen Locken in Zeitlupe mit. Der Akt des Augenbrauenzupfens war ein feierlicher und wichtiger Moment in dem Leben eines afghanischen Mädchens. Jedes Mädchen wartete auf den Abend vor ihrer Hochzeit, bis es sich erstmalig die Brauen zupfte. Layla starrte entzückt mit ihren großen, neugierigen Kinderaugen ihre große Schwester Fausia an, die in ihrem dunkelgrünen Seidenkleid in der Mitte des Raumes saß und dabei wie eine Märchenprinzessin aussah. Alle anderen Mädchen tänzelten um Fausia herum, zerrten und zogen an ihr. Als sie endlich fertig waren, strahlte Fausia schöner denn je. Ja, deshalb wartete jedes Mädchen mit dem Zupfen ihrer Augenbrauen bis zu diesem besonderen Tag. Ihre wahre Schönheit sollte erst dann erstrahlen und sie sollte hinreißender als jemals zuvor aussehen. Fausias neue Augenbrauen machten tatsächlich aus der Augenweide, die sie schon vorher gewesen war, etwas, wofür es einfach noch keine Worte gab. Fausia betrachtete sich mit einer Selbstsicherheit in einem kleinen Handspiegel, wie sich nur ein Mädchen betrachten konnte, das sein Leben lang bildschön und makellos gewesen war und das dies auch wusste.

Am selben Abend noch nahm Layla eine Rasierklinge ihres Bruders, rasierte sich die Augenbrauen ab und wickelte ihre Haare auf Lockenwickler. Tags darauf stieg sie erhobenen Hauptes in den klapprigen Schulbus mit dem Stolz eines Mädchens, das sich für eine Prinzessin und die rasierten Augenbrauen sowie die mittlerweile schlaff und zerzaust herunterhängenden Locken für ihre rechtmäßigen Insignien hielt. Bereits am Schultor fing ihre entsetzte Klassenlehrerin sie ab und schrie sie an, was denn ihr Aufzug zu bedeuten habe. Gelähmt vor Schreck antwortete sie, sie selbst wolle morgen heiraten.

»Layla, wehe du heiratest noch einmal, dann hole ich deine Mutter und so Gott will werde ich dafür sorgen, dass du als tagein tagaus kochender, putzender und analphabetischer Nichtsnutz hinter einem Herd landest. Ich sehe nicht dabei zu, wie du mit diesem Aufzug all die anständigen Mädchen verdirbst! Geh nach Hause und komm erst wieder zurück, wenn du neue Augenbrauen hast!«

Reumütig war sie mit Tränen in den Augen den ganzen staubigen Weg zurück nach Hause gegangen, wohlwissend, dass ihre kurzen Tage als Prinzessin gezählt waren. Unterwegs machte sie kurz Halt, setzte sich auf einen großen Stein und weinte bitterlich. Sie wartete und hoffte, dass vielleicht doch ein großer Vogel vom Himmel käme, der sie auf seinen Flügeln weit weg bringen würde.

Jetzt bin ich weit weg. Mama, ich bin weit, weit weg.

...